성장의 재역설 : 신공급 측면의 성장론

성장의 재역설:
신공급 측면의 성장론

Reversing the Paradox of Growth:
New Supply-Side Growth

● 김지욱 지음

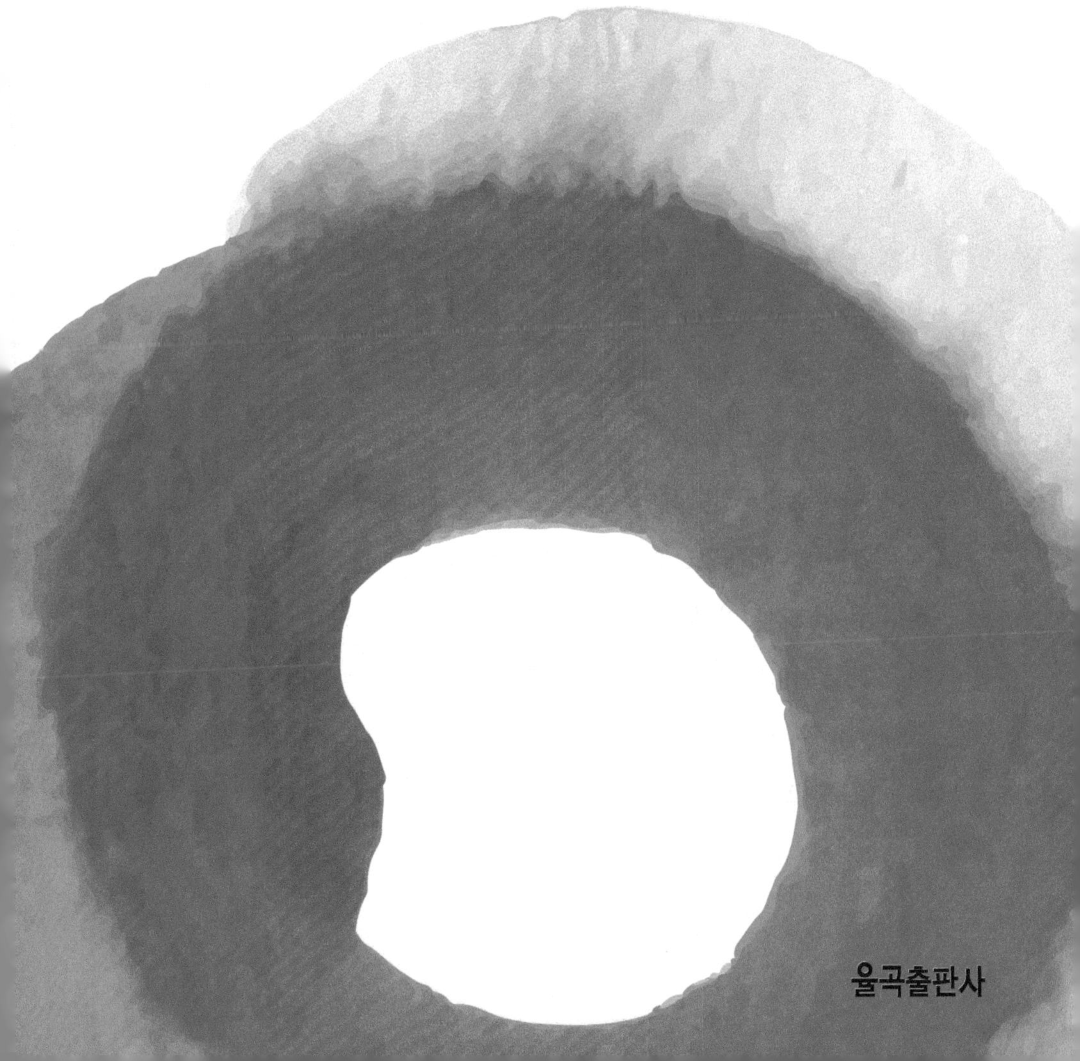

율곡출판사

들어가는 글

어릴 적 살던 집은 평지와 산비탈의 경계에 있었다. 집 앞 국수가게에서는 면발이 가늘고 마른 국수와 방금 뽑아낸 면발이 굵고 축축한 우동을 팔았다. 저녁 무렵 신문지에 싸주는 굵은 우동을 사기 위해 그 가게 앞에는 언제나 긴 줄의 사람들이 북적거렸다. 또한 그 시간대에 길거리 양쪽 좌판대는 불야성을 이루었다. 하루하루의 저녁거리를 이곳에서 장만하여 집으로 돌아갔다. 이 동네에 비가 오면 길거리는 변(똥)으로 넘쳐난다. 산비탈인 윗동네의 공중화장실이 넘쳐 평지인 아랫동네로 흘러내려 왔다. 일설에는 인력꾼이 푸는 (변)요금이 부담스러워 사람들이 비오는 날 밤을 택하여 몰래 퍼낸다는 소문도 있었다. 경사지에 나무기둥을 박아 그 위에 올린 집들이 많아 무너질까 위태롭기만 하였다.

그런데 조금 내려가면 평지인 아랫동네는 넓은 대지에 두꺼운 나무대문과 높은 담으로 둘러친 단독주택들로 이루어져 있었다. 유리가 박힌 담 위에는 철조망가시로 둘러쳐져 도선생들이 함부로 넘어오지 못하게 막았다(요즘에는 첨단 경비시스템이 가동되지만). 놀러간 친구의 이층양옥집 안에는 잔디밭과 분수대, 조각상들이 배치되어 있고 긴 드레스를 입은 친구 어머니가 직접 구어 내온 과자(쿠키)는 처음 먹어보는 것들이었다. 서로가 대부분 못살았던 1960~1970년대 그 당시에도 소위 말하는 빈부격차가 있었던 셈이다.

어린 마음에 윗동네 사람들을 보면서 왜 저 집들은 가난하고 못살까? 누구의 탓인가? 본인의 무능력과 게으름 탓인가? 가난을 물려준 부모와 조상 탓인가? 아니면 사회와 국가 탓인가? 또한 전쟁이나 소요 사태, (외환위기와 같은) 외부적 요인으로 인한 가정의 붕괴에는 사회나 국가의 일부 탓도 있지 않을까? 물론 그럴 경우에도 상황에 따라 법적 · 제도적으로 지원이 이루어지지만 그것은 최소한의 보장장치에 불과할 뿐이다.

반대로 좋은 환경에 있는 아랫동네 사람들은 본인의 능력이 뛰어나고 엄청난 노력과 열심으로 이루어낸 본인 덕분(탓)인가? 당연히 그럴 것이다. 하지만 부모나 조상이 이루어놓은 재산(부)의 덕분도 있지 않을까? 혹은 사회나 국가의 제도나 정책의 변경 등으로 혜택을 입은 것은 없는 것일까?

한 사람의 어려운 환경에 처해 있는 상황이 그 사람만의 탓이 아니듯이 좋은 환경에 처해 있는 사람의 상황도 자신만의 능력 덕분(탓)만은 아닐 것이다. 그 사람이나 집안의 잘됨이 그 능력 이상의 것은 사회의 모든 구성원의 노력으로 이루어진 결과물의 혜택에서 나온 것일 수도 있다는 것이다.

시장경제에서는 자원배분의 효율성에 의해 생산요소가 산출물 생산에 기여한 만큼, 즉 한계생산만큼 대가를 받는 것이다(사실 이것도 누가 측정할 수 있단 말인가). 기여에 대한 보상분이 시장가격과 기여분(량)만큼 곱하여져 결정되어 기여자(참여자)들에게 배분되는 것이다. 이 배분(임금, 이윤, 배당 등)은 사유재산으로 보존되는 것이며 보호되어야 한다.

그렇지만 시장은 신뢰와 진실성, 투명성과 같은 돈으로 환산되지 않는 가치관에 의존해서도 작동한다. 그러나 현실은 모든 가치가 곧 시장에서의 가격과 동일시되는 잘못된 상식에 지배받고 있다. 가치를 과소 평가한 채 가격만을 맹신하면 시장경제는 거대한 위기로 돌아와 인류를 덮칠 수 있다고 주장하는 카니(2022)의 목소리도 귀담아들어야 한다. 따라서 시장은 사회적이어야 하며 선한 자본주의가 이길 수 있도록 해야 한다는 주장에도 주목할 필요가 있다.

경제학에서 소득분배를 언급하게 되면 그건 이미 경제학이 아니라고들 한다. 그만큼 경제논리로 분배를 정의하기에는 한계가 있다는 것이다. 그렇지만 성장과 발전의 궁극적 목적은 사회구성원 모두가 처한 상황에서 어려움 없이 더불어 잘사는 것이다. 경제가 성장할수록 분배가 더욱 개선되고 분배가 개선될수록 성장이 견고해지는 성장의 선순환이 일어나야 한다.

성장은 과연 필요한 것인가? 성장 논쟁을 통하여 살펴보자. 경제성장은 일자리를 창출하고 일자리 확대는 소득 증대로 이어져 소비가 늘어나고, 소비 증가는 기업의 상품수요로 이어지며 이에 따른 기업의 생산능력 증대를 위한 투자가 늘어나게 되고, 투자 증대는 또한 새로운 일자리를 창출하는 성장의 선순환이 일어난다.

그러나 성장을 통한 소득수준의 지속적인 증가는 구성원 간의 소득과 부의 불평등을 심화시키고 삶의 행복을 담보하지 않으며 환경을 파괴하여 삶의 질을 오히려 떨어뜨리기도 한다. 성장만능주의는 가족관계를 파괴하고 기술진보에 의한 성장이 오히려 일자리를 구축하는 고용 없는 성장으로 이어지기도 한다.

이와 같이 한 국가의 경제가 성장하는 가운데 나타나는 긍정적인 현상들보다 부정적인 현상들이 더 크게 부각될 때 '성장의 역설(paradox of growth)'로 표현된다. 또한 성장을 추진하는 데 있어 성장을 어렵게 하는 요인들을 묶어서 '성장의 애로(difficulties in growth)'로 정의하는데, 이는 성장 역설의 또 다른 측면이다.

본 저서는 성장의 역설이나 성장의 애로 등 부정적인 현상을 뒤집기 하는, 그래서 성장이 더 필요하다는 의미로 '성장의 재역설(Reversing the Paradox of Growth)'을 주장한다. 경제성장으로 일자리 창출이나 소득분배 문제, 환경문제 등을 해결해 나가는 성장의 선순환이 이루질 때 선진국가로 도약할 수 있다.

그러면 어떤 방식으로 성장할 것인가? 전 세계적으로 코로나 팬데믹이나 우크라이나 사태의 장기화, 미 · 중 무역 갈등과 자본 갈등, 러시아 봉쇄 등 공급망 파괴로 인한 곡물을 포함한 원자재 가격과 에너지 가격의 폭등으로 대부분의 국가들이 인플레이션을 동반한 경기침체로 진입할 가능성이 커지고 있다.

이러한 세계적인 현상에 미국발 금리인상이나 중국의 경제성장률 둔화 등이 더하여져서 한국 경제도 물가와 금리, 환율이 동시에 오르는 3고 현상을 맞고 있으며 잠재성장률이 하락하는 등 성장동력을 잃어가고 있다.

기존의 적극적인 정부지출을 통한 재정정책이나 통화량 공급 및 금리 조절을 통한 통화정책으로는 이러한 위기상황을 극복하는 데 한계가 있다. 확대재정정책을 실시하기에는 국가 부채와 개인 부채가 GDP 대비 감당할 수 있는 수준을 넘어서고 있으며 물가인상을 저지하기 위한 금리인상이나 통화량 축소 등도 현 경기상황에서 어려움만 가중시킬 뿐이다.

1980년대 미 레이건 행정부 때 민간 위주의 경기활성화를 위하여 개인이나 기업들에 개인소득세(재산세)나 법인세를 감면하여 기업은 투자를 늘리고 개인은 소비를 진작하는 공급 중시(측면)의 경제학이 실시되었다. 대표적인 래퍼곡선 가설을 통하여 법인세 감면은 기업들에 조세부담을 줄여줌으로써 고용창출과 경기활성화로 이어져 조세수입이 오히려 증가한다는 역U자 가설이 주장되었다. 그러나 경제는 회복되었지만 2008년의 금융위기 등을 거치면서 소득분배는 악화되고 분배의 양극화는 심화되었다. 이러한 신자유주의적인 정책의 결과는 유럽 국가들에서도 동일한 현상으로 나타났다.

본 저서는 이러한 위기상황에 대한 정책대안으로 '신공급 측면의 성장론(경제학)'을 제시한다. 이 용어는 학술적인 용어가 아님을 밝힌다. 케인즈학파나 통화주의의 정책처방인 적극적인 재정정책이나 통화정책을 총괄하여 '수요 측면의 경제학'으로 지칭한다면 그 외 나머지 부문의 정책들을 총괄하여 '신공급 측면의 경제학'으로 부른다. 기존 공급 중시(측면)의 경제학 개념을 훨씬 뛰어넘는 확장된 개념이다.

슘페테리안의 기술혁신, 민간기업 활동에 관련되는 기업규제와 완화, 기업의 (수도권)입지조건, 환경과 지배구조 관련 ESG와 탄소중립 전략, 국민들에 관련된 의식개혁, 인구구조 변화에 따른 사회구조 변화 및 선진제도 개혁까지 공급 측면 모두를 포괄하는 개념인 것이다.

또한 성장의 동력이 기술혁신과 창조적 파괴, 기업가정신에 있다는 자본주의의 지속적인 발전을 주장하는 슘페터가 결국에는 사회주의로 귀결할 수밖에 없다는 자본주의의 실패론도 귀담아들어야 한다. 자본주의가 실패했기 때문에 사회주의가 도래하는 것이 아니라 자본주의가 성공하기 때문에 사회주의로 발전하리라는 주장이다. 자본주의의 위기를 극복하고 자본주의 체제의 안정적 과정으로 나아가기 위한 방안 등도 '신공급 측면의 성장론(경제학)'에서 다루게 된다.

따라서 본 저서에서 제시하는 신공급 측면의 경제학은 이러한 기존의 공급 중시 경제학이나 신고전학파종합의 이론과는 성격이 다르다. 경제위기 극복에 있어 수요 측면의 경제학을 배제시키는 것이 아니라 신공급 측면의 성장정책을 우선적으로 실시하며 정책보완 측면에서 수요 측면의 성장론을 고려하는 정책혼합(policy mix)이 실시되어야 한다고 본다. 신공급 측면의 성장론은 성장동력을 확보하여 지속적인 성장과 발전을 통하여 일자리를 창출하고 소득수준을 향상시키며, 소득분배를 개선함과 동시에 환경을 보전하고 자본주의 체제를 성숙시킨다는 것이다.

다만 본 저서에서는 경제성장에 영향을 줄 수요 측면의 기준금리나 통화량 변동, 그리고 노동 관련 주제에 대해서는 포괄적으로 논의하지 않는다. 나보다 더 전문성을 갖춘 분들이 이 주제들에 대해서 연구하고 정책제안을 하고 있기 때문이다.

본 저서의 내용을 요약하면 다음과 같다. 1장에서는 성장에 대한 논쟁을 성장의 선순환, 성장의 역설, 성장의 애로, 그리고 자본주의의 위기로 나누어 성장론에 대한 일반적인 인식수준으로 서술한다. 2장에서는 성장과 발전을 통합적으로 이해하기 위해 성장론의 기본적인 개념들, 정형화된 사실이나 균제상태, 신고전파 모형의 강건성, 노동부가적 기술진보 등을 정리하여 이해도를 높인다.

3장에서는 본격적인 성장론을 다루기 전에 거시경제학의 흐름과 성장이론의 흐름, 그리고 기존의 수요 측면과 공급 측면의 경제학을 살펴보고 최근의 현대 공급 측면의 경제학을 소개한다. 4장에서는 신고전파 모형인 외생적 성장 모형에서 주장하는 소득수렴성과 내생적 모형에서 주장하는 발산론의 기본적인 이론을 알아보고 수렴성의 근거와 방법론, 그리고 아시아 국가들의 수렴성 실증분석 결과들을 살펴본다. 5장에서는 펜 월드 테이블(PWT) 자료를 가지고 한국 경제의 현주소를 알아보고 성장동력을 분석한다.

6장에서는 성장의 재역설을 주장하는 신공급 측면의 성장론에 대한 핵심 내용을 다룬다. 크게 1절 성장의 역설에 대한 이해와 2절 공급 측면의 혁신성장으로 나누어 설명한다. 1절에서는 생산성 하락의 해석, 고용 없는 성장의 이해, 기술진보에 따른 노동소득분배율 변화, 피케티 주장에 대한 해석, 소득불평등 완화와 확대 요인, 선진국으로의 소득수렴 여부, 저출산의 이해, 고령화와 인구구조의 변화 이해, 친환경 성장과 환경, 사회 및 지배 구조, 그리고 기술혁신과 환경오염 감소 등을 살펴본다. 2절에서는 실물자본 축적이 기술혁신으로 연결되고, 기술혁신의 양적 다양성, 기술혁신의 창조적 파괴, 기술혁신의 확산으로 기술선도국으로 가기, 모방에서 혁신강화 전략으로, 발전 단계에 따른 성장동력 변화, 혁신생산에서의 인적자본, 혁신 확산의 공간 상호의존성 등을 다룬다. 7장에서는 6장에서 도출된 신공급 측면의 성장 전략에 대해서 논의한다.

일반 독자 입장에서 귀한 논평을 해주신 경제학부의 류덕현 교수, 고선 교수, 정혁 교수, 그리고 황우택 전 특허심판원장에게 감사를 표한다. 책 출판을 기꺼이 허락해 주신 박기남 사장님, 박정헌 상무님, 방조일 편집장님 모든 분들께 감사드린다. 항상 옆에서 격려해 주는 가족, 모든 식구들에게도 감사함을 표하고 나의 마음 속 깊은 곳에서 "I do not mention that you owe me. You will do even more than I say" 말씀하시는 분께도 감사드린다.

2022년 10월

독서당로 매봉산 자락에서

김지욱

차 례

01

성장 논쟁 :
성장론의 일반적 인식

Reversing the Paradox of Growth: New Supply-Side Growth
ch. one

경제성장(economic growth)이란 국가경제의 총체적인 생산수준, 즉 실질국민총생산(GDP)이 지속적으로 증가하는 현상을 가리킨다. 또한 1인당 실질GDP로 측정한 생활수준의 지속적인 향상을 말한다. 따라서 주어진 시점에서 한 나라의 경제력과 국민들의 생활수준은 그 나라의 경제성장 정도에 의해 결정된다고 볼 수 있다.

인류 역사상 지속적인 장기 경제성장은 최근 약 200년 동안에 발생하고 있다. 매디슨(Maddison, 2001)의 추정에 따르면 서기 1년의 1인당 소득보다 서기 1000년의 소득이 결코 높지 않았고 1820년대는 단지 서기 1000년보다 53% 높았다. 특히 매디슨이 성장의 황금시대라 부르는 1950년부터 1973년 기간 동안에는 연평균 2.93%의 성장이 이루어졌고, 2000년까지 1인당 소득이 1820년 대비 8.5배 상승하였다. 산업혁명 이후 지난 250여 년간 전 세계적으로 인구가 폭발적으로 증가하였는데도 1인당 GDP로 측정한 세계 평균 생활수준은 크게 향상되었다.

그러므로 경제성장이론은 국가경제 전체의 관점에서 실질GDP, 소비, 투자, 고용, 물가수준 등 주요 거시경제변수들이 장기적으로 성장하는 주제를 다룬다. 경기변동이론은 단기적으로 장기추세선을 중심으로 상승, 하락을 반복하는 현상을 규명한다. 두 주제를 통합하여 경제정책적인 시사점을 끌어내는 것이 거시경제학의 중요한 연구주제이다.

경제성장의 원동력은 주로 인구 증가를 통한 노동력의 증가, 투자에 의한 물적자본의 축적과 교육에 의한 인적자본의 축적, 그리고 기술진보 등에 의해 이루어져 왔다. 성장의 선순환을 통해 일자리 창출 → 소득 증대 → 소비 증가 → 다시 기업의 투자 증가 순으로 이어진다. 그러나 이러한 성장은 구성원 간 소득분배의 불평등과 양극화를 심화시키고 환경을 파괴하며 삶의 질을 오히려 떨어뜨리기도 한다.

이와 같이 한 국가의 경제가 성장하는 가운데 나타나는 긍정적인 현상들보다 부정적인 현상들(소득불평등 악화, 환경오염 증대, 일자리 파괴 등)이 더 크게 부각될 때 사용되는 용어가 '성장의 역설(paradox of growth)'이다. '성장을 하면 할수록 더 안 좋아지더라'는 성장에 대한 부정적인 의미이다. 또한 경제성장을 추진하는 데 있어 성장을 어렵게 만드는 성장의 장애요인들을 '성장의 애로(difficulties in growth)'로 정의하여 성장의 역설에 더하여 다른 측면에서 설명한다.

이 책에서는 성장에서 나타나는 부정적인 현상을 뛰어넘는, 즉 '성장의 역설' 주장을 뒤집기하는 의미로, '그래도 성장이 필요하다'는 '성장의 재역설(Reversing the Paradox of Growth)'을 주장한다.[1] 성장의 역설과 1장 내용을 서술할 때는 경제적인 이론 틀 안에서만 설명하지 않는다. 왜냐하면 이 책의 주제가 '성장의 재역설'이므로 뒷부분으로 가면서 성장의 필요성, 성장의 방법론과 정책 등을 경제적 이론논리하에서 설명한다. 먼저 현 경제상황부터 살펴보자.

---

1. 성장 논쟁과 관련하여 신공급 측면의 성장론(경제학)을 일반 독자들에게 어렵지 않게 소개하기 위해 먼저 일반적으로 사용되는 용어(단어)들을 학술지나 언론기사에서 인용하여 서술한다. 이 창의성이 돋보이는(놀라운) 용어들을 작명하신 전문가(학계 및 언론계) 분들에게 감사함을 표한다. 저자가 작명한 용어로는 '성장의 재역설(reversing the paradox of growth)', 성장의 애로(difficulties of growth)'와 '신공급 측면의 성장론 또는 경제학(new supply-side growth or economics), 성장의 성숙(fully growth)' 네 용어뿐임을 밝힌다.

1. 현 경제위기 상황

전 세계적으로 코로나 팬데믹과 우크라이나 사태의 장기화, 미·중 무역 갈등과 자본 갈등, 러시아 봉쇄 등으로 인한 공급망 파괴로 곡물을 포함한 원자재 가격과 에너지 가격이 폭등하여 대부분의 국가들이 인플레이션을 동반한 경기침체로 진입할 가능성이 커지고 있다.

이러한 세계적인 현상에 미국발 금리인상과 중국의 경제성장률 둔화 등이 더해져서 한국 경제도 물가와 금리, 환율이 동시에 오르는 3고 현상을 맞고 있으며 잠재성장률 하락으로 성장동력을 잃어가고 있다.

그런데 세계 경제를 강타하는 이러한 인플레이션 위기가 글로벌 경기침체 위기로 변하고 있다. 각국들의 인플레이션에 대처하기 위한 기준금리 인상이 소비 위축에 따른 생산 감소, 투자 축소로 이어지고 고용불안까지 이어지면서 오히려 경기둔화에 대한 우려가 더 커지고 있다. 시중의 통화량을 줄이고 물가를 잡기 위한 이러한 정책들이 전 세계적인 경기침체를 불러올 것이라는 우려도 강하게 제기된다.

현재의 인플레이션은 코로나 엔데믹을 위한 통화량 증발과 공급망 파괴로 인한 복합적인 요인임을 고려해야 한다. 추가적인 기준금리 인상이 이루어질 경우 한국 경제에 미치는 영향들을 간단히 살펴보자. 첫째, 기준금리 인상은 가계부채와 기업부채의 위험을 가중시킨다. 올해 상반기 말 국내 가계부채와 기업부채를 합한 민간신용은 사상 최대치인 4,698조 원으로 명목GDP 대비 221.2%를 기록했다. 한은은 기준금리가 0.5%포인트 오를 때(빅스텝) 이자부담은 연 6조 5,000억 원 증가할 것으로 보고 있다. 우리나라의 1분기 GDP 대비 가계부채 비율은 104.3%로 미국 76.1%, 중국 62.1%, 일본 59.7%에 비해 높다. 금리인상과 가계 및 기업 부채 증가는 소비와 투자를 위축시켜 경기침체를 가속화시킬 수 있다.

둘째, 금리인상으로 인플레이션을 잡기에는 한계가 있다. 현재의 인플레이션은 공급망 파괴에 의한 비용인상 요인이 크므로 전통적인 재정·금융정책으로는 정책효과가 낮다. 기업 측 입장에서는 금리인상으로 인한 자금조달비용 증가로 투자를 줄이는 것이 이익이기 때문에 공급 부족 현상으로 오히려 물가가 상승할 수 있다.

셋째, 코로나 팬데믹 대응정책으로 통화량 증가로 인한 수요 측 물가 상승이 있을 수 있다. 그럴 경우 기준금리 인상은 기대인플레이션을 누그러뜨림으로써 물가 상승 심리를 낮출 수는 있을 것이다.

넷째, 한·미 간 금리가 역전될 경우 자본유출에 대한 우려가 있을 수 있다. 하지만 한국의 경제 펀더멘털을 고려하면 대규모의 유출 현상은 일어나지 않을 것으로 전문가들은 판단한다.

다섯째, 금리역전 현상을 단기적으로 허용한다면 환율 상승은 불가피할 것이다. 그렇게 되면 수입물가 상승은 국내물가 상승으로 이어지고 인플레이션에 부담을 주게 된다. 한편으로는 환율 상승에 따른 무역수지 개선 효과가 나타날 수 있지만 그 상황은 불확실하다. 세계 경제가 침체 위기로 빠져들 경우 환율 상승은 오히려 수출 감소와 수입 증가를 가져와 무역적자를 지속시킬 수 있다.

미국의 기준금리 인상에 따른 한국의 금리인상은 환율, 국내외 금리차, 가계부채, 국내경기 등에 복합적으로 영향을 미치게 된다.

지금까지 이어져 온 팬데믹 봉쇄와 같은 반기업적인 정책은 중산층 근로자를 희생시킨다. 일시적인 소득지원정책은 효율적으로 흡수되지 못하고 오히려 인플레이션만 조장하고 있다. 결국 물가 상승에 따른 임금인상 요구는 중소기업들의 경영을 어렵게 할 수 있고 경기침체는 주로 저소득층에 고통을 주게 되고 정치적인 반발을 불러올 수 있다.

통화주의 학자들이 주장하는 화폐수량설에서는 통화와 인플레이션이 직접적으로 연관되어 있고, 통화량을 경제의 성장속도보다 빠르게 증가시키면 인플레이션이 발생한다고 본다. 케인스의 『화폐개혁론』이나 프리드먼의 『미국 화폐사』에서는 공통적으로 화폐유통속도를 조절해 물가를 낮은 수준에서 꾸준히 상승하게 관리하면 경제성장과 번영을 극대화할 수 있다고 주장한다.

프리드먼은 동 저서에서 "정부정책의 가장 큰 문제는 과도한 정부지출을 유도한다는 것이다. 정부지출이 인플레이션을 만들고 경제성장률을 낮추는 장본인이다. 정부지출로 인해 발생한 적자를 통화 발행으로 메운다면 정부지출은 물가 상승에 직접적으로 영향을 미친다. 정부차입이나 조세로 지출재원을 조달하더라도 간접적으로 영향을 미칠 것이다. 정부부채나 과세는 민간 소비나 생산, 자본투자에 쓰였어야 할 자원을 정부가 삼켜버린 것이다" 라고 주장한다. 이 내용은 새겨들을 만하다.

프리드먼은 통화가 경제성장을 촉진하거나 늦추는 데 핵심적인 역할을 한다고 주장한다. 또한 통화량 자체보다는 통화량 증가율을 중시해야 한다는 신화폐수량설을 제기하기도 한다. 그런데 여기서 문제는 소득이나 경제성장률에 대한 구체적인 설명이 없다는 것이다.

현재와 같은 수요 측면뿐만 아니라 공급 측면의 인플레이션 요인일 때 전통적인 재정정책이나 금융정책은 정책효과를 발휘하는 데 한계가 있을 수밖에 없다. 이것이 이 책에서 신공급 측면의 성장 전략을 제시하는 이유이다.

2. 성장의 선순환

경제성장으로 인한 부정적인 결과들이 있음에도 왜 성장이 지속적으로 일어나야만 하는가를 주요 주제별로 요약하면서 출발하고자 한다. 첫째, 선진화 과정이다. 대부분의 선진국가에 나타났듯이 경제발전 초기 단계에는 국가의 기간산업인 철강, 유화, 조선, 전자 등에 의한 산업화 과정, 유휴 농촌인력의 도시 이동과 주거시설과 공장의 집적화로 이루어지는 도시화 과정, 그리고 산업화와 도시화로 인한 환경오염물질 배출 위기에 대한 환경인식 제고, 의식개혁과 민주주의에 대한 갈망으로 직접민주주의를 요구하는 민주화 시민혁명, 그리고 소득분배 불평등과 사회적 갈등요인으로 나타나는 미성숙된 정치이념의 대결, 그리고 중진국 함정이나 선진국 함정에 빠져 소득수준의 정체 현상을 거친다. 어려운 사회적·국가적 갈등 등을 시민의식 수준의 향상으로 극복해 나갈 때 비로소 선진국가로의 도약이 이루어진다. 이러한 국가 발전의 단계별 선진화 과정의 원동력은 바로 국가 규모를 키우는 경제성장이다.

둘째, 가장 중요한 요인으로 빈곤으로부터의 탈출이다. 경제성장은 절대적 빈곤을 벗어나게 하며 기본적인 삶을 보장하게 한다. 동아시아의 네 마리 용인 한국, 대만, 홍콩, 싱가포르는 빈곤의 악순환을 끊고 선진국 소득수준으로 도달하고 있을 뿐만 아니라 싱가포르는 오히려 뛰어넘고 있다. 또한 아시아 지역의 성장 후발주자들인 인도네시아, 말레이시아, 베트남, 심지어 캄보디아, 라오스 등에서도 성장으로 절대적 빈곤을 타파하고 분배를 개선하면서 성장의 기적을 이어가고 있다.

셋째, 분배의 개선이다. 자본주의 경제가 효율성을 추구하기 때문에 시장경제에서의 성장은 분배의 불평등을 불가피하게 야기시킨다. 사람들이 어떠한 생산요소를 가지고 있느냐에 따라 분배 몫은 달라지기 때문이다. 생산성이 높은 생산요소를 가진 사람들은 더 많은 소득(부)을 배분받게 될 것이고 또한 경제가 성장하면서 소득분배가 일부 계층에만 집중되게 되면서 불평등은 더욱 확대될 수 있다. 그렇지만 경제가 성장하지 않는다면, 즉 경제의 규모(함께 나눌 파이)가 커지지 않으면 가난한 자(혹은 생산성이 낮거나 낮은 생산요소를 가진 자)들의 삶은 더욱 어렵게 된다. 일단은 나눌 수 있는 경제규모가 커져야 한다는 것, 즉 분배의 개선을 위해서도 경제성장이 이루어져야 한다는 것이다.

넷째, 일자리의 창출이다. 경제가 성장한다는 의미는 일자리가 창출된다는 뜻이다. 1990년대에는 경제가 1%포인트 더 성장하면 고용이 20~30만 명 증가하였다. 최근에는 10만 명 정도의 고용이 늘어나도 양호한 일자리 창출로 여겨지고, 기술진보에 의한 노동의 자본대체, 자동화, 인공지능 등으로 고용 없는 성장도 일어나고 있다. 이러한 근로자 간 지식격차(knowledge gap)의 확대와 노동시장의 양극화는 고용안정성의 양극화와 소득분배의 악화로 이어지고 있다. 사회취약자를 위한 가장 확실한 사회안전망은 예방적 조치로 지속적인 고용안정과 일자리 창출이다.

다섯째, 삶의 질(소득수준) 향상이다. 아담 스미스(A. Smith, 1776)는 『국부론』에서 가난한 근로자는 국가가 정체 상태일(성장이 없을) 때 비참해진다고 하였다. 국민들의 복지 향상을 위해서는 경제가 성장해야 한다는 것이다. 자유시장경제 체제의 틀 안에서 직업노동을 통해 좀 더 풍요로운 삶을 영위할 수가 있는데 이 풍요로운 삶을 영위하기 위한 전제조건이 바로 경제성장이라는 것이다. 그레고리 맨큐(G. Mankiw)는 경제학 교과서에서 GDP가 높은 나라가 아이들을 건강하게 키울 수 있고, 아름다운 시를 즐길 수 있게 해주며, 용기와 지혜, 그리고 국가에 대한 충성심도 먹고사는 문제에 덜 신경 쓸 때 높아진다고 했다. 경제성장이 국민 모두를 행복하게 하는 만능열쇠는 아닐지라도 일정 수준 이상의 경제성장은 국민이 행복하기 위한 기본적인 조건이라고 할 수 있다.

3. 성장의 역설

성장의 결과로 나타나는 부정적인 측면들인 성장의 역설과 성장을 추진하는 데 있어 성장을 어렵게 만드는 성장의 애로 등의 요인들을 묶어 살펴보자.

고용 없는 성장

고용 없는 성장(jobless growth)은 경제가 성장은 하는데 더 이상 일자리가 늘지 않거나 혹은 오히려 줄어드는 경우 사용하는 말이다. 경제가 불황에서 회복하는 국면에서 실업률이 빠르게 낮아지지 않고 고용이 줄어드는 상태가 지속되는 것을 고용 없는 경기회복(jobless recovery)이라고도 한다. 일자리 없는 경기회복이라는 좁은 의미와 생산의 증가율보다 고용의 증가율이 매우 작은 '부진한 고용 증가' 라는 넓은 의미의 '고용 없는 성장' 도 의미한다.[2]

송상윤 · 김하은(2022)에 따르면, 한국은행 자료에서 산출액 10억원당 소요되는 임금근로자 수를 의미하는 고용계수가 대부분 산업에서 2015년 대비 2019년 하락하는 모습을 보이고 있는 데다 실질GDP와 취업자 수 간 관계도 약화되고 있어 고용 없는 성장은 최근에도 지속되고 있는 것으로 보인다. 또한 한국은행 고용표에서 전 산업 고용계수는 2015년 4.6명에서 2019년 4.1명으로 하락하였으며, 생산 1%포인트 상승에 대한 취업자 수 증가율이 글로벌 금융위기 이후 점차 약화되고 있는 것으로 추정되었다. 김배근(2012)은 기술혁신의 고용효과를 다룰 때 산업 간 노동이동을 명시적으로 고려하고 서로 다른 유형의 기술변동이 고용에 상이한 영향을 미칠 가능성도 분석하였다.

고용 없는 성장의 원인으로는 가속화되는 자동화이다. 기계에 의해서 대부분의 공정이 진행되는 자동화는 궁극적으로 무인화 혹은 극소수

2. 관련 국내 연구로는 김용현(2005), 김배근(2012), 신석하(2014), 김영덕(2014), 최성관 · 권하나(2018), 권하나 외(2021) 등이 있다.

의 인력만이 배치된 생산현장으로 귀결될 것이기 때문이다. 기술혁신으로 인한 생산성 향상으로 고용이 기계로 대체되고 있다는 것이다.

하지만 자동화나 무인화를 위한 시스템을 개발, 유지, 보수하는 인력과 자동화를 위해 필요한 기계 및 장비를 제조하는 업체에서의 고용 증가를 고려한다면, 경제 전체에서 자동화에 따라 고용이 감소하는지 여부는 분명하지 않다. 고용 없는 성장의 원인을 자동화에서 찾거나 고용 감소를 막기 위해 자동화나 무인화를 중지해야 한다는 주장에 반대한다.[3] 산업이 고도화되면 될수록 생산성이 향상되어 당연히 단위당 고용량은 줄어들어야 한다. 그래야 생산성 향상으로 산업이 고도화되고 새로운 첨단 산업 및 기업이 나타나고 일자리도 새로 창출되는(늘어나는) 것이다. 따라서 고용구조도 변해야 한다.

이스털린 역설

이스털린의 역설(Easterlin' s Paradox)은 소득이 일정 수준에 이르고 기본적인 욕구가 충족되면 소득의 증가가 행복에 큰 영향을 끼치지 않는다는 이론이다. 기본 욕구를 충족하는 소득수준을 넘어서면 소득이 늘어난다고 해서 비례적으로 행복이 높아지지 않는다는 것이다. 경제적인 부가 삶의 행복까지 주지 못함을 의미한다.

유엔 산하 자문기구인 지속가능발전해법 네트워크가 올해 초 발표한 세계 157개국 국민행복도조사 결과에서 한국은 57위를 차지하였다.

---

3. 윌리엄 이스털리(William Easterly).

이는 빠른 경제성장으로 물질적인 삶의 지표는 좋아졌지만 행복이라는 삶의 지표는 나아지지 않았다는 것을 의미한다. 작년 상반기 미국, 프랑스 포함 선진 17개국 성인을 대상으로 한 설문조사에서 '삶을 의미 있게 만드는 요소는 무엇인가' 란 질문에 한국만 돈이라는 '물질적인 풍요' 를 꼽았다. 반면에 전 세계 40%에 달하는 사람들이 '가족' 을 최우선 선위로 꼽았다. 한 언론사 조사에서 2030세대에게 '행복의 조건' 에 대해 물었다. 30%가 1순위로 '충분한 소득과 자산' 을 꼽았고 건강, 결혼 등은 후순위로 밀렸다. 한국인의 삶의 가치기준을 간접적으로 볼 수 있다.

피케티 소득불평등

쿠즈네츠 가설은 경제발전 초기에는 성장을 위해 의도적으로 자원을 자본 축적에 집중 배분함으로써 소득불평등도가 증가하다가 경제가 성숙해지면서 불평등도가 감소한다는 주장이다. 그러나 피케티(Piketty, 2014)는 소득이 증가한다고 해서 불평등이 완화되지 않고 오히려 심화되며, 정치적 방법에 의한 의도적 해결책이 필요하다고 주장한다.

피케티는 자본주의 제1 신조(tenet)와 제2 신조를 주장하였다. 완전경쟁시장 가정하에 콥-더글라스 생산함수를 가정하면 자본의 한계생산성은 $MP_K = \alpha \cdot \frac{Y}{K}$이므로 $\alpha = MP_K \cdot \frac{K}{Y}$로 전환할 수 있다.[4] 또한 자본

4. 콥-더글라스(Cobb-Douglas) 생산함수 $Y_t = K_t^{\alpha} L_t^{1-\alpha}$에서 Y_t는 산출물, K_t는 생산요소인 자본, L_t는 노동을 나타내고, α는 자본투자에 대한 대가인 자본 몫(자본에 대한 분배율) 또는 탄력성을 나타내며, $0 < \alpha < 1$에 있다. 자본에 대한 한계생산(MP_K)은 생산함수를 자

에 대한 한계생산은 실질이자율(r)이 되므로($MP_K = r$) 자본주의 제1 신조를 $\alpha = r \cdot \frac{K}{Y}$와 같이 도출하고 있다.

또한 자본계수는 경제성장률 또는 기술진보율(g) 대비 저축(s)의 비율($\frac{s}{g}$)과 같게 두고 이것을 β로 표현하여 자본주의 제2 신조 $\frac{K}{Y} = \frac{s}{g} = \beta$를 구하였다. 그 결과 자본 몫 α는 r과 β의 곱으로 이루어지는 다음과 같은 자본주의 신조($\alpha = r \cdot \frac{s}{g} = r \cdot \beta$)를 도출하였다.

$$\text{자본에 대한 분배율} = \text{실질이자율} \times \frac{\text{저축률}}{\text{경제성장률}}$$

따라서 피케티의 자본주의 신조는 솔로우 모형의 균제상태에서 가져온 것을 알 수 있다.[5] 피케티는 $\alpha = r \cdot \frac{s}{g} = r \cdot \beta$의 법칙에서 자본에 대한 소득분배율 α가 다음의 경우에 커진다고 주장한다. 첫째, 저축률이 일정하고 이자율이 증가할 경우 ($\bar{s}, r\uparrow$), 둘째, 이자율(자본의 한계생산량 MP_K)이 경제성장률보다 클 경우($r > g$), 셋째, 경제성장률이 낮아질 경우 소득의 자본 몫은 가히 폭발적으로 증가한다($g \to 0$)는 것이다.

피케티의 주장을 요약하면 다음과 같다. 첫째, 자본계수가 일정하지 않고 최근에 $\frac{K}{Y}$가 상승하여 α가 커지고 자본의 몫이 증가하고 있

본에 대해 미분하여 구하면 $\alpha K_t^{\alpha-1} L_t^{1-\alpha}$가 되므로 $MP_K = \alpha \frac{Y}{K}$가 된다(수식은 이 정도 수준에서 전개된다).

5. 이 수식은 성장의 엔진으로 표현되는 솔로우의 자본축적 방정식 $\dot{\tilde{k}} = s\tilde{y} - (n + \delta + g)\tilde{k}$에서 균제상태에 들어가면 $\dot{\tilde{k}} = 0$로 둘 때 구해진다. $s\tilde{y} = (n + \delta + g)\tilde{k} \Rightarrow \frac{\tilde{k}}{\tilde{y}} = \frac{K}{Y} = \frac{s}{n + \delta + g} \approx \frac{s}{g}$. 자본계수 $\frac{K}{Y}$는 단순히 $\frac{s}{g}$로 표현된다. 이는 인구 증가가 없고($n = 0$), 감가상각률인 δ를 모형 안에서 흡수하기 때문이다. 4장 수렴성 논쟁 참조.

다. 둘째, 자본소득분배율 $\alpha = r \cdot \frac{k}{y} = r \cdot \beta$에서 자본이 증가하면($\frac{k}{y}$ ↑), 자본의 한계수익률 $r(= MP_K)$가 줄어든다. 하지만 자본계수 $\frac{k}{y}$의 증가 속도가 자본수익률 r 감소 속도보다 빠르기 때문에 자본에 대한 소득분배율은 증가한다. 셋째, 일반적으로 자본의 몫이 30%, 노동의 몫이 70%이나 최근에 자본의 몫이 증가하고 있으며 미국은 1940~1980년까지 소득불균형이 개선되었으나 현재에는 상위 10%가 50%를 차지한다. 넷째, 부와 소득의 불평등 심화는 자본주의의 본질적 모습이며, 21세기에 더 심화되어 세습자본주의가 도래할 것이다. 다섯째, $r > g$이기에 불평등이 심화되며, 소득과 부의 불평등은 역사적으로 정치적 해결이 필요했다. 마르크스는 혁명에 의한 종말을 예상했으나, 자본주의는 정치적 결단으로 계승 가능하며 불평등 해소를 위해 부유세나 소득세에 고율 부과, 글로벌 누진세와 자본 통제가 필요하다고 본다.

선진국의 소득과 부의 불평등

선진국의 소득과 부의 불평등 주장들과 관련하여 피케티의 『21세기 자본론』에서 자본 몫과 노동 몫을 살펴보자. 1970년대에는 선진국들의 자본 몫이 15%에서 25% 사이에 있고 2000년대에는 25%에서 30% 사이에 있는 것을 볼 수 있다. 프랑스의 자본 몫은 거의 27% 수준에서 안정적이다. 학계에서 언급하는 자본 몫과 노동 몫 비율인 30 vs. 70을 확인할 수 있다.

그러면 피케티가 주장하는 자본계수가 증가하여 700%에 이른다는 것은 무엇인가? 〈그림 1-1〉은 1700년대부터 2010년대까지 영국과

그림 1-1 영국과 프랑스의 자산 구성

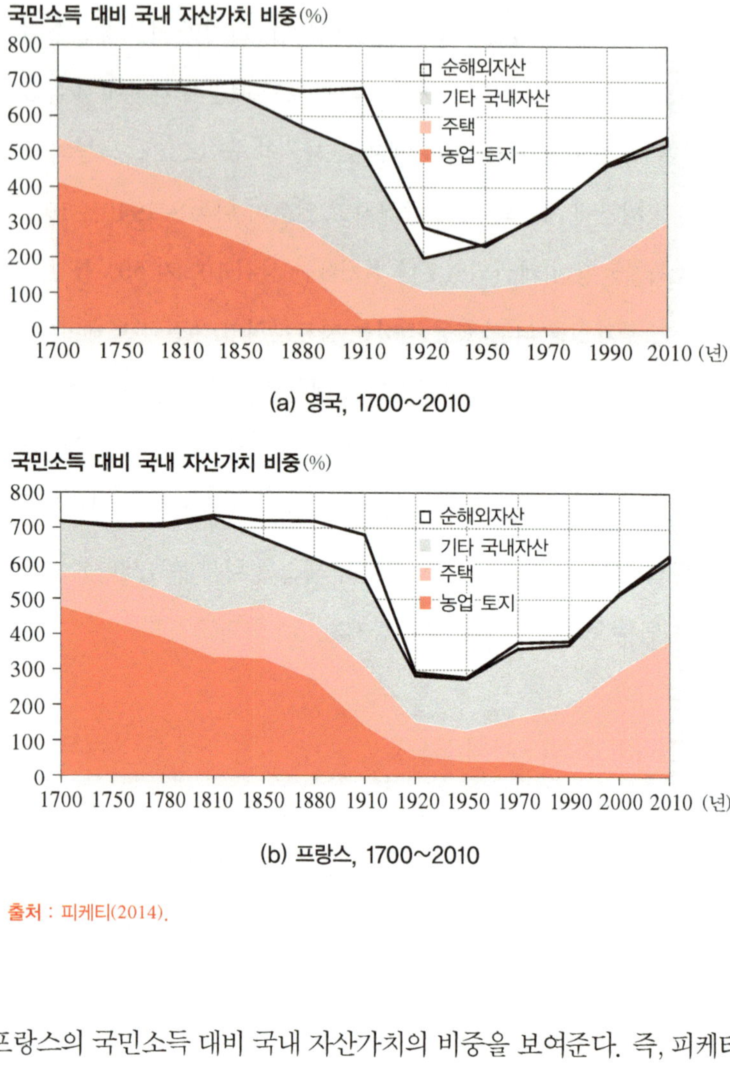

출처 : 피케티(2014).

프랑스의 국민소득 대비 국내 자산가치의 비중을 보여준다. 즉, 피케티가 말하는 자본계수가 6 내지 7배(600~700%) 된다는 것이다. 밑에서부터 짙은 청색 부분이 토지, 옅은 청색이 주택, 옅은 회색이 주택 이외의 자본의 가치이다. 1920년부터 전체 자본(실제는 자산)이 증가하는데

그림 1-2 미국과 프랑스의 소득불평등

(a) 미국, 1910~2010

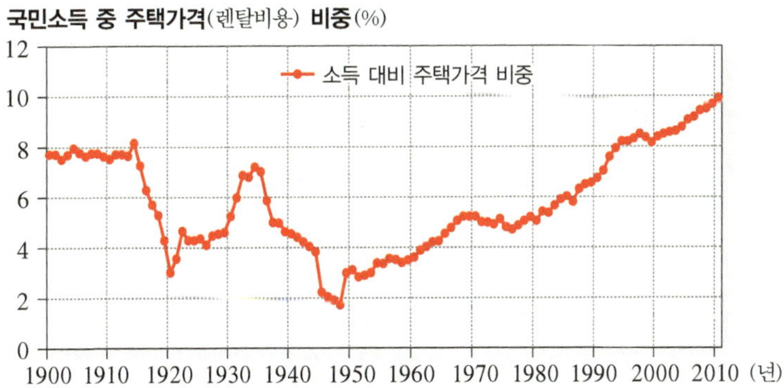

(b) 프랑스, 1900~2010

출처 : 피케티(2014).

주택가치만 증가할 뿐 현재 분석의 대상이 되는 물적자본(capital)의 구성 비율은 안정적이다.

〈그림 1-2〉에서 (a)는 1910년부터 2010년까지 국민소득 중 상위 10% 소득자의 비중을 보여준다. 1980년대까지는 35% 밑 수준에서 형성되고 있으나 그 이후부터 2010년대까지 50% 수준에 이르고 있다.

이것은 대부분 capital gain에서 얻고 있는데 주택, 부동산이나 금융자산의 가치 상승으로 이루어지고 있다. (b)는 프랑스가 1950년부터 국민소득 중 주택가격(렌탈비용) 비중이 가파르게 상승했음을 보여준다.

피케티는 솔로우 모형의 균제상태에서 출발하여 자본계수 증가로 인해 자본에 대한 소득분배율 α가 증가하여 노동소득 분배가 악화되고 있으므로 자본 축적을 줄여야 한다고 주장하고 있지만 자본의 개념 사용 혼동으로 왜곡된 내용을 서술하고 있다. 즉, 여기서의 자본은 신고전파 모형에서 말하는 자본, 즉 물적자본(physical capital)과 자본(자산, wealth)이 혼재된 개념이다. 상위 소득자 부(자산)의 급격한 비중 상승은 자산가치 상승에 따른 결과이다.[6]

따라서 대부분의 실증분석에서 나타나고 있듯이 대체탄력성이 1보다 작다면 실물자본의 비중을 늘려야, 즉 자본계수가 커져야 소득분배율 α가 감소하여 노동소득 분배가 양호해진다. 민간이든 정부든 실질적인 투자가 증대되어야 한다(6장 1.4 참조).

부의 양극화

국가별 소득불평등을 측정하는 주요 지표인 P90/P10배율(소득 상위 10%선에 걸친 값(P90)을 소득 하위 10%선에 걸친 값(P10)으로 나눈 배율)로 본 2018년 기준 우리나라의 소득양극화지수는 5.5이다. OECD 38개 회원국 중 우리나라보다 소득불평등도가 높은 나라는 콜롬비아, 코

6. 김낙년(2016)은 한국의 상속세 자료를 사용하여 한국의 부 불평등을 분석하였다.

스타리카, 멕시코, 미국 등 4개국밖에 없다.

한국형 부동산 자본주의를 언급한 이승훈(2022. 5. 4)은 한국 사회의 양극화 심화를 논할 때 토지자산과 주택자산을 언급하지 않을 수 없다고 말한다. 한국은행과 통계청이 발간한 국민대차대조표에 따르면 2018년에 가계와 기업(금융법인 제외)이 보유한 토지자산은 6,103조 원으로 2008년 3,547조 5천억 원에 비해서 무려 1.72배 증가했다. 개인 토지의 경우 상위 1%가 전체의 55.2%를, 상위 10%가 전체의 97.6%를 보유했다. 법인 토지는 상위 1%가 전체의 77%를, 상위 10%가 93.6%를 보유했다. 이에 대해 이승훈은 극소수의 소득 상위 10% 집단과 대기업들이 토지자산의 대부분을 독점화하고 있는 셈이라고 주장한다.

상대적 박탈감

상대적 박탈감(relative deprivation)은 자신보다 상위 계층 혹은 상위 집단의 말과 행동, 혹은 상위 집난의 평균치와 자신과의 비교에서 느끼는 박탈감, 소외감을 일컫는 말이다.[7] 상대적 박탈감은 구성원들 간의 사회적 위화감을 조성할 수 있고 사회적 혼란과 여러 사회문제들을 야기할 수 있다. 경제적 부에서의 상대적 격차는 절대적 박탈감보다 더 중요하며, 이는 인간의 삶의 질을 결정하기도 한다.

상대적 빈곤 비율은 전체 인구 중 빈곤 위험에 처한 인구의 비율을 의미한다. 상대적 빈곤선은 전체 인구의 중위소득을 기준으로 하여 중

---

7. 나무위키(https://namu.wiki/w/상대적 박탈감).

위소득의 50%에 해당하는 소득으로 정의한다. 중위소득 계층은 소득만을 고려하여 중위소득의 50% 초과 150% 이하에 해당하는 사람들이 해당된다. 중위소득 계층에 대한 통계는 전체 인구에서 중위소득 계층에 해당하는 인구의 비율로 작성된다. 이 비율이 줄어들고 있고, 하위소득 계층이나 상위소득 계층의 인구이동으로 양극화 현상이 나타나고 있다.

불균형 성장과 경제의 양극화

우리나라의 과거 경제 발전 및 성장 정책은 제한된 자원을 소수의 제조업 분야인 대기업에 집중시키고 수출을 통해 성장동력을 얻는 대기업 중심 · 수출 중심의 정책이었다. 그 결과 대기업과 중소기업, 수출산업과 내수산업, 제조업과 서비스업 사이의 불균형이 발생하였다. 이러한 불균형이 지금까지도 해소되기보다는 심화되고 있다는 연구결과도 있다.

이와 같은 산업구조의 취약, 급속한 고령화, 불균형과 압축성장 전략의 휴유증, 사회적 갈등 심화와 같은 추가적인 요인들로 인해 성장과 고용이 더욱 위축되고 성장과 고용이 악순환 과정에 빠질 위험성도 높다. 또한 제조업 공동화와 중국의 급부상은 국내의 취업기회를 위축시키고 중간수준의 일자리 숫자를 축소시켜 일자리의 양극화, 소득양극화를 초래한다.

노동시장의 양극화가 심화되면 소득분배의 양극화와 고용안정성의 양극화로 이어진다. 기술혁신과 정보화로 고급기술을 가진 근로자와 단순기술 근로자 간 지식격차가 확대되면서 소득분포도 악화되고 있는 실정이다.

생산성 역설

생산성 역설(productivity paradox)은 신고전파 성장이론을 제시한 로버트 솔로우(Robert Solow) 교수가 1987년에 주장한 이론으로 정보기술에 대한 투자가 증가함에도 기업, 산업 및 국가 수준의 생산성이 비례해서 증가하지 않거나 오히려 감소하는 현상을 의미한다.[8]

생산성 역설은 인공지능, 빅데이터, 클라우드 등 신정보기술의 발달이 빠르게 진행됨에도 2000년대 초반 이후 세계 경제가 다시 장기침체에 빠지고 생산성 개선이 둔화되는 양상을 보이면서 정보기술에 의한 제4차 산업혁명이 경제성장을 견인하기 어렵다는 부정적인 전망이 나오자 다시 주목받고 있으며, 학계의 논쟁을 일으키고 있다.

로버트 고든(Robert Godern) 교수도 지서 *The Rise and Fall of American Growth*에서 정보기술의 경제적 파급 효과가 작다는 생산성 역설을 주장한다. 그는 전기, 내연기관 등 산업화 시대의 발명에 비해 정보기술은 제한된 범위에서 영향을 미치며 경제성장 기여도 역시 낮다고 주장하다. 세계 경제의 구조적인 장기침체를 주장하는 학자들은 생산성 역설을 지지하고 있다.

이러한 생산성 역설은 디지털 경제로의 전환과정에 있는 주요국에

---

8. 정선영(2021)과 조원영(2018)의 자료 참조.

서도 공통적으로 나타나는 현상이다. 미국의 경우 디지털경제 부문의 빠른 성장세, 즉 연평균 성장률 6.8%에도 불구하고 경제 전반의 노동생산성 증가율은 2000년대 중반 이후 지속적으로 둔화되고 있다. 우리나라도 고도화된 정보기술산업 및 관련 인프라, 높은 혁신역량 등 우월한 디지털 잠재력을 보유하였음에도 경제성장 및 생산성이 지속적으로 둔화되고 있다.

낙수효과의 허상

낙수효과(trickle-down effect)는 정부가 감세정책이나 규제완화 등을 실시하면 대기업의 투자와 고용이 늘어나고 이로 인해 중소기업과 소비자에게도 혜택이 돌아가고 세수도 더 늘어나게 된다는 이론이다. 대기업, 재벌, 고소득층 등 선도부문의 성과가 늘어나면 연관 산업이 발전해 그 이익이 후발부문이나 낙후부문에 유입되는 효과를 의미한다.[9] 이러한 논리는 경제성장을 위해서는 분배와 형평성보다는 성장과 효율성을 우선시해야 한다는 전제에서 나온 것으로 이를 뒷받침하는 이론적 근거는 없다.

2000년대 초반까지 세계 각국은 낙수효과를 정부의 기본적인 경제정책으로 받아들였다. 그러나 2000년대 중반부터 낙수효과의 논리는 신뢰를 잃게 되었다. 각국 정부가 낙수효과를 기대해 세금을 줄여주어도 기업들이 투자를 늘리지 않았기 때문이다.

---

9. 홍운선 · 윤용석(2018), 바우만(2013)과 스티글리츠(2013)의 내용 정리함.

실례로 미국의 클린턴 행정부는 부시 행정부가 1989년부터 1992년까지 낙수효과에 근거해 채택한 경제정책을 1993년 폐지했다. 클린턴 행정부는 낙수효과를 허구라고 보았다. 또한 IMF는 정례보고서(2015. 5)에서 전 세계 150여 개국의 사례를 분석한 결과 상위 20%의 소득이 1%포인트 늘면 이후 5년의 경제성장률이 0.08% 하락했고, 하위 20%의 소득이 1%포인트 상승하면 경제성장률이 0.38% 증가했다고 발표했다. 피케티(2014)는 미국이 1980년대 초반부터 신자유주의 낙수효과를 채택한 이후 오히려 소득격차가 심화되었다고 주장한다.

성장의 한계

로마클럽의 제1차 보고서인 「성장의 한계」(1972)는 인구 급증, 급속한 공업화, 식량 부족, 환경오염, 자원 고갈 등의 문제가 지금 추세로 계속된다면 세계의 경제성장은 100년 이내에 멈출 수밖에 없을 것이라고 인류의 미래를 암울하게 전망한 보고서이다. 이 보고서 중 환경과 개발에 대해 강한 우려를 표명하는 부분에서 지속 가능성(sustainability)이라는 용어가 처음 사용되었다.

로마클럽(Club of Rome)은 급속한 공업화가 환경오염을 유발한다는 인식에서 출발하여, 지구의 유한성이라는 문제의식을 가진 유럽의 경영자, 과학자, 교육자 등이 참여해 인류와 지구의 미래를 연구하는 민간단체이다. 이 단체는 천연자원의 고갈, 환경오염 등 인류의 위기 타개를 모색, 경고 · 조언하는 것을 목적으로 하고 있으며, 첫 회의의 주제는 '인류가 특정 정책들을 따르면 향후 130년 동안 어떤 일이 벌어질까?'

였다.

기술 발전으로 이러한 환경위기의 문제점들을 해결하더라도 현재의 성장방식이 지속되는 한 성장의 한계는 다소 지연될 뿐 피할 수는 없다는 것이다. 유한한 자원을 가진 지구에서 무한한 성장이 가능한 것처럼 믿는 사고방식과 발전방식을 변화시켜야 한다는 것이다.

「성장의 한계」의 내용을 대폭 수용한 부룬트란트 보고서(Bruntland report) 「우리들의 공통된 미래(Our Common Future)」(1987)에서는 지속 가능한 발전을 "미래 세대가 그들의 필요를 충족시킬 수 있는 가능성을 손상시키지 않는 범위에서 현재 세대의 필요를 충족시키는 개발" 로 정의하고 있다.

환경쿠즈네츠곡선의 배반

경제성장은 불가피하게 환경을 오염시키고 궁극적으로 경제 기반을 무너뜨릴 수도 있다. 환경오염을 줄이기 위해서는 자연자원의 사용을 줄여야 하겠지만 자연자원의 사용을 줄이는 것은 총생산물의 생산 감소, 즉 국내총생산의 감소를 의미하므로 국민의 물질적 생활수준 저하를 초래할 수도 있다.

경제가 발전함에 따라 경제발전 초기 단계에는 환경파괴와 환경오염이 증가하다가 일정 소득수준을 지나면서 오염수준이 감소하며 환경의 질이 개선된다는 역U자 형태의 환경쿠즈네츠곡선 가설(environmental Kuznets curve hypothesis ; EKC)이 주장되었다. 그러나 최근에는 소득과 환경오염 간의 관계가 역U자 형태가 아니라 국가 발전 단계에 따라서 오히려 오염이 증가하는 N자 형태로 나타나고 있다.

또한 국제에너지기구(IEA)의 보고서에 의하면 2007년부터 2030년 기간 동안 이산화탄소(CO_2) 배출량 증가의 상당 부분이 지속적인 경제성장을 위하여 석유 등 화석연료 수요가 급증하고 있는 아시아 국가 등에서 발생할 것으로 예측되었다.

맬서스의 함정

맬서스(Malthus, 1789)는 경제가 장기적으로 성장하는 것은 불가능하다는 맬서스의 함정(덫, Malthusian Trap)을 주장하였다. 이러한 주장의 근거는 인구의 증가와 노동의 보수 감소이다. 만약 1인당 소득이 증가한다면 사람들은 더 오래 생존하고 더 많은 가족을 이루게 되고 인구 증가로 이어진다. 그러면 제한된 토지에서 더 많은 사람들이 일하게 되어 1인당 소득은 감소한다. 결국에는 1인당 소득이 원래의 수준으로 돌아오게 된다는 것이다.

만약 생산성이 일시적으로 상승하였다고 하자. 그러면 1인당 소득이 증가한다. 그러나 1인당 소득의 증가는 단기적으로 끝나고 다시 맬서스 과정을 밟게 되고 초기 수준으로 돌아오게 된다.

내부자와 외부자의 문제

모든 경제활동의 영역, 특히 노동현장에서는 내부자와 외부자 문제가 있다. 내부자(insider)는 기업의 취업자로 기업과 협상할 수 있는 사람들을 말하고, 외부자(outsider)는 실업자로 남아 있는 노동자로 기업과 임금협상을 할 자격이 없는 사람들을 말한다. 소수의 내부자들이 임금협상에서 자신들의 이해만을 생각하여 높은 수준의 임금을 제시함으로써 한번 실직한 외부자들은 다시 내부자가 되기가 쉽지 않고 계속 실업자로 남게 된다.

즉, 실직한 사람들은 임금협상 과정에서 자기의 입장을 관철시키기 어렵기 때문에 다시 고용되기가 쉽지 않다. 이는 내부자-외부자 모형으로 알려져 있다. 노동조합의 독점적 협상력에 의해 균형실질임금보다 높은 수준의 실질임금이 경직적으로 유지된다는 것이다.

노동조합은 단체협약에서 임금협상 시에 외부자들을 고려할 필요가 없기 때문에 생산성이 높은 자신들의 입장에서 높은 임금을 요구하게 된다. 또한 기업들도 노동자들의 노동이직비용을 고려하여 그들의 요구대로 높은 임금을 지불하게 된다. 그러면 실질임금이 시장균형임금 수준보다 높아지고 비자발적실업은 그대로 유지된다. 외부자들은 계약된 실질임금보다 낮은 수준에서 일하기를 원하지만 고용되지 못하고 실업자로 여전히 남게 된다.

실업의 기억효과

경제에 비우호적인 충격이 왔을 때 기업은 내부자들 중에 상대적으로 낮은 생산성을 가진 노동자들을 우선적으로 해고하여 회사 규모를 축소시킨다. 그러면 남아 있는 내부자들은 더 높아진 평균생산성으로 인해 더 높은 실질임금을 요구하게 된다. 반면에 취업되지 못한 실업자들은 시간이 흐를수록 노동생산성이 점차 낮아지고 또한 열등한 노동력이라는 불리한 신호로 나타나게 되어 취업은 더욱 어렵게 된다. 이와 같이 실제 실업률을 지속적으로 상승시켜 결국 자연실업률 자체를 상승시키는 현상이 나타나는데 이를 실업의 기억효과 또는 실업의 이력 현상(hysteresis of unemployment)이라 한다. 이러한 이유로 불황이 올 경우 실업률은 영구적으로 증가하게 된다.

자연실업률 가설에서는 실업률이 일종의 균형상태를 의미하는 자연실업률을 중심으로 이탈과 복귀를 반복한다고 설명한다. 반면에 이력 가설을 주장하는 학자들은 실업에 대한 충격의 효과가 오랫동안 지속된다고 주장한다. 따라서 전자의 주장이 옳다면 실업률은 정상 시계열로 관찰되지만 반대로 후자의 설명이 옳다면 실업률은 비정상(단위근) 시계열 특성을 갖게 된다.[10]

경쟁사회의 낙오와 절망감

삶의 의지를 잃고 죽음을 생각한 사람이 다른 이들을 끌어들여 함께 죽으려 계획하는 확대 자살이 최근 일본에서 큰 사회문제가 되고 있다(2022. 15 일간신문).

확대 자살이 늘어나는 배경에는 일본의 장기 불황으로 인한 경제적 빈곤층의 증가, 자조를 강조하는 사회적 분위기 등이 있다. 정서적으로 고립된 상황에서 자신이 불행한 원인을 남의 탓이나 사회 탓으로 돌리는 심리 상태가 같이 죽자로 이어진다는 분석이다. 경쟁사회의 낙오와

10. 김지욱(2021).

절망감으로 나타나는 심리상태의 극단적인 면을 보여준다.

계층 이동 사다리 약화

스티글리츠(2018)는 미국의 빈익빈 부익부는 심화됐으며 계층 이동 사다리는 무너졌다고 주장한다. 미국에서 2009년부터 2012년까지 발생한 전체 소득증가분 중 91%가 최상위 부유층 1%에게 돌아갔으며 어린이들의 20%는 빈곤 생활을 하고 있다. 그는 이를 개선하기 위해 새로운 경제 규칙을 마련해야 한다고 역설한다. 즉, 현재 미국에서 관측되는 빈부 격차와 저성장은 기존 경제논리가 오작동하면서 생겨난 게 아니라 지나치게 잘 작동하면서 발생했다는 주장이다.[11]

불투명한 평가와 불공정한 성과보상에 대한 불만

우리나라 기업 대부분은 내부 승진과 연공서열을 기반으로 보상제도를 실시하고 있다. 개인 성과가 연봉급에 반영되는 정도는 미미하고 대부분의 성과급은 조직이나 전사성과급에 근거해 획일적으로 결정돼 지급되고 있다.

연봉 대비 집단성과급 비율이 높더라도 MZ세대(밀레니엄 + Z세대)

---

11. 이진영(2017)은 교육이 부의 대물림 확률은 높이면서 빈곤의 대물림 확률을 낮추는 데는 기여하지 못해 결국 소득이동성을 떨어뜨리는 방향으로 작용하고 있다는 것을 보여준다. 반면 박현준 · 정인관(2021)은 계층 이동률이 분석기간 동안 모두 높고 계층 이동 흐름이 여전히 유동적이라는 사실을 확인했다. 또한 상대적 이동률의 증가는 개방성의 증대로 인한 서비스 계급과 비육체 노동자 계급의 세습 약화에 기인함을 확인할 수 있었다고 밝히고 있다.

직원들은 개인의 공헌에 대한 고려 없이 조직이나 회사의 모든 직원이 일률적으로 같은 지급률을 적용받는 것을 받아들이기 힘들어 한다. 그들은 노력에 대한 정당한 대가를 요구하고, 보상을 본인이 제공한 시간, 노력, 기회비용 등의 노동에 상응하는 대가로 인식하여 이 교환관계를 공정하게 가져가야 한다고 본다.[12] 자신이 투입한 시간과 노력을 올바르게 평가받기 위해 본능적으로 '시스템의 공정성'을 중요시 여기게 된 것이다.

출산율 저하

통계청(2022. 2. 23)이 발표한 '2021년 출생 · 사망 통계'에 따르면 지난해 출생아 수는 26만 500명으로 전년도 27만 2천 300명보다 4.3% 감소했다. 20년 전인 2001년 55만 9천 934명과 비교하면 그 절반에도 미치지 못한다. 또한 가임여성 1명이 낳을 것으로 예상되는 평균 출생아 수로 나타내는 합계출산율은 0.81명으로 전년도 0.84명보다 0.03명 감소했다. UN 인구통계에 따르면 2020년 기준 198개국 중 한국의 합계출산율이 가장 낮다. 2019년 최근 통계로 보면 OECD 평균 합계출산율이 1.61명이다. 또한 자녀를 출산한 어머니의 평균연령은 33.4세로 전년도보다 0.2세 올랐다. 혼인 건수도 지난해 18만 2,509쌍이 결혼해 처음으로 20만쌍 아래(전년 대비 9.8% 감소)로 떨어져 역대 최저치를 기록하였다.

---

12. 신재용(2021).

초저출산으로 인구가 감소하면 경제성장의 저하를 초래하고, 이에 따른 소득 감소로 인해 출산율 또한 낮아지며, 이로 인해 노동 공급이 감소되므로 다시 저성장에 빠지게 되는 성장의 악순환 구조로 빠지게 된다. 더군다나 출산 감소의 속도(저출산율)까지 빨라진다면 악순환의 늪은 한층 더 경제를 어렵게 만든다. 결국 경제의 역동성 저하로 출산 저하 현상은 더욱 심화되고 이로 인해 중·장기적으로 생산가능인구는 줄게 되어 국가의 경제성장은 둔화된다.

고령화와 생산인구 감소

고용노동부(2022. 2. 3)가 발표한 '2020～2030 중·장기 인력수급 전망'과 통계청의 장래인구추계에 따르면 생산가능인구(만 15～64세)가 2020년 3천 664만 정도에서 2030년에는 320만 명 넘게 감소하여 3천 221만 명, 2040년엔 2천 676만 명으로 줄어든다. 특히 베이비붐 세대(1955～1963년생)가 고령인구로 진입하는 2020년대에는 생산가능인구가 연평균 36만 명 감소할 것으로 예상된다.

생산가능인구 감소는 거꾸로 65세 이상 인구의 증가를 의미한다. 이에 따라 65세 이상 고령인구가 차지하는 비중은 2020년 16.1%에서 오는 2025년에는 20%를 넘어 초고령화사회에 진입하고 2040년에는 35.3%로 높아질 전망이다. 즉, 2040년에는 3명 중 1명이 고령인구라는 의미다. 그러면 노년층에 대한 부양 부담이 커질 수밖에 없다. 예산정책처에 의하면 생산가능인구 100명당 부양해야 하는 65세 이상 노인인구는 2020년 21.7명에서 2030년 38.5명으로 확대되고 2040년에는

64.9명으로 폭증할 것으로 예측된다.

생산가능인구 감소나 출산율 저하, 인구 고령화 등과 같은 인구구조의 변화는 경제성장을 낮춰 소득수준이 정체된다는 것이 일반적인 연구결과이다. 고령화로 인하여 경제활동에 참여하는 사람들의 비율이 감소하고 숙련도가 높은 인력들의 은퇴로 생산성이 하락한다. 또한 고령부양 비율의 증가로 노령인구의 의료 및 복지 비용은 젊은 세대의 부담과 성장에 부정적으로 나타난다.

고령인구가 증가하게 되면 은퇴 전까지는 그들의 저축이 소비보다 높았다가 은퇴 후에는 저축된 자금을 소비에 사용함에 따라 저축이 줄어들어 전체적으로는 저축률이 하락한다. 저축이 투자로 이어져 자본축적으로 산출물이 증가하는 생산의 선순환이 약화되어 경제성장에 어려움을 가져온다는 것이다.

과잉규제의 역설

혁신과정에 대한 이해 부족으로 인공지능이나 디지털 전환 등 새로운 산업의 대전환 시기에 혁신에 대한 규제는 새로운 사업기회와 일자리 창출을 박탈할 수 있다. 통상적 부담을 넘어서는 기업비용의 증가는 새로운 산업의 진출이나 일자리 창출 등 경제성장에 어려움을 주는 과잉규제의 역설에 갇히게 된다.

또한 불필요한 대출 억제와 이자 부담 경감을 위한 대출규제 강화와 최고금리 인하 정책(규제)은 오히려 저소득 · 저신용자들을 대출시장에서 밀려나게 하고 있다. 은행권에서 밀려난 고신용자들과 중신용자들이 자산규모 상위 저축은행으로 몰리면서 저신용자들은 대출이자율이 더 높은 하위그룹의 저축은행들로 몰려 오히려 대출의 기회 박탈과 높은 이자를 부담하는 과잉규제의 역설로 나타나고 있다.

친환경의 역설

유럽과 미국, 중국 등에서 기후변화를 의식한 친환경 규제가 빠르게 이루어지면서 그린플레이션(친환경 정책으로 인한 물가 상승) 현상이 발생하고 있다. 기존 화석연료에 가해지는 성급한 규제가 원자재 가격 급등이라는 부작용을 일으키고 있기 때문이다. 환경 규제로 추가 생산 여력이 없기 때문이다. 천연가스 가격이 급등해 전력 생산 비용이 크게 늘어나 에너지 공급 업체들이 파산하고 천연가스 발전을 늘리는 국가들은 전력 생산 비용이 급증하고 있다.

러시아의 우크라이나 침공과 코로나19 사태로 인한 공급망 병목 현상으로 상품 및 자원, 에너지 가격이 급등하고 있고, 이상기후 등이 겹쳐 식량 가격도 급등하여 최고치로 치솟고 있다. 석유의 경우 수요와 공급의 불일치와 지정학적인 요인까지 겹쳐 국제유가 상승세가 지속되고 있다. 수요는 이전 수준으로 회복되고 있지만 원유생산량을 늘릴 능력이 부족하기 때문이다. 석탄의 경우에도 각국의 탄소저감정책으로 광산을 폐쇄하거나 투자를 줄이고 있다. 투자자들이 에너지 회사들에게 원유, 셰일오일, 가스 생산을 줄이고 친환경 에너지 중심으로 사업개편을 요구하기 때문이다. 세계적인 탄소중립 기조로 각국이 기존 에너지 개발사업에 투자를 줄이고 있고 수출국의 전력난으로 인해 석탄 수출이 감소하고 있기 때문이다.

프렌드쇼어링

러시아의 우크라이나 침공, 미·중 갈등 등의 여파로 세계화 시대가 끝나가고 있다는 분석이 이어지고 있다. 동맹국끼리 경제적 협력관계를 강화하는 프렌드쇼어링(friend-shoring)이란 용어가 등장했다. 오프쇼어링(생산시설의 해외 이전, off-shoring) 때문에 서방 경제의 중국 의존도가 높아졌다는 판단과 제조업의 자국 복귀를 뜻하는 리쇼어링(re-shoring)의 대안으로 프렌드쇼어링이 주목받게 되었다.

월스트리트저널(WSJ)은 미국과 중국이 각각 주도하는 두 개의 배타적 경제블록이 형성될 경우 10~20년 안에 세계 국내총생산(GDP)의 5%가 감소할 전망이며, 세계 GDP 감소액 예상치를 금액으로 환산하면 4조 4,000억 달러(약 5,508조 원)에 달한다고 보도했다. 이 보도와 관련하여 이고운(2022. 6. 6)은 세계화 시대에 선진국을 대신해 생산기지 역할을 하고 무역상대국이 돼 경제발전을 이룬 개발도상국의 충격이 특히 클 것이며 세계 경제 성장을 저해하고 인플레이션을 자극할 것이라고 전한다.

수도권 인구집중과 수도권 규제

우리나라 수도권으로 불리는 서울·인천·경기의 인구 규모는 우리나라 총인구의 절반을 넘는다. 우리나라 수도권은 도쿄권에 오사카권의 4개 광역단체(14%)와 나고야권 3개 광역단체(9%)를 합친 일본 3

대 도시권 인구(52%)와 맞먹는다고 한다. 일본의 도쿄권 4개 광역단체 인구는 일본 총인구의 29% 수준이다. 반면 지방에서는 해마다 소멸위험지역이 늘어나고 있다.

수도권 규제는 1982년에 제정한 수도권정비계획법에 의해 과밀억제, 성장관리, 자연보전 권역으로 수도권을 나누고 공장의 신·증설이나 관광지 조성 등을 엄격히 통제한다. 개별 기업들의 공장 신설이나 증설, 해외기업들의 투자유치도 막혀 산업생산 및 일자리창출에 많은 한계를 가져왔다.

대기업들의 연구개발(R&D)센터들이 수도권지역으로 복귀하고 있다. 우수한 인재를 확보하기 위해서다. 또한 수도권지역의 대학 정원 규제로 반도체, AI(인공지능), 빅데이터 분야 등의 훌륭한 인재를 뽑는데도 어려움을 겪고 있다. 지방분권을 말하지만 인재가 없는 지방분권은 불가능하다. 미·중 간 기술패권 다툼이 첨예하게 벌어지는 글로벌 서바이벌게임에서 인구 5,000만의 나라가 생존하려면 어떻게 해야 하는지를 심사숙고해 새롭게 국가 전략의 틀을 짜야 한다.

4. 자본주의의 위기

토마 피케티와 조지프 스티글리츠, 마크 카니, 디트리히 볼래스 등 여러 전문가들이 저서와 강연, 인터뷰를 통해 불평등으로 인한 민주주의의 퇴조, 사회적 불안의 확대, 자본주의의 위기 등의 문제를 집중적으로 다루고 있다.

성장 정체는 사회 분배 갈등 초래

성장이 정체되면 경제 · 사회적으로 많은 문제가 생긴다. 성장이 정체된 사회는 고정된 파이를 사회구성원 간에 나눠 가지는 제로섬 사회이다. 사회적 이득의 총합이 제로(0)가 되는 사회다. 누군가 이익을 보면 반드시 손실을 보는 사람이 있다. 제로섬 사회의 가장 큰 문제는 어떤 식의 사회 변화도 어렵다는 것이다. 사회 갈등이 커질 수밖에 없다.

한국 사회의 세대 및 젠더 갈등에도 성장 정체와 분배 불균등이 자리 잡고 있다. 따라서 사회를 발전시키기 위한 최우선 과제는 일단 비제로섬 사회를 만드는 것이다. 모두가 이익을 볼 수 있는 비제로섬 사회라야 사회 갈등이 감소되고 복지정책도 제대로 굴러갈 수 있다. 경제가 계속 성장해야 비제로섬 사회가 될 수 있기에 성장률이 그토록 중요한 것이다.[13]

사회 갈등과 갈등해결 능력의 부족

서울연구원은 서울시민 1,000명을 대상으로 서울시민의 갈등 인식과 태도를 묻는 온라인 조사와 현장조사를 실시하였다. 이 조사 결과 서울시민 88%가 현재 우리 사회에 갈등이 심각하다고 인식하고 있었으며, 그중 매우 심각하다고 응답한 비율도 26.5%에 달했다.[14]

또한 서울시민들은 사회 갈등의 주요 원인으로 편을 가르는 정치권

13. 최성락(2022. 3. 18).

14. 조권중 · 최지원(2021).

문화를 들었으며, 우리 사회를 소통이 부족한 사회로 인식하고 있었다. 사회 갈등 분야별로는 이념 갈등, 부동산, 불평등 관련 순으로 나타났는데, 특히 젠더 갈등 심화 현상을 20대의 사회 갈등 인식에서 확인할 수 있었다

전국경제인연합회(2021. 8)가 OECD 30개 회원국을 대상으로 정치 · 경제 · 사회 분야를 종합해 '갈등지수'를 산출한 결과 한국의 갈등지수(55.1p)는 2016년 기준 OECD 30개국 중 3위를 기록했다. 이는 멕시코(69.0p, 1위), 이스라엘(56.5p, 2위)에 이어 세 번째로 높은 수치로 G5(주요 5개국) 국가인 프랑스(25.8p, 22위), 독일(29.8p, 18위), 영국(41.4p, 8위), 미국(43.5p, 6위), 일본(46.6p, 5위)보다 높다. 갈등지수는 정치분야(언론자유의 법적 제한, 뉴스매체에 대한 정치적 통제 등), 경제분야(지니계수 등), 사회분야(인구밀집도 등) 등 총 3개 분야 13개 항목을 조사해 0~100점으로 표준화한 수치다. 또한 한국의 갈등관리지수(59.3p)는 2019년 기준 체코(60.7), 스페인(60.4)에 이어 24위를 차지했다. 갈등관리지수는 정부효율성, 규제의 질 등 4개 항목을 조사해 종합한 결과로, 수치가 낮을수록 갈등을 관리하기 위한 제도적 · 재정적 인프라 수준이 낮음을 의미한다.

압축성장의 결과와 치열한 경쟁으로 사회 갈등이 존재하고 있고 또한 증가하고 있다. 문제는 갈등을 해결할 정치권의 해결능력과 의지 부족, 합리적인 의사소통 부재, 사회적 자본인 신뢰와 공동체 의식 및 시민의식의 결여, 그리고 사회적 지혜도 부족하다는 것이다.

자본주의의 위기

기업의 목적은 이윤을 늘리는 것이라는 주주자본주의(shareholder capitalism)는 밀턴 프리드먼이 주창한 용어이다. 기업의 주인은 주주이고 경영자는 주주의 대리인이며 기업은 주주 이익 창출이라는 목적을 실현하기 위한 수단이라는 것이다.

2008년 글로벌 금융위기를 거치면서 기업의 사회적 책임을 강조한 관계자 자본주의(stakeholder capitalism)라는 용어가 등장했다. 기업이 주주뿐만 아니라 고객, 공급자, 직원, 지역사회 등 모든 이해관계자의 이익을 살펴야 한다는 개념이다. 이 개념은 ESG(환경, 사회, 지배구조) 투자 개념으로 발전하여 기업 CEO들은 이해관계자의 의견들을 적극적으로 수용하도록 요구받았다.[15]

이러한 요구에 대해 미국 보수진영에서 사회문제에 적극적으로 개입해 정치적으로 진보적인 목소리를 내는 기업들의 경영방식을 비판하면서 만들어진 신조어가 워크 자본주의(woke capitalism)이다. 신지수(2022. 6. 10)는 이와 같은 비판운동을 안티워크(anti-woke)라고 소개하고 있다. 기업들이 정치적 이슈에 적극적으로 관여하는 것을 방지하고 이윤을 극대화하는 데 초점을 맞추는 기업에 투자하도록 유도하고 있다. 이와 같은 기업 관련 자본주의에 대한 상반된 주장은 국가 경영이나 기업 경영에 혼란을 일으키고 있다.

조지프 스티글리츠(2021)는 위기를 맞은 미국 사회에 대한 처방을

15. 슈밥 외(2022).

제시한 『불만 시대의 자본주의』에서 미국식 시장경제는 실패했다고 정면으로 비판한다. 그는 금융화, 세계화, 기업의 독점화가 거대한 불평등을 낳고 있으며, 금융산업과 몇몇 기업이 경제 전반을 장악하고 불공정한 규칙을 통해 막대한 부를 쌓고 있다고 주장한다. 또한 정부의 강력한 개입만이 국가의 진정한 부를 늘리고, 오늘날 자본주의가 처한 위기를 풀 수 있다고 강조한다. 보수진영의 정책들을 강하게 비판하면서 진보적 자본주의를 해법으로 제시한다. 한 사람(한 국가)이 다른 사람(다른 국가)을 착취하는 방식으로 부를 가져오는 부의 추출(wealth extraction)이 아니라 국부의 진정한 원천은 혁신과 지식을 기반으로 부를 창출하는 부의 창조(wealth creation)에 있다고 역설하고 오늘날 세상 전체의 부를 창조하는 진정하고 유일한 방식이라고 말한다.

펠버(2020)는 『모든 것이 바뀐다 : 자본주의 딜레마 극복』에서 현 자본주의 시장경제는 금융자본의 과도한 지배, 정보기술의 부작용, 일자리 문제와 불평등한 부와 소득의 분배 등 심각한 문제에 직면해 있다고 지적한다. 또한 시장경제가 이윤 추구와 경쟁, 그리고 그것에서 비롯된 상호 착취에 기초하고 있는 한 인간의 존엄성이나 자유, 그 어떤 것과도 조화를 이룰 수 없다고 주장한다.

펠버는 자본주의의 10가지 위기로 '권력의 집중과 남용, 경쟁의 억압과 카르텔 구축, 위치경쟁, 비효율적인 가격결정, 사회양극화와 두려움, 기본적 욕구 충족의 실패, 생태파괴, 의미의 상실, 가치의 침식, 민주주의 폐쇄' 등을 열거하고 있다. 코로나 펜데믹과 우크라이나 사태는 전 세계를 예측 불가능한 상태로 몰아가고 있으며 현 자본주의 시스템이나 정책이 얼마나 취약한가를 보여주고 있다.

STEPI(과학기술정책연구원, 2022)는 장기간의 코로나19 상황이 사회 전반에 촉발시킨 극심한 양극화 현상을 '코로나 디바이드'로 정의하면서 양극화로 나타나는 3가지 차원을 설명한다. 펜데믹 환경에서 비대면 패러다임을 주도하는 동인으로서의 디지털 격차, 사회 내 다양한 양극화가 발현되는 공간으로서의 지역 양극화, 그리고 산업 간 격차를 선명히 보여주는 핵심 이해관계자로서의 기업 양극화가 그것이다.

STEPI는 양극화를 가속하는 세 가지 요인으로 첫째, 세계 경제 저성장세에 따라 소득과 자산의 불평등 문제가 수면 위로 부각하는 저성장에 대한 불안감, 둘째, 소득의 격차, 부의 대물림, 규범과 제도의 신뢰의 하락, 중산층의 감소로 불평등이 고착화되는 구조화된 불평등, 그리고 셋째, 디지털 기술 보유 여부가 생산성과 임금격차로 이어져 사회 전반적인 불평등을 심화시키는 과학기술 편향을 제시한다.

볼래스(2021)는 『성장의 종말』에서 미국의 평균성장률이 1950~2000년 2.25%였다가 2000~2016년 1.00%로 둔화된 원인을 찾고자 하였다. 주요 요인으로 가족의 축소와 인구 고령화가 성장률의 약 0.8%포인트, 그리고 상품에서 서비스로의 전환이 약 0.2%포인트 낮춘 것으로 분석하였다. 이 두 가지 요인이 성장률 둔화의 4분의 3을 설명한다고 주장한다. 둔화 원인이 고령화로 인한 인적자본 증가율 하락에 있으므로 성장률 회복을 위해서는 더 많은 이민을 받아들일 것을 강조한다. 그런데 성장 둔화가 성장의 종말이 아니라 경제 성공의 산물이라는 것이다. 즉, 성장 둔화는 수십년 동안 선택하고 누려온 생활수준 향상에 따른 결과라는 것이다.

책 내용을 충실히 해석하게 되면 책 원제인 Fully Growth에 맞게 『성장의 종말』이 아니라 『성장의 성숙』이 더 바람직할 것 같다. 저자가 주장하는 내용은 이 책의 2장 4절 신고전파 성장모형의 강건성과 6장 1.6절 선진국으로의 수득수렴 여부에 더 자세히 설명되어 있다.

위의 두 기간을 분리하여 분석하면 성장률 둔화로 보이지만 이 책의 2장 〈그림 2-1〉에서 보듯이 150여 년간 미국의 장기 경제성장률은 등락을 거듭하지만 균제상태 성장률이며 기술진보율인 2%로 일정하게 나타난다. 즉, 미국의 경제성장률은 추세 정상적 과정에 있다.[16]

유키오(2022)는 자본 없는 새로운 자본주의를 주장한다. 기존의 자본주의는 공장이나 기계설비, 점포 같은 자본 설비가 경제적 가치를 만들어냈기 때문에 '자본주의'라고 불렀다. 자본 없는 자본주의는 전혀 자본이 필요없다는 의미는 아니다. 눈에 보이는 자본(유형고정자본)의 중요성이 감소하고 그대신 정보나 데이터처럼 눈에 보이지 않는 자본(무형의 자산)의 중요성이 커졌다는 의미이다. 즉, 데이터자본주의는 정보를 중심으로 고도의 정보처리서비스 산업뿐만 아니라 유관 산업 모두를 포함한다. 임금과 생산성이 높은 성장견인산업으로 고성장산업이다.

반지성주의는 정책의 포퓰리즘에 빠질 위험성이 있다. 반지성주의

16. 솔로우 신고전파 성장모형에서 균제상태 성장률로 수렴해 가는 과정에 있는 국가들은 당연히 성장률이 하락한다(6장 1.6절 선진국으로의 수득수렴 여부 참조). 바로 이것이 수렴 가설인데 미국은 균제상태 과정에 있기 때문에 볼래스의 해석은 단기적 관점이다.

(anti-intellectualism) 용어는 『미국의 반지성주의』(리처드 호프스태터 저, 1963)에서 처음 사용되었다. 이 책에서 반지성주의는 "정신적 삶과 그것을 대표한다고 여겨지는 사람들(지식인)에 대한 분노와 의심, 혐오이며, 또한 그러한 (정신적)삶의 가치를 언제나 얕보려는 경향"을 의미한다. 그 예로는 전문가를 혐오하고 아마추어를 옹호하는 것, 쓸모를 모르겠다면서 순수과학을 멸시하는 것, 대학이나 연구소 등의 지적 독립성을 비난하는 것, 전위적 예술 사조를 무시하는 것, 과학보다 종교를 우위에 놓는 것 등을 들고 있다.

톰 니콜스(2017)는 인터넷과 스마트폰, 소셜미디어의 발달로 어설픈 지식으로 무장한 채 떠들어대는 사람들이 전문가의 자리를 대체하고 있다고 말한다. 유튜버 주장은 신뢰하고, 전문가(기성 미디어)의 주상은 믿지 않는 사람들이 도처에 등장했다. 그는 사람들이 전문가와 전문지식을 인정하지 않을 때 민주주의는 포퓰리즘에 빠질 가능성이 높다고 말한다. 우치다 다쓰루(2015)는 "반지성주의자는 '지금, 여기, 눈앞에 있는 상대'를 지식과 정보와 추론의 선명함으로 압도하는 일에 열중하고, 세상을 자신이 이해하고 싶은 대로 편협하게 받아들인다"며 "자기 주장을 내세우기 위해서라면 근거가 빈약한 데이터, 맞아떨어지지 않는 사례를 거리낌 없이 구사한다"고 비판한다.

강준만(2022. 5. 23)은 한국의 현실에서 반지성주의라는 비판을 받는 사람이 반지성주의를 비판하고, 진보와 보수는 각각 상대편을 반지성주의라 비판하며, 페미니스트들과 그 비판자들도 각각 상대편을 반지성주의라 비판하고, 감성주의를 반지성주의로 간주하는 등 매우 혼란스

러운 양상을 보이고 있다고 말한다. 지성의 소유자들은 주로 기득권 엘리트 계급에 속해 있었기 때문에 반기득권 투쟁은 자연스럽게 반지성주의로 발전했으며, 이는 사회 전 분야에 걸쳐 일어났다는 것이다.[17]

자본주의의 미래

마크 카니(2008～2013년 캐나다 중앙은행총재, 2013～2020년 영란은행(BOE)총재 역임)는 저서 『초가치(Value(s) : Building a Better World for All)』(2022)에서 시장은 신뢰와 진실성, 투명성과 같은 돈으로 환산되지 않는 가치관(values)에 의존해 작동한다고 주장하면서 모든 가치(value)가 곧 시장에서의 가격과 동일시되는 잘못된 '상식'이 도리어 이 가치관들을 좀먹고 있는 현실에 주목한다.

그에 따르면 가치와 가격을 동일시하기 시작한 것은 신고전주의자의 등장 때부터다. 신고전주의자 이후 주류 경제학자들은 가치 개념이 주관적이며 시장이 수요와 공급의 법칙에 따라 가격을 결정한다고 보았다. 이 때문에 그는 "가격에 반영되지 않은 근원적이거나 내재적이거나 혹은 본질적인 가치는 존재하지 않는다"는 인식이 오늘날에 널리 받아들여졌고 어떤 것의 가치를 한 사회가 가지고 있는 가치관과 동일시하는 현상이 점점 일상화되고 있다고 주장한다.

또한 그는 시장만능주의(시장근본주의)에 대한 비판으로 가치에 대한 인식이 오로지 교환가치, 즉 시장가격으로 바뀌면서 금융위기, 코로

17. 반지성주의 관련 내용은 안리(2017), 양지호(2022), 장은수(2022) 참조.

나19 팬더믹과 기후위기, 불평등 심화, 전쟁과 식량난 등을 불러왔다고 주장한다.[18]

안젤름 야페(2021)는 『파국이 온다 : 낭떠러지 끝에 선 자본주의』에서 왜 민주적인 나라마저 결국 국가의 실패를 겪을 수밖에 없는지, 건강한 시민이라 자부하는 사람들마저 왜 속물주의나 물신주의에서 벗어나기가 그토록 어려운지, 왜 온 세상이 자본주의 심화와 더불어 야만주의와 파국 상태로 치달을 수밖에 없는지를 설명해낸다. 그는 현대 자본주의의 해체나 파괴는 그간 자본주의를 비판하던 세력들의 예언이 적중한 것이라기보다 그들마저 그 비판의 와중에 길을 잃어 역사의 쓰레기통 속으로 함께 휘말려 들어간 형국으로 전개되고 있다고 말한다. 2008년의 글로벌 금융위기야말로 가치비판론의 타당성을 입증해 주며 가치비판론에서 말한 바 자본주의 생산에 내재적 한계가 있다라는 주장이 결국 옳았음을 보여주었다는 것이다. 따라서 자본주의를 무너뜨리는 건 자본주의 자신이다라고 주장한다.

조지프 슘페터(Joseph Schumpeter, 1883~1950)는 『자본주의, 사회주의, 민주주의(Capitalism, Socialism and Democracy)』(1942)에서 자본주의의 미래를 다음과 같이 예언한다. 자본주의의 경제발전을 주도하는 것은 기업가의 혁신(innovation)이다. 혁신이란 창조적 파괴의 과

18. 캠프너(2022)는 독일 경제발전의 원동력을 공동체에 대한 책임의식, 즉 '독일식 사회적 시장주의'에서 찾는다. 자본주의 안에서 최대한 여러 이해관계자의 목소리를 고려한 게 안정적인 성장의 기반이 됐다는 것이다. 대기업 감사위원회 의석의 일부를 노동조합이 선출한 근로자 대표에게 주도록 제도화한 게 대표적이다. 독일에서 파업은 언제나 최후의 수단이다. 보통은 타협으로 끝이 난다.

정이다. 슘페터 자신의 표현을 빌리면, "부단히 낡은 것을 파괴하고 새로운 것을 창조하며, 끊임없이 내부에서 경제구조를 혁명화하는 이 창조적 파괴의 과정이야말로 자본주의의 핵심"이다. 그리고 이러한 혁신을 수행하는 사람이 기업가이며, 기업가의 혁신을 추구하는 정신이 기업가정신이다.

그런데 자본주의가 발전하고 기업의 규모가 커질수록 혁신을 선도하는 창의적 개인, 즉 기업가정신에 충만한 기업가들을 대신해 전문화되고 분산된 기술자들이 기업활동을 담당하게 된다. 개인적 창의력의 산물이었던 혁신은 기업 연구개발부서의 일상업무가 된다. 이제 기업은 모든 관계자들이 조직적으로 관리한다. 자본주의가 발전하면 할수록 기업은 사회적으로 관리된다. 드디어 자본주의는 사회주의로 발전하게 되는 것이다.

자본주의로부터 사회주의로의 이행은 사회의 다른 구성원들의 지지에 의해 더욱 빠르고 순조롭게 진행된다. 자본주의 사회에는 자본가와 노동자만 있는 것이 아니라 지식인, 농민, 상인, 자영업자 등과 같은 중간계급들이 함께 존재한다. 그런데 자본주의가 발달하여 기업이 거대화되고 기업의 활동영역이 확대될수록 중간계급들의 지위는 하락해가고 그들의 역할도 축소된다. 따라서 이런 중간계급들은 자본주의가 사회주의로 이행하는 것을 지지한다. 자본가는 무산계급의 혁명에 의해 타도되는 것이 아니라 사회 전체의 요구에 따라 사회주의로의 이행에 동의하게 된다. 자본주의는 실패했기 때문이 아니라 그 눈부신 성공 때문에 사회주의로 이행하는 것이다.[19]

결론적으로 그는 자본주의의 미래는 사회주의라고 주장한다. 자본주의가 실패했기 때문에 사회주의가 도래하는 것이 아니라 자본주의가 성공했기 때문에 사회주의로 발전하리라고 주장한다.

---

19. 조준현(2014)의 해석이 가장 바람직하다.

02

성장과 발전의 통합적 이해

Reversing the Paradox of Growth: New Supply-Side Growth
ch. two

1. 성장과 발전의 개념

선진국가로 나아가고자 하는 아시아 국가들과 같은 선진도상국(개발도상국 포함)의 경제 성장과 발전 문제를 다룰 경우 이러한 국가들의 삶의 질, 삶의 가치를 어떻게 측정하고 판단할 것인가?

발전의 문제는 인간으로서 존엄이 지켜지고 정치적 · 종교적인 자유, 생산활동의 자유 등 억압이나 속박을 받지 않는 실질적인 자유의 확장까지 의미한다고 볼 수 있다. 아마티아 센(Amartya Sen)은 『자유로서의 발전(Development of Freedom)』에서 민주주의와 자유의 확장이야말로 인류가 역사 속에서 성취한 가장 소중한 가치이며 앞으로 계속 발전시켜 나가야 할 신성한 발전의 목표임을 밝히고 있다. 또한 이 자유의 확장은 각 개인의 역량을 최대한 발휘할 수 있도록 보장해 주는 발전의 전제조건이기도 하다.

그러면 문제는 추상적인 용어가 아니라 삶의 질, 삶의 가치를 현실의 삶에서 어떻게 측정하고 표현할 것인가이다. 유엔개발계획(UNDP)은 1990년부터 인간개발지수(Human Development Index ; HDI)를 기대수명, 문자해독률, 진학률, 1인당 국민총생산 등을 종합적으로 계산하여 발표하고 있다. 이러한 지표는 빈곤과 기근, 저소득층의 불평등 문제 등을 해결하고자 하는 저소득국에 주로 초점을 맞추고 있다.

지표에는 기대수명, 정치적 · 종교적 자유도, 삶의 만족도, 사회적 신뢰, 의료보장 수준, 소득불평도, 노조활동의 보장, 기업활동과 금융지수, 교육수준, 국민소득 수준 등등 많은 거시경제지표들이 있을 것이다.

이들 중에서 그래도 가장 상관관계가 높은 대표적인 지표가 바로 1인당 국민총생산이나 1인당 소득 값이다. 이러한 1인당 소득을 증가시키는 일, 즉 규모의 값을 키우는 작업이 바로 경제성장이다. 그리고 이러한 경제가 성장하는 가운데 발생하는 소득분배의 불평등 문제, 자원 사용에 의한 환경 오염이나 파괴의 문제, 국가나 지역, 주민 간의 사전적 · 사후적인 갈등 문제 등을 해결하는 작업이 바로 경제발전에 관한 내용이다. 그러므로 경제발전은 경제성장의 문제를 포괄하는 개념이며 인간의 삶의 질, 삶의 가치를 높이는 것이다.

따라서 경제성장과 경제발전의 문제는 따로 떼어놓고 해결해야 할 일이 아니라 통합적으로 동시적으로 바라보아야 할 대상인 것이다. 우리는 이것을 지속 가능한 성장과 발전의 문제로 바라본다.

2. 성장의 정형화된 사실과 균제상태

지속 가능한 성장과 발전의 문제를 논의하는 데 가장 기본적인 개념부터 살펴보자. 바로 성장의 정형화된 사실과 균제상태에 대한 개념이다.

정형화된 사실

칼도(Kaldor, 1961)는 지난 150여 년간의 선진자본주의 국가들의 성장 경험 역사를 분석할 때 대체로 일정하게 나타나는 장기규칙성을 경제성장의 정형화된 사실(stylized facts)로 제시하였다. 이는 경험적

분석에 토대를 두고 있다. 칼도의 경제성장의 정형화된 사실은 다음과 같다. 첫째, 1인당 소득증가율은 0보다 크다. 즉, 1인당 소득은 지속적으로 증가한다. 둘째, 자본계수(자본 산출 비율)는 대체로 일정하다. 셋째, 자본수익률은 대체로 일정하다. 넷째, 자본의 몫과 노동의 몫 비율도 대체로 일정하다. 즉, 국민소득에서 자본과 노동의 분배율은 대체로 일정하다. 다섯째, 각 나라의 경제성장률, 즉 1인당 소득증가율이 각국마다 다르다.

칼도(1961)의 발표 이후 폴 로머(Paul Romer) 등 많은 학자들이 나름대로 경제성장의 정형화된 사실들을 추가로 발표하고 있지만 학계에서는 소수의 의견으로 받아들인다. 현재까지는 '경제성장에서 나타나는 사실들' 정도로 발표되고 있다. 존스와 로머(Jones and Romer, 2010)가 추가로 제시한 성장에서 나타나는 6가지의 사실들은 다음과 같다. 첫째, 시장규모의 증가로 세계화와 도시화 진전, 둘째, 성장의 가속화로 인구와 1인당 소득 증가, 셋째, 성장률 변동의 확대로 최첨단 기술 변경으로부터 멀수록 성장률 격차 확대, 넷째, 소득과 총요소생산성의 대규모 격차는 요소집약보다 생산성의 차이에 기인, 다섯째, 인적자본(근로자당 인적 장비율)의 증가로 인적자본 축적 확대, 여섯째, 비숙련 대비 숙련 근로자의 공급 증가에도 불구하고 숙련 프리미엄의 안정성으로 상대적 임금이 장기적 안정성을 보인다.

균제상태

신고전파 성장모형(솔로우 모형)은 경제 내 산출량의 증가를 생산요소의 축적과 그 생산요소를 결합하는 방법의 향상, 즉 기술진보로 설명한다. 노동, 자본, 자원 등 생산요소의 투입이 증가할수록, 기술진보가 지속적으로 이루어질수록 산출량도 증가하고 성장률도 증가한다.

동태분석에서 경제체계 내의 모든 변수가 일정한 율로 증가하는 상태를 동태적 균형이라 하며, 성장이론에서 일반적으로 균제상태(steady state)라고 말한다. 모든 변수가 0의 율로 증가하는 정태적 균형상태인 정상 상태(stationary state)까지를 포함하는 개념이다. 따라서 성장의 정형화된 사실과 균제상태 모두를 설명할 수 있는 모형일 때 현실경제를 가장 잘 설명할 수 있는 좋은 성장모형이 된다.

기술진보가 일어나지 않는 균제상태에서의 신고전파 성장모형의 1인당 소득증가율은 0이 된다. 따라서 기술진보가 일어나야 지속적인 성장이 가능하고 또한 현실경제를 설명할 수 있다.[1]

3. 기술진보와 총요소생산성

단기와 장기

생산 전반에서 기술진보가 일어나는 생산함수를 $Y_t = A_t F(K_t, L_t)$와 같이 표현하기로 한다.[2] 여기서 Y_t는 산출물, A_t는 기술진보, K_t는 자본,

1. 이 장의 4절 신고전파 성장모형의 강건성 참조.
2. 간단한 함수로 표현하여 설명하면 오히려 독자의 이해를 높일 것 같아 간단한 수식은 계

L_t는 노동을 의미하고 하첨자로 표현된 t는 시간 변화를 의미한다. 모든 변수들이 시간에 따라 변한다는 의미이고 장기적 관점에서 분석한다는 뜻이다.

거시경제학 학부 교재를 서술하는 방식이 요즘 대부분 경제성장 내용이 앞 부분으로 나오고 모형분석 부분이 뒤따라 나온다. 그런데 일반적인 총수요(aggregate demand ; *AD*) · 총공급(aggregate supply ; *AS*) 모형 분석에서 대표적 기업의 생산함수는 $Y_t = A_t F(\overline{K}, L_t)$ 또는 $Y_t = \overline{A}F(\overline{K}, L_t)$와 같이 표현된다. 여기서 $\overline{K}$의 자본 표기 위의 bar(−) 표기는 단기적으로 주어진(일정한) 총자본량의 의미이다.

또한 생산물시장, 화폐시장, 총생산함수 등의 균형에서 도출되는 총수요와 총공급을 $AD - AD(X)$ and $AS - AS(X' ; \overline{K})$의 표기로 나타낸다. 여기서 *AD*, *AS*는 총수요함수, 총공급함수를 각각 나타내고 X, X'은 총수요, 총공급을 각각 설명하는 물가, 통화량, 정부지출, 해외변수 등의 벡터 표현이다. 여기서도 자본은 고정된 양으로 표기되어 총수요-총공급 분석도 결국 단기적인 분석에 그치고 있다.

요소 축적과 자본의 형성과정

자본의 개념을 파악하기 위해서 자본이 형성되는 과정을 먼저 살펴보자. 일정 기간 동안에 한 국가 내에서 생산된 최종 재화와 서비스의

속 사용할 것이다. 기술진보(A_t)가 노동(L_t)과 결합할 때는 효율적 노동, 즉 유효노동(effective labor ; $A_t L_t$)이 된다. 노동부가적 기술진보가 일어나는 생산함수는 $Y_t = F(K_t, A_t L_t)$로 표현되며 향후 주로 사용하는 함수꼴이다.

시장가치 총액이 국내총생산(gross domestic product ; GDP)이다. 국가경제가 생산한 생산물의 총가치는 가계 · 기업 · 정부 · 해외부문이 생산물을 구입하기 위해 지출하는 금액의 총액과 같다. 이 총지출은 지출주체에 따라 크게 소비(*C*) · 투자(*I*) · 정부구입(*G*) · 순수출(*X* − *M*)로 구분되며 국내생산물에 대한 총수요와 같은 개념이다.

또한 생산을 통해 얻은 총가치 가운데 일부는 조세로 정부에 귀속되고, 국산품 및 수입품 구입에 소비되며, 나머지는 저축된다. 이와 같이 소비(*C*) · 저축(*S*) · 세금(*T*)의 형태로 처분된다면 이는 국가경제의 총공급 수준을 나타낸다. 국민소득의 균형은 총수요와 총공급이 일치할 때 이루어진다.

국가경제에서 가계 · 기업 · 정부부문 · 해외부문으로 분류되는 경제주체 중에서 기업은 생산활동의 주체이다. 기업은 노동 · 자본 · 토지 · 기업활동 등의 생산요소를 수요하여 재화와 서비스를 공급한다. 생산된 많은 생산물 중에서 많은 부분이 소비재로 사용되고 소비재로 사용되지 않는 부분이 기계 · 공장 · 철도 등을 생산하는 데 투입되는 재화로 사용되는데, 이를 자본재라 한다. 이 자본재가 생산요소의 하나인 자본이 되는 재화를 말한다.

기업이 자본을 마련하기 위하여 자본재를 구입하는 것을 투자(investment ; *I*)라고 한다. 투자에는 생산과정에서 마모된 부분을 대체하기 위한 대체투자와 자본재를 새로 증가시키는 순투자가 있으며 이를 합하여 총투자라고 한다. 여기서 투자는 일정 기간 동안 측정한 유량(flow)이며 자본은 주어진 시점에서 측정한 저량(stock)임을 기억하자.

그러면 총투자는 어디서부터 형성되는가? 가계는 일정 기간 소득 중 전부를 소비하지 않는데, 이 소비하지 않는 부분을 가계저축이라 한다. 가계뿐만 아니라 기업도 발생한 이윤 전부를 배당하지 않고 투자를 위한 사내유보를 하는데, 이를 기업저축이라 한다. 뿐만 아니라 정부 및 해외 부문에서 이루어지는 저축을 각각 정부저축 · 해외저축이라 한다. 이를 모두 합하여 총저축이라 한다. 따라서 기업은 자본재를 구입하기 위해(즉, 투자) 필요한 투자자금을 내부자금과 금융부채(외부자금)로 조달하며, 외부자금은 금융시장(자금시장, 자본시장 등) 등에서 주식 · 채권 · 금융부채 등의 방법으로 조달한다.

우리가 일반적으로 자본을 말할 때는 기계 · 공장 · 철도 등의 물적 자본스톡을 밀한다. 학술적인 생산함수에서 생산요소로 사용되는 자본을 크게 물적자본(physical capital)과 인적자본(human capital)으로 분류한다. 먼저 물적자본을 먼저 살펴보자.

물적자본

한국은행은 자본스톡을 추계 목적에 따라 크게 총자본스톡, 생산자본스톡, 순자본스톡 세 가지 개념으로 구분하여 추계한다.[3] 실제 생산함수 분석에서 자본투입의 대용변수로 널리 이용되는 자본서비스물량지수(volume index of capital services)는 생산자본스톡을 이용하여 계산한다. 생산자본스톡은 시간의 경과에 따른 자본재의 생산능력(효율)

3. 한국은행(2021).

하락을 반영하여 평가한 것이기 때문에 실제 생산에 투입된 자본물량을 측정하는 데 적합하다. 따라서 생산성 분석이나 잠재성장률 추정을 위해서는 생산자본스톡이 필요하다. 순자본스톡 추계를 통하여는 경제주체가 보유하고 있는 자산가액의 규모, 즉 국부(wealth) 차원의 국민순자산을 파악할 수 있다.

자본스톡을 추계하는 방법에는 직접추계방법과 간접추계방법 등이 있다. 직접추계방법은 실제 조사를 통하여 자본스톡을 추계하는 것이다. 간접추계방법에는 영구재고법, 기준연도접속법, 다항식 기준연도접속법 등이 있다. 영구재고법(perpetual inventory method)은 과거의 자본변동을 누적시켜 자본스톡을 추계하는 방법이다. 추계연도 이전의 영구적인 기간 동안의 투자, 폐기, 감가상각에 대한 명세자료를 이용하여 추계하는 방법으로 한국은행뿐만 아니라 대부분의 OECD 회원국에서 사용하고 있다. 즉, $K_t = \sum_{i=t-n+1}^{t}(I_i - D_i)$이 된다. 여기서 K_t, I_i, D_i는 각각 자본스톡, 투자액, 고정자본소모 등을 나타내고 n은 내용연수이다.

기준연도접속법(benchmark year method)은 자산별 폐기분포와 경제적 내용연수에 대한 자료가 없을 경우 잘 이용되는 방법으로 영구재고법처럼 이전의 투자와 폐기를 누적하여 초기 자본스톡을 구하는 대신 직접 추계한 조사자료를 기준연도의 자본스톡으로 하고 이 기준년스톡에 투자 시계열을 접속시켜 각 연도의 자본스톡을 추계하는 방법이다 ($K_t = K_{t-1} + I_t - D_t$).

다항식 기준연도접속법(polynomial benchmark year method)은 두

개의 기준년스톡 자료에 투자 시계열 자료를 접속시켜 각 연도의 자본스톡을 추계하는 방법이다. 폐기율이 매년 일정하다고 가정하면 총자본스톡의 추계산식은 $GK_t = I_t + (1-r)I_{t-1} + (1-r)^2 I_{t-2} + \cdots + (1-r)^s GK_{t-s}$가 된다. 여기서 GK_t는 기준년 t 시점의 총자본스톡, GK_{t-s}는 기준년 $t-s$ 시점의 총자본스톡이며, r은 폐기율을 나타낸다.

인적자본

인적자본이란 유년기 교육에서부터 성인을 위한 직업교육까지 일련의 교육을 통하여 취득한 지식과 기술을 일컫는다. 따라서 인적자본은 개인이 지닌 능력, 숙련도, 지식 등을 포괄하는 개념으로 노동의 질적 수준을 의미한다. 인적자본이 생산함수에서 어떻게 표기되어 왔는가를 살펴보자.

첫 번째로 솔로우 모형의 노동부가적 기술진보 있는 다음의 $Y_t = F(K_t, A_tL_t)$ 생산함수를 보자. K_t가 물적자본만을 의미할 때는 인적자본은 유효노동, 즉 효율적 노동을 의미하는 모수 A_t에 포함되어 있다. 두 번째로는 인적자본을 물적자본에 포함시켜 A_t는 단순히 기술만을 의미하도록 하여 K_t를 광범위한 자본으로 간주하는 경우이다. 이럴 경우 노동소득으로 파악하는 부분 중에서 상당 부분은 인적자본 수익을 포함하고 있다.

따라서 실제 자본이 차지하는 부분은 콥-더글라스 생산함수에서 추정하는 1/3 이상보다 훨씬 크다고 할 수 있다. 따라서 MRW 모형(1992)에서는 $Y_t = F(K_t, H_t, A_tL_t)$과 같은 생산함수를 고려하였다.[4] 여기서 H_t

는 인적자본을 나타낸다. 세 번째로 H를 uL로 표기하여 L은 단순노동, u는 질적요소인 인적자본 수준이 결합된 변수로 나타내기도 한다.

그러면 인적자본은 어떻게 추계하는가? 인적자본 자체가 지닌 개념적 모호성과 정량적 측정의 어려움 등으로 인적자본을 측정하기가 쉽지 않다. 기존의 실증 연구에서는 거의 대부분 문자해독률(literacy rate)이나 평균 교육연수 등과 같은 인적자본의 양에 대한 대리(proxy) 변수를 이용하여 왔다.

UN 지침서나 국민계정체계에서는 인적자본 추계 시 비용접근법(cost-based approach)과 평생소득접근법(lifetime income based approach)을 사용하도록 권장하고 있다. 비용접근법은 인적자본 축적을 위해 소요된 비용을 통해 추정하는 방법이며, 평생소득접근법은 인적자본 축적을 통해 얻게 되는 수익을 통해 추정하는 방법이다. 실증분석에서 인적자본 자료를 사용할 경우에는 학자들 대부분이 Barro-Lee의 자료를 사용하고 있다.

노동부가적 기술진보

기술진보는 생산요소인 자본이나 노동의 생산성을 증가시킨다.[5]

4. 맨큐 · 로머 · 웨일(MRW, 1992). 또한 Barro-Lee의 인적자본 자료에 대해서는 5장에서 설명한다.
5. 기술이라는 용어는 기본적으로 계속 변하는 실체인 동적인 의미를 갖기 때문에 기술 변화(technology change)나 기술진보 또는 기술혁신(technology innovation)의 용어로 사용되는데 본 저서에서는 서로 동일한 의미로 사용한다. 슘페터(Schumpeter, 1993)는 『경제발전의 이론』에서 혁신(innovation)이란 경제의 균형점을 이동시키는 것이며 새로운 균형

즉, 자본과 노동 등 요소투입이 일정한 경우에도 생산성 향상을 통해 또는 요소들의 결합형태 변형을 통하여 산출물이 증가할 때 기술진보(technological progress)가 일어난다고 말한다. 기술진보는 생산 전반(노동과 자본)에서, 노동에서, 그리고 자본에서 일어날 수 있다.

노동에서 기술진보가 일어날 때, 즉 노동생산성이 증가할 때 이 노동을 유효노동(effective labor)이라 부른다. 이를 노동부가적(labor-augmenting) 기술진보가 일어난다고 말한다. 노동부가적 기술진보가 일어나는 솔로우 모형은 $Y_t = F(K_t, A_tL_t)$의 함수 형태를 보인다. 여기서 A_tL_t이 유효노동이다.

만약 자본에서 기술진보가 일어난다면 자본 효율성(efficiency)이 증가하고 이를 유효자본(effective capital)이라 부른다. 이를 자본부가적(capital-augmenting) 기술진보가 일어난다고 말한다. 자본부가적 기술진보가 일어나는 솔로우 모형은 $Y_t = F(A_tK_t, L_t)$의 함수 형태를 보인다. 여기서 A_tK_t이 유효자본이다.

기술진보가 노동부가적 기술진보일 때 상대적 소득분배 몫 비율인 피용자보수/영업잉여(기능적 분배)가 일정하다. 이러한 기술진보를 해로드 중립적(Harrod neutral) 기술진보라 말한다. 해로드(Harrod)는 자본-산출 비율(자본계수, $\frac{k}{y}$)이 일정하고 자본의 한계생산이 일정할 때 일어나는 기술진보를 '중립적' 기술진보라고 말한다. 중립적(neutral)이라는 의미는 소득분배가 중립적인, 즉 노동과 자본 몫의 비율이 일정하

점으로 이동시키는 창조적 파괴(creative destruction)를 통해 경제가 발전한다고 보았다.

다는 것이다. 중립적이지 않을 때의 기술진보를 우리는 노동절약적(자본사용적) 혹은 자본절약적(노동사용적) 기술진보가 발생한다고 말한다. 자본-노동 비율(1인당 자본, $k = \frac{K}{Y}$)이 일정한 상태에서 상대적 소득분배 몫이 일정할 때 일어나는 기술진보를 힉스의 중립적(Hicks neutral) 기술진보라고 말한다.

앞 절의 성장의 정형화된 사실들에서 자본-산출 비율이 일정하고 자본의 한계생산(이윤율)과 자본-노동 소득분배가 일정하다는 것을 보았다. 따라서 기술진보가 해로드 중립적일 때 성장의 정형화된 사실을 만족시킨다. 그래서 노동부가적 기술진보는 해로드 중립적 기술진보이며, 해로드 기술진보는 노동부가적 기술진보이어서 사실상 동치관계(equivalence relation)이다.

총요소생산성

경제성장은 노동이나 자본의 요소투입량의 증가에 의해 설명되는 부분과 요소투입의 증가에 의해 설명되지 못하는 그 이외의 부분으로 나누어진다. 설명 못 하는 부분으로 남는 잔여항을 솔로우 잔차(Solow residual)라고 말한다. 여기에 포함되는 기술진보, 제도, 문화와 관습, 생산성 등을 총칭하여 총요소생산성(total factor productivity)이라 부른다. 이와 같이 노동부가적 기술진보가 일어나는 솔로우 모형에서 각 생산요소나 기술수준의 경제성장에 대한 기여도를 파악하는 것을 성장회계(growth accounting) 분석이라 한다. 성장회귀(growth regression) 분석은 각 국가 간의 소득수준 차이가 그 경제의 저축률이나 인구증가율,

초기 소득수준, 그리고 인적자본 등에 의해서 얼마나 설명될 수 있는가를 패널자료 등에 의해서 검정하는 것이다. 회귀분석은 4장 수렴성 논쟁에서 집중적으로 다룬다.

노동부가적 기술진보가 일어나는 솔로우 모형 $Y_t = F(K_t, A_tL_t)$에서 각 생산요소나 기술수준의 경제성장에 대한 기여도를 살펴보자. 생산함수에서 시간에 대한 미분을 하고 수식을 탄력성 개념으로 표현할 수 있다. 즉, $\hat{Y} = \varepsilon_K\hat{K} + \varepsilon_L\hat{L} + \varepsilon_L\hat{A}$이 되고 ε_K, ε_L은 각각 자본과 노동의 탄력성이다. 또한 헷(∧) 표현은 총생산물(Y), 자본(K), 노동(L), 기술진보(A)의 성장률을 의미한다. 이 수식을 성장의 회계 방정식이라고 한다. 또한 ε_K, ε_L은 각각 총생산물 중 이윤과 임금의 상대적 배분을 나타낸다.

최종 생산물의 증가율에서 생산요소들의 기여도를 제외한 나머지 부분 $\varepsilon_L\hat{A}$을, 즉 $\varepsilon_L\hat{A} = \hat{Y} - \varepsilon_K\hat{K} - \varepsilon_L\hat{L}$을 솔로우 잔차라고 말한다. 여기서 기술수준의 성장률은 $\hat{A} = \dfrac{\hat{Y} - \varepsilon_K\hat{K} - \varepsilon_L\hat{L}}{\varepsilon_L}$이 되고 A_t(기술수준)을 총요소생산성이라 부른다. 그래서 $\hat{A}$을 총요소생산성 증가율이라 한다.

4. 신고전파 성장모형의 강건성

성장모형의 우월성

성장모형을 선택할 때 그 우월성의 판단기준은 무엇인가? 먼저 선진국가들의 150여 년간 성장과정에서 나타난 정형화된 사실들을 만족하는 모형이어야 할 것이다. 성장의 정형화된 사실이란 1인당 소득이 지속적으로 증가하고 자본계수가 대체로 일정하며 자본수익률과 자본-

소득분배율이 일정하고 국가 간 성장률이 다르게 나타나고 있다는 것이다. 또한 균제상태가 존재해야 한다는 것이다. 즉, 경제변수들이 일정한 값으로 변한다는 것이다.

따라서 성장의 정형화된 사실과 균제상태 모두를 설명할 수 있는 모형일 때 현실경제를 가장 잘 설명할 수 있는 좋은 경제모형이 된다.

그런데 둘 다 만족하는 모형이라면 금상첨화겠지만 하나만 존재하는 경우 어느 것이 더 우선적으로 존재해야 하는가? 당연히 정형화된 사실을 만족시키는 모형이어야 한다. 실례로 기술진보 없는 신고전파 성장모형은 균제상태는 존재하지만 정형화된 사실을 만족시키지 못하기 때문에 좋은 모형이 아니다.

미국의 균제상태 성장

선진국 중에서도 기술선도국으로 인정받고 있는 미국의 자료를 이용하여 균제상태를 살펴보자. 〈그림 2-1〉은 존스(Jones, 2015)가 1870년부터 2014년까지 150년간의 미국 1인당 GDP의 추세를 그린 그림이다. 횡축은 연도별 시간, 종축은 로그스케일의 1인당 GDP를 보여준다. 점선으로 표시된 것이 기울기이며 약 2%의 성장률을 보여준다.

신고전파 성장모형에서 설명하는 일정한 균제상태 성장률인 기술진보율이 바로 이 기울기이다. 1930년대 대공황 때의 침체기로부터 1950년대의 회복기를 거치면서 원래 가고자 하는 궤적, 균제상태로 복귀하고 있는 것을 볼 수 있다. 150년의 기간 동안 많은 물적 · 인적자본의 축적이나 기술혁신 등 성장동인을 통하여 빠른 성장을 이루었고 또

그림 2-1 1870~2014년(150년)간의 미국 1인당 GDP 추세

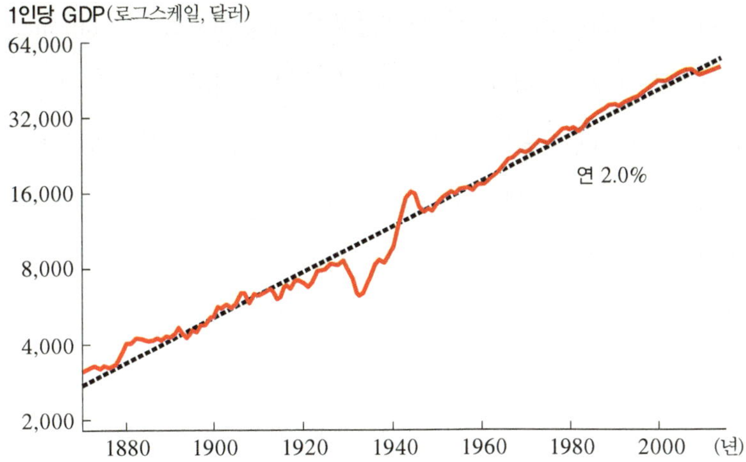

주 : 연평균 2% 정도의 기울기로 성장, 1870년 3,000달러에서 2014년 50,000달러로 거의 17배 성장.

자료 : Jones(2015).

한 경기침체기에는 하락하는 등 경기 상승과 하락을 반복하였지만 미국의 경제성장 추세는 결국 일정한 균제상태 성장률로 돌아오고 있음을 보이고 있다. 현실 경제에서 신고전파 성장모형의 설명력이 우수함을 보여준다.

미국 성장률이 정상적 과정인가?

미국의 실질GDP에 대한 정상적 과정의 논쟁은 1990년대 뜨거운 주제였다. 루드부시(Rudebusch, 1993)는 미국의 실질GDP 수준이 정상적 과정에 있는가는 여전히 의문이라고 발표하였다. 이에 대하여 디볼드와 세나쥐(Diebold and Senhadji, 1996)는 미국의 1인당 GDP의 실제

치(1969~1993)과 추정치(1934~1993)를 보여주고 추세정상적 과정(trend stationary process)과 차분정상적 과정(difference stationary process)의 궤적을 설명하였다. 만약 차분정상적이라면 단위근이 존재(비정상적 과정)하여 충격 이후에 원래의 궤적으로 나아가지 못하고(pervasive) 새로운 추세(다른 길)로 들어서고 만약 정상적 과정이라면 원래의 추세로 복귀할(reversed) 것을 보여주었다. 분석 결과 미국의 1인당 GDP 장기 추세는 정상적 과정임을 밝혔다. 물론 지금까지도 미국 자료에 대한 정상성 논쟁은 지속되고 있다.

여기서 우리가 보고자 하는 것은 계량경제학적인 논쟁이 아니라 미국의 경제가 일정한 성장률(기울기)로 성장하고 있다는 것이고, 이 기울기는 바로 기술진보율이며 균제상태 성장률을 보여준다. 기술선도국으로 간주되는 미국의 경제성장 궤적에 대해 기술후발국(중진국 또는 선진도상국)이 미국의 소득수준으로 과연 추격할 수 있는가는 4장의 수렴성 논쟁에서 다룬다.

03

성장이론의 발전

Reversing the Paradox of Growth: New Supply-Side Growth

ch. three

산업혁명 이후 각국 경제는 장기적인 성장 추세와 단기적인 경기변동을 거치면서 발전하여 왔다. 이러한 경제성장과 경기변동에서 나타나는 여러 가지 문제점들을 해결하기 위해 거시경제학도 또한 발전하여 왔다. 거시경제정책은 경제성장과 경기변동에 지대한 영향을 미친다.

경제성장론에서는 장기적인 추세에 따른 GDP의 변화를 다루고 경기변동론에서는 단기의 대 · 내외적 충격에 따른 GDP의 변동에 대해 다룬다. 거시경제학의 목표는 크게 완전고용, 물가안정 및 대외균형이라 할 수 있다.

거시경제학 연구는 모형을 설정하고 모형 안에서 관심 있는 거시경제의 변수나 현상을 설명하거나 미래를 예측하는 것이다. 따라서 거시경제 모형은 경제주체, 내생변수와 외생변수, 유량(flow)변수와 저량(stock)변수, 가격의 경직성과 유연성, 불확실성과 기대의 형성, 시장의 형태와 균형 등으로 구성된다.

1. 거시경제학의 흐름

거시경제학은 국가 단위의 경제를 대상으로 총생산, 총소비, 총투자, 총고용, 물가, 환율 등과 같은 총계변수를 대상으로 연구한다. 국가경제 단위의 장기적 성장이나 단기적인 경기변동을 연구하고 그들 변수들의 장 · 단기 특성과 상호 간의 관계를 연구한다. 국가경제를 구성하는 가계부문, 기업부문, 정부부문, 해외부문 사이의 연관관계를 밝혀내고 전체 경제활동을 순환적 흐름으로 파악한다.[1]

국가경제가 생산한 생산물(재화와 서비스)의 총가치를 측정한 것이 생산국민소득이고 가계 · 기업 · 정부 · 해외부문으로 불리는 경제주체가 구입하여 사용한 생산물의 총가치를 지출국민소득이라 하며, 일정 기간 동안 가계가 벌어들인 요소소득의 합을 분배국민소득이라 한다. 이와 같이 국민소득을 생산 측면, 지출 측면, 분배 측면에서 파악할 수 있고 사후적으로 세 측면에서 그 크기는 같다는 의미로 이를 국민소득 3면등가의 법칙이라 한다.

고전학파

고전학파(Classical School)는 아담 스미스(Adam Smith)의 『국부론』에서 출발하며 흄(David Hume), 리카도(David Ricardo), 밀(John Mill), 마샬(Alfred Marshall), 피구(Arthur Pigou) 등이 대표적인 경제학자들이다.

모든 시장에서의 가격은 상하로 신축적으로 움직인다고 가정한다. 즉, 재화나 서비스의 생산물시장이나 노동시장의 수요 · 공급에 따라 물가나 실질임금 모두 자동 조절된다. 세이의 법칙에 따라 일단 생산된 것은 모두 판매되며 수요 부족 상태가 오래 지속될 수 없다. 따라서 생산요소인 노동의 완전고용 달성으로 실업의 위험은 사라진다. 따라서 국민소득은 완전고용 소득수준에 머물게 된다.

노동시장에 대한 고전학파의 접근을 좀 더 살펴보자. 임금(물가수

1. 본 장의 내용은 김지욱(2021), 이종화 · 김진일(2021), 정운찬 · 김영식(2018) 등 기존의 경제성장론 및 거시경제학 교재의 내용을 요약 · 정리하였음을 밝힌다.

준)이 신축적으로 변동하고 경제주체가 완전한 정보를 갖고 있는 경쟁적 노동시장에서는 완전고용이 자동적으로 달성된다. 완전경쟁시장에 있는 기업은 추가적인 노동 한 단위 투입으로 생산 · 판매하여 얻게 되는 수입, 즉 한계생산물가치와 한 단위 노동을 고용하는 데 들어가는 비용인 명목임금이 같아지는 수준에서 노동을 수요하게 된다. 그것은 노동의 한계생산과 실질임금이 같아지는 수준이다. 고용이 증가함에 따라 노동의 한계생산이 감소하여 노동과 실질임금 관계에서 우하향하는 노동수요곡선을 갖게 된다. 실질임금 상승은 노동과 여가 선택에서 여가의 기회비용을 상승시키므로 노동을 증가시킨다. 따라서 노동 공급은 실질임금의 증가함수로 나타나 우상향의 노동공급곡선을 갖는다. 기업의 노동과 수요가 일치하는 섬에서 노동시징의 균형이 이루어진다.

노동투입이 증가할수록 총산출량이 증가하는 정도가 점점 줄어드는 단기 생산함수를 나타낸다. 즉, 노동의 한계생산물이 감소한다는 점에서 수확체감의 법칙이 존재한다.

고전학파의 거시이론 체계에서 총수요는 산출량 결정에 아무런 영향을 미치지 못한다. 왜냐하면 노동시장과 총생산함수에 의해서 완전고용 수준에 해당하는 균형산출량 수준이 결정되기 때문이다. 그러나 만약 총공급이 주어졌을 때 생산물시장의 균형에서 총수요는 필연적으로 총공급과 같아야 한다. 왜 그런가? 일반적으로 총수요를 결정하는 소비, 투자, 정부지출의 개별적인 크기는 변하더라도 대부시장에서 결정되는 균형실질이자율 조정에 의해 총수요를 구성하는 각 항목의 증감이 상쇄되어 총수요는 항상 주어진 총공급 수준과 같아지기 때문이다.

확장적 통화정책에 의한 통화량의 증가는 실물부문에 아무런 영향을 미치지 못하고 물가와 명목변수만 비례적으로 상승시키는 화폐의 중립성(neutrality of money)을 가져온다. 실물부문에서 결정되는 국민소득과 일정한 화폐유통속도를 가지는 화폐수요이론인 화폐수량설에서 물가는 통화량과 대응관계를 갖게 된다. 즉, 통화량의 변화는 실물부문에 아무런 영향을 미치지 못하고 물가만 변화시킨다.

또한 확장적 재정정책에 따라 정부지출의 증가는 이자율 조정에 의해 총수요를 구성하는 각 항목의 증감이 상쇄되어 총수요는 항상 총공급과 일치한다. 즉, 정부지출의 증가는 균형이자율의 상승을 통해 민간부문의 소비와 투자를 구축(crowding out)한다.

균형국민소득은 잠재적 산출량 수준을 결정하는 기술수준, 노동 및 자본 투입에 의해 결정된다. 그러므로 국가경제의 총생산은 장기적으로 노동과 자본 등 생산요소의 투입과 기술진보 등 공급 측면의 요인들에 의해 지속적으로 증가하는 경제성장(long-run economic growth)을 나타낸다. 고전학파 모형은 국가경제의 장기적 경제성장을 설명하는 장기균형경기이론으로 나타난다. 경기변동의 원인으로 공급충격을 중시한다.

따라서 동 모형에서 장기적인 실업은 존재할 수 없고, 실업이 존재하더라도 일시적으로 발생하며, 노동시장 가격인 임금의 신축적인 조정으로 해소할 수 있다고 보았다. 또한 인플레이션 발생은 화폐수량설에 입각하여 화폐의 과잉 공급량이 원인이기 때문에 수량만 적절히 조정하면 인플레이션 현상은 나타나지 않을 것으로 판단한다.

정부의 최선의 정책은 시장개입이 아닌 자유방임주의이다. 따라서 자유시장경제와 임금과 가격의 신축성, 그리고 개인의 사익추구를 가정한다. 시장청산이 가능하여 완전고용이 항상 달성된다. 완전한 예측을 가정하나 불확실성에 대한 이론이 미비하다.

케인즈학파

고전학파 이론이 1920년대 말과 1930년대 초에 발생한 대량실업과 대공황을 설명하지 못하자 등장한 학파가 케인즈학파(Keynesian School)이다. 힉스(John Hicks), 새뮤엘슨(Paul Samuelson), 토빈(James Tobin) 등의 학자들이 케인즈학파로 불린다. 이 시대를 배경으로 케인즈의 『고용, 이자 및 화폐의 일반이론』이 발간되었으며, 실업의 원인을 총수요의 부족으로 보았다.

케인즈는 고전학파와 달리 가격변수가 항상 신축적으로 움직이지 않으며 단기적으로 상당히 경직적이라고 보았다. 노동시장에서 나타나는 임금의 하방경직성이 대량실업의 원인이라고 보았다. 생산물시장에서 총수요의 변동이 산출량의 급격한 변화를 초래할 수 있으므로 정부의 정책개입에 의해 총수요 변동을 완화하여야 한다고 주장하였다.

국민소득결정이론에서 총공급과 총수요를 동시에 고려하여야 하고 총공급과 총수요가 일치하는 수준에서 국민소득이 결정된다. 케인즈는 투자를 기업가의 야성적 충동에 의해서 결정되는 독립투자로 가정하였다. 국민소득이 재화와 서비스에 대한 소비수요와 투자수요에 의해 결정된다는 유효수요이론을 주장하였다.

정부가 자유방임을 포기하고 정부지출을 통한 정부의 적극적인 개입을 통하여 총수요를 조절할 필요가 있다고 본다. 경제주체들이 더 많은 재화와 서비스를 구매하도록 유도하면 더 많은 생산이 늘어날 것으로 판단하였다. 이를 위해 재정 및 통화 정책을 실시하여야 하며 재정정책이 더 유효하다고 판단하였다.

경기변동의 원인으로 수요충격을 중시하였다. (시장의 마찰요인에 따른) 화폐의 비중립성을 강조하고 화폐환상의 가능성을 제시하였다. 화폐수요이론으로 유동성선호설을 주장하고 통화정책의 상대적인 비효율성을 강조하였으며 유동성 함정을 제시하였다.

자본주의 경제가 발전할수록 저축성향이 증가하고 투자의 한계효율이 하락하며 과도한 유동성 선호에 따른 금리 상승으로 소비와 투자 등 총수요 부족에 따른 경기침체가 초래된다고 주장한다. 시장에 여러 가지 마찰요인이 존재하여 시장청산이 일어나지 못하고 시장균형이 불안정하다는 것을 강조하였다. 대표적으로 단기에 임금과 가격의 경직성이 존재하여 실업이 존재한다. 기대(expectations)의 중요성을 강조하고 불확실성 연구의 시발점이 되었다.

신고전학파종합

인플레이션이 단순한 화폐적 환상이 아닐 수 있으며 실업과 인플레이션 관계에 대한 종합적인 분석의 필요성이 대두되었다. 새뮤엘슨은 고전학파와 케인즈학파의 이론을 통합된 이론으로 설명하고자 하였는데, 이를 신고전학파종합(neoclassical synthesis)이란 한다.

(케인즈가 일반이론이라 이름 붙였지만) 케인즈학파 이론은 고전학파의 일반균형 모형에 가격의 경직성 등 제한적인 가정을 도입한 특수이론에 가깝다고 볼 수 있다. 따라서 케인즈학파 모형을 일반균형이론의 특수한 경우라고 설명하였다.

케인즈적인 재정정책과 화폐정책으로 경제가 일단 완전고용으로 돌아오면 고전학파의 가격 분석이 정당성을 갖게 된다는 견해이다. 두 학파의 모형을 종합한 거시경제이론은 4개 시장, 즉 재화시장, 화폐시장, 노동시장 및 채권시장에서의 일반균형이론으로 나타났다.

통화주의

1960년대 후반부터 1970년대에 스태그플레이션과 국제수지 불균형 등이 발생하자 케인즈학파의 정책효과에 대한 의구심이 들게 되었다. 프리드먼(Milton Friedman), 브루너(Karl Brunner), 멜쳐(Allan Melzer), 케이건(Phillip Cagan) 등으로 대표되는 통화주의학파(monetarism)가 등장하였다.

고전학파 화폐수요이론인 화폐수량설에 대한 프리드먼의 재해석에 바탕을 두고 화폐시장, 즉 통화량의 중요성을 강조하는 신화폐수량설을 제시하였다. 명목소득의 결정요인으로서의 통화량의 역할을 강조하였다. 통화정책은 이자율보다 통화량을 통해 시행하고 통화증가율을 일정하게 유지하는 정책을 선호하였다. 프리드먼과 펠프스는 확장적 거시정책은 일시적으로 실업률을 하락시킬 수 있지만 장기실업률은 자연실업률 수준으로 수렴한다고 주장한다.

인플레이션 발생 원인이 방만한 화폐발행에 있다고 보았다. 확장적 총수요관리정책이 단기적으로는 실업문제의 해결책이 되지만 장기적으로 인플레이션을 가속화시킨다고 본 것이다.

인플레이션과 실업률 간에 역관계가 존재한다는 필립스곡선에 대한 회의를 품게 되었다. 자연실업률 수준에서 비자발적 실업이 존재하지 않으므로 정부가 간섭할 이유가 없다고 주장하였다. 정부의 역할이 민간경제의 활동에 안정적 기반을 제공하는 데 그쳐야 한다는 주장에서 보면 통화주의학파는 고전학파의 정신을 이어받고 있다.

새고전학파

통화주의자들의 정책이 인플레이션을 진정시키지 못함에 따라 합리적 기대를 고전학파 이론에 도입하는 통화주의자들이 출현했는데 이를 새고전학파(New Classical School)라 부른다. 기본적으로 고전학파와 같이 정부의 개입을 비판하고 자유방임을 주장한다. 주요 학자로 무스(John Muth), 루카스(Robert Lucas, Jr.) 사전트(Thomas Sargent) 등이 있다.

합리적 기대란 경제주체들이 자기에게 주어진 모든 정보를 이용해 미래에 대한 기대를 형성한다는 것이다. 여기서 정보는 이용 가능한 모든 데이터, 나아가 시장의 구조와 정부의 정책 등과 같은 모형의 구조도 포함한다. 체계적인 오류를 범하지 않는다는 것은 잘못된 행위를 깨달은 이상 동일한 실수는 다시는 하지 않으며 정보가 기대오차를 더 이상 설명할 수 없어야 한다는 것이다.

루카스는 신축적 가격조정과 경제주체들의 합리적 기대를 가정하고 예상치 못한 물가수준에 대한 예상착오에 근거하여 우상향하는 단기 총공급곡선을 도출하였다. 이를 통해 노동자의 화폐환상이나 임금가격의 경직성을 가정하지 않더라도 합리적 기대를 가정한 상황에서 물가수준의 불완전 정보 때문에 산출수준이 변할 수 있음을 보였다. 이러한 루카스 공급곡선을 새고전학파 총공급곡선이라 한다.

루카스는 고립된 섬 모형(isolated island model)에서 불완전 정보, 합리적 기대, 시장청산을 가정하여 화폐경기변동이론을 일반균형 모형으로 확장하였다. 여기서 불완전 정보 가정은 각각의 시장참여자가 자기가 참여하는 시장의 정보는 가지고 있으나 다른 시장에서 발생한 사건에 대한 정보는 갖지 못함을 의미한다. 시장청산의 경우에 화폐(수요) 충격에 따른 경기변동과 실업을 설명할 수 있게 되었다.

경제주체들이 총수요관리정책을 예상한 경우 이를 그들의 의사결정에 미리 반영하기 때문에 정책은 아무런 효과가 없다는 정책의 무력성 정리를 제시하였다. 실물충격과 화폐충격 변동성의 상대적 크기가 중요하고 화폐충격의 변동성이 실물충격의 변동성보다 클 경우에 정책 효과가 크다고 본다.

루카스 비판(Lucas critique)은 케인즈학파의 총수요-총공급 모형에서 계수가 일정한 행위함수에 근거해 경제정책 효과를 분석하는 것은 잘못이라는 주장이다. 루카스는 행위함수가 불확실성하에서 합리적 기대를 하는 가계와 기업의 최적 소비 및 투자 선택의 결과로 도출되어야 한다고 주장한다. 새고전학파는 미시경제학적 기초하에 가계와 기업의 동태적 효용 및 이윤 극대화와 시장청산을 가정하여 동태확률적 일반균형 모형(dynamic stochastic general equilibrium ; DSGE)으로 발전시켰다.

그러나 2009년 금융위기 때의 자산가격 거품 등은 가격이 합리적으로 결정된다는 새고전학파의 가정을 무너뜨렸고, 높은 실업률은 노동시장의 가격인 임금이 빠르게 조정되어 노동의 수요와 공급을 일치시킨다는 새고전학파의 주장을 무력화시켰다.

실물경기변동이론

고전학파 경제학은 1980년대 초에 등장한 실물경기변동이론(Real Business Cycle Theory ; RBC)으로 또 다른 전개 형태로 이어졌다. 키들랜드(Finn Kydland)와 프레스컷(Edward Prescott), 롱(John Long), 플로서(Charles Kydland) 등이 주장하였다.

화폐적 경기변동이론에서의 루카스 모형은 단기의 가격경직성 대신에 단기의 정보불완전성을 가정하고 경제주체가 통화량 증가를 실물충격과 구별하지 못하기 때문에 경기변동이 발생한다고 주장한다. 또한 화폐적 경기변동이론은 자기상관과 공동변화 현상을 잘 설명하지 못한다.

RBC는 새고전학파 중에서 단기에 어떠한 마찰적 요인도 없는 상태에서도 경기변동이 가능하다고 주장하고 경제주체들의 합리적으로 반응한 결과로 균형이 이동하는 것으로 본다. 균형에 입각해 이론을 전개한다고 하여 균형경기변동이론으로 불린다. 생산성과 같은 실물경제에 대한 충격을 강조한다. 현실경제에 대한 설명이 부족하다는 비판에 직면하자 생산성 충격뿐만 아니라 인구 변화, 기술 변화, 상대적 투입요소의 가격, 소비자 선호의 변화 등 화폐충격을 제외한 모든 실물적 충격을 고려한다.

최적선택을 하는 경제주체들은 실물충격이 발생할 경우 그 충격이 일시적인지 영구적인지를 판단하여 자신의 소비와 노동 선택 결정을 내린다. 일시적인 충격이라도 투자와 그 다음 기의 생산에 영향을 미침으로써 미래까지 확산되고 충격의 효과는 미래의 산출물, 소비, 여가에 영향을 미칠 것이다. 실물충격은 그 시기의 생산, 소비, 노동 공급, 실질임금 등을 동일한 방향으로 변화시킴으로서 경기순환 과정의 주요 특징인 공동변화 현상을 설명한다. 또한 여러 기간에 걸쳐 파급되기 때문에 시계열의 자기상관이라는 순환적인 특징도 설명한다. 또한 RBC 모형에서 충격은 일시적인 충격조차도 지속성을 가지며 이러한 실물충격이 경기순환 변동의 주요 요인이다.

RBC의 특성은 동태적 모형으로 효용을 극대화하는 대표적 경제주체를 가정하고 경기변동을 일으키는 최초 충격이 생산요소의 생산성에 주어지는 충격에 의한다고 가정한다는 것이다. 화폐정책의 역할을 제외하고 기술충격과 기간 간 소비 · 여가의 대체에 초점을 맞추어 경기변동을 설명한다.

모형의 출발점은 가계와 기업의 합리적인 선택과 시장균형의 강조이다. 이러한 경제에 실물적 충격이 발생했을 때 개별 경제주체의 동태적 최적화에 따라 소비, 투자, 노동 공급과 수요, 생산이 변하면서 경기변동이 발생한다. 가격의 신축적인 조정을 통하여 시장청산이 이루어지고 각 시장에서 균형이 달성된다. 이자율 변화에 대한 현재소비의 변화는 기간 간 대체효과와 소득효과의 크기에 따라서 달라진다. 가계가 소비를 결정하면 저축이 결정되고, 따라서 투자가 결정된다. 그러면 저축과 투자는 항상 같고 재화시장의 균형은 달성된다.

가계가 소비와 여가를 선택하는 효용함수에서 여러 기간에 걸쳐 노동을 공급하는 경우 극대화 전략에 의해 노동을 기간별로 다르게 공급하는데 이를 노동의 기간 간 대체라고 부른다. 노동의 기간 간 대체를 고려하면 실질임금의 변화가 일시적일 때 영구적일 때보다 노동 공급의 변화가 크다. 일시적일 때 기간 간 상대임금의 변화가 더 크기 때문이다.

저축과 자본 축적이 매우 중요하며 자본 축적은 현재의 충격 효과가 미래로 전파되는 가장 중요한 경로이다. 실증분석에서는 모형으로부터 도출된 데이터와 실제 경제의 데이터를 직접 비교하는 방법을 따른다. 그런데 보통 기술충격은 관찰되는 변수가 아니므로 생산함수에서 도출되는 솔로우 잔차를 사용하게 되는데 그것에 대한 신뢰성과 적합도가 떨어지는 것이 실증분석에서 모형의 한계이다. 또한 경기변동이 일어나기 위해서 노동의 기간 대체탄력성이 커야 하는데 대부분 실증분석에서 그 크기가 작게 추정된다는 한계가 있다.

새케인즈학파

케인즈의 일반이론을 기반으로 발전된 총수요-총공급 모형은 거시경제정책의 효과 분석에 널리 사용되어 왔다. 기존의 *IS*-*LM*(생산물시장과 화폐시장의 균형식) 모형에서 임의로 가정한 소비·투자함수의 계수를 추정하고 계량화하여 모형 안에서 거시경제정책의 파급경로와 그 효과를 분석하였다. 그러나 1970년대 들어 이러한 분석방법상의 오류를 지적하는 루카스의 비판이 나왔는데, 이는 앞 부분의 새고전파 모형에서 살펴보았다.

케인즈학파 모형에 합리적 기대 가설을 도입하고 시장청산의 가정을 부정하는 미시적 기초 모형 틀 안에서 이론을 확립한 학자들을 새케인즈학파(New Keynesian School)라 부른다. 시장의 마찰요인인 재화시장과 노동시장에 광범위하게 전개되어 있는 임금 및 가격 경직성에 대한 연구이며 테일러(John Taylor), 칼보(Guillermo Calvo), 맨큐(gregory Mankiw) 등의 학자들이 이에 속한다.

새케인즈학파는 독점적 경쟁기업의 최적화 행위의 결과로 나타나는 임금 및 가격 경직성에 근거하여 우상향하는 총공급곡선을 도출하였다. 기업이 가격을 변화시킬 때 수반되는 비용을 메뉴비용이라 한다. 이 메뉴비용이 존재할 때 수요 변화에 대한 가격조정 이윤이 산출물 조정에 따른 이윤보다 작을 때 가격을 경직적으로 유지하게 된다.

일부 케인즈학파 학자들은 자연실업률 가설이 유럽 국가들의 지속적인 높은 실업률을 설명하기 어렵다고 주장하였다. 장기적인 높은 실업률에 대해 아예 구직행위 자체를 포기해버리는 실망실업자 존재의 확대 가능성을 주장한다. 또한 소수의 내부자들이 임금협상 때 높은 임금수준을 주장함으로써 한 번 실직한 외부자나 신규 노동자가 진입하기 어려운 내부자-외부자 모형을 제시하였다.

테일러는 명목임금 경직성의 근거로 중첩임금계약 모형을 제시하였다. 개별 기업들의 임금계약 시점이 상이하여 기업 간 임금계약 유효기간이 중첩된다. 총수요충격을 명목임금에 반영하려고 해도 계약시점이 다른 경제주체들의 명목임금이 이전 수준으로 유지되거나 변동폭이 작기 때문에 명목임금을 대폭 변화시킬 수 없다는 것이다.

만약 노동시장이 효율적으로 작동한다면 경기불황기에는 실질임금이 하락하여 비자발적 실업이 해소되어야 한다. 그런데 현실경제에서는 실질임금이 경직되어 있다. 실질임금이 균형실질임금 수준보다 높게 형성되는 이유로 언급되는 가설로는 첫째, 기업이 높은 생산성을 유지하기 위해 균형가격보다 높은 수준의 실질임금이 경직적으로 유지된다는 효율적 임금 가설이다. 임금이 상승할 때 노동자들의 생산성이 증가하므로 고용자는 임금을 시장청산 수준보다 높게 유지할 유인이 생기기 때문이다. 둘째, 노동조합의 독점적 협상력에 의해 균형실질임금보다 높게 실질임금을 유지한다는 내부자-외부자 가설이 있다. 셋째, 다중균형과 죄수의 딜레마와 같은 상황인 열등한 균형으로 도달하는 조정의 실패 가설 등이 있다.

동태적 새케인즈학파

최근의 동태적 새케인즈학파 모형으로 동태적 확률 일반균형 모형(DSGE)이 언급된다. DSGE 모형은 동태적 새 *IS*곡선(dynamic IS curve), 새케인즈 필립스곡선(new Keynesian Phillips curve), 그리고 통화(이자율)정책으로 구성된다.

먼저 동태적 새 *IS*곡선은 기존 *IS*곡선과 차이가 있다. 기존 *IS*곡선이 산출물에 관한 식이라면 새 *IS*곡선은 산출량과 자연산출량과의 차이인 총생산갭의 함수이다. 총생산갭이 양(+)이면 산출량이 자연산출량보다 커서 경기호황이 나타난다. 총생산갭은 실질이자율의 함수 형태이고 실질이자율은 명목이자율에서 물가 상승에 대한 기대를 차감한 값이다. 명시적으로 시간 변화를 포함한 동학식으로 표현되고 총생산갭은 다음 기의 총생산갭에 대한 기대치(미래 총생산갭 기대값)와 실질이자율에 의존한다.

실질이자율에서 기대인플레이션을 사용하고 실질이자율과 총생산갭 사이에 역관계로 나타난다. 총생산갭이 감소한다는 것은 자연율 총생산보다 총생산이 더 감소한다는 의미이다. 기계의 합리적 선택 결과로 도출된 소비의 평준화와 관련하여 미래 총생산 증가가 기대되고 이에 대응하여 미래 총소비가 증가한다. 또한 현재 총소비도 증가함으로써 모든 기에서 소비가 증가한다.

다음으로 필립스곡선은 원래 인플레이션율과 실업률 간의 관계식이지만 새필립스곡선은 인플레이션율과 총생산갭 간의 관계식이다. 총생산의 성장률과 실업률 간의 안정적 관계가 존재하는 오쿤의 법칙에 의한 것이다. 현재의 인플레이션은 과거에 형상한 기대값이 아니라 미래 인플레이션에 대해 현재에 형성한 기대값에 의존한다. 또한 새필립스곡선은 미래 전망에 근거한다. 즉, 기업이 합리적 기대하에 합리적 선택을 하므로 현재 가격결정에 앞으로의 인플레이션이 어떻게 될 것인가가 중요하므로 현재의 인플레이션은 미래의 인플레이션에 의존한다.

마지막으로 통화정책(이자율 정책)을 살펴보자. 현실경제에서 중앙은행이 통화정책 집행 시에 목표이자율을 정하고 그 목표율에 도달할 때까지 필요한 통화공급량만큼 변화시킨다. 새케인즈 모형에서는 LM곡선이 존재하지 않고 중앙은행이 통화정책을 통하여 이자율을 결정한다.

통화정책이 테일러 준칙에 의해 결정된다고 보므로 실질이자율 결정식은 다음의 요소로 결정된다. 즉, 자연이자율과 조정된 인플레이션, 그리고 산출량갭에 의해 결정된다.

자연이자율은 경제에 더 이상 충격이 없어서 총생산이 자연율 총생산에 수렴했을 때 성립하는 이자율이며, 인플레이션율이 인플레이션 목표치에 도달하면 실질이자율과 자연이자율이 같게 된다. 통화당국자가 인플레이션율이 너무 높다고 판단하면 실질이자율을 올려 대응하고 인플레이션 목표치를 고려하여 인플레이션율을 판단하고 조정값(테일러 준칙에 따르면 0.5 정도)을 부과한다. 통화당국자는 실물경기 안정화에 노력하게 되는데 경기변동은 총생산갭에 의해 알 수 있으므로 경기호황으로 진입하면 경기과열을 막기 위하여 실질이자율을 올려 대응하고 조정값(테일러 준칙에 따르면 0.5 정도)을 부가하여 신축적 통화정책을 집행한다. 만약 통화당국자가 실물경기 안정화에는 관심을 두지 않고 오직 인플레이션 움직임에만 반응한다면 인플레이션 타겟팅만 하게 된다.

새케인즈학파는 총생산의 안정과 인플레이션 안정성은 분리될 수 없으며 인플레이션을 안정화시키면 실물경기도 함께 안정화된다는 신성한 우연을 강조한다. 만약 새필립스곡선에 새로운 충격인 비용충격을 도입하면 인플레이션이 안정화되어 있는 경우에도 총생산이 안정화되지 않아 인플레이션 안정성과 실물경기 안정성 사이에 상충관계가 존재할 수 있다.

새케인지안의 공헌은 합리적 기대를 도입하고, 특히 통화정책과 관련하여 이자율이 어떻게 총생산과 인플레이션에 반응해야 하는가에 대한 이론적 근거를 마련한 것이다.

2. 경제성장이론의 흐름

신고전파 성장모형 이전의 성장모형으로는 해로드-도마(Harrod-Domar) 모형이 있다. 이 모형은 자본주의 경제가 근본적으로 불안정하다는 케인즈식인 요소를 결합시킨 모형이기 때문에 생산함수에서 생산요소 사이에 대체가 불가능한 경우에 불안정적인 균형이 나타난다.

신고전파 성장모형(neoclassical growth model)은 솔로-스완(Solow-Swan) 모형에서 출발하는데 순전히 공급 측면에 기초한 모형이다. 생산함수가 규모에 대한 수익불변이고 각각의 생산요소에 대해 수확체감하며, 요소 간 대체의 가능성을 가정한다. 저축률이 일정하고 저축과 투자가 동일하다는 조건을 통해 자본 축적의 관계식을 도출한다. 경제환경이 비슷한 나라들에서는 1인당 국민소득이 장기적으로 수렴한다는 수렴 가설을 주장한다.

솔로우 생산함수의 성격 때문에 생산기술의 진보가 없을 경우 균제상태에 들어가면 1인당 소득의 성장이 멈춘다. 따라서 경제성장은 모형 밖에서 외생적으로 주어지는 기술진보에 기인한다. 1인당 자본이 과다

축적되는 정상 상태 균형을 배제할 수 없다. 정상 상태의 효용이 극대화되지 않는 균형이 존재할 가능성이 있으며 이를 동태적 비효율성이라 부른다. 저축률이 외생적으로 주어져 있기 때문이다.

신고전파 성장모형은 외생적 성장 모형(exogenous growth model)이라 불리는데 성장의 동인이 외부에 있다. 즉, 균제상태에서 1인당 소득의 경제성장률이 기술진보율이 되며, 이 기술진보율이 외부에서 주어진다. 또한 성장률은 대체로 일정하게 나타난다. 모델 내부에서 설명할 근거가 약하다는 것이 모형의 한계로 지적된다.

이와 대조적으로 성장의 동인이 내부에서 일어나고 또한 설명 가능하다는 이론이 바로 내생적 성장 모형(endogenous growth model)이다. 이 이론은 1990년 초 로머(Paul Romer)의 박사학위 논문으로 출발하여 거시경제 성장모형의 주류를 이루고 있고 기술혁신을 강조하는 슘페테리안(Schumpeterian) 모형과 결합하여 많은 발전을 이루고 있다.

로머(Paul Romer, 1986)와 루카스(Rober Lucas, Jr., 1988)가 발표한 내생적 성장 모형은 신고전학파의 이론적 · 실증적 한계를 상당히 극복하였다. 축적이 가능한 생산요소에 대해 수확체감하지 않는 생산함수(수확불변 또는 수확체증함수)도 가정하였다. 요소의 축적이 계속되어도 경제성장이 지속적으로 일어나게 된다는 것이다. 수확체감하지 않는 생산함수의 요인으로는 지식의 외부효과(externality), 인적자본(human capital), 학습효과(learning by doing), 연구와 개발(R&D), 창조적 파괴, 개방화, 새로운 제품의 개발, 기존 상품의 품질 개선 등이 고려될 수 있다.

해로드-도마 성장모형

케인즈의 총수요이론을 동태화시킨 초기 경제성장 모형에 해로드-도마 모형이 있다. 모형의 핵심은 생산요소 간 대체가 불가능한 레온티에프 생산함수(Leontief production function)를 가정한다는 것이다. 생산요소 사이에 대체가 불가능한 경우에는 불안정적인 균형으로 나타난다. 칼날 성장경로(razor' s edge)가 나타나 불안정한 균형을 이룬다.

신고전파 성장모형 : 솔로우-스완 외생적 성장 모형

신고전학파 모형을 대표하는 학자인 솔로우(Solow)와 스완(Swan)의 이름을 붙여 솔로우-스완 모형, 또는 외생적 성장 모형이라 불린다. 신고전학파의 생산함수를 사용하는 솔로우 성장모형은 생산요소 간 대체가 가능하고 규모에 대한 수익불변과 생산요소의 한계생산체감, 그리고 가격의 신축적인 조정에 따라 완전고용이 이루어진다고 가정한다.

솔로우 생산함수는 노동에서 기술진보가 일어나는 노동부가적 기술진보 생산함수를 고려한다. 기술진보율이 일정한 율로 외부에서 주어졌다고 가정한다. 지속적인 기술진보(A_t)는 자본의 한계생산이 체감하여도 지속적인 경제성장을 가져온다. 이 생산함수 또한 규모수익불변과 생산요소의 한계생산체감의 성질을 갖는다고 가정한다. 노동에서 기술진보가 일어나는 노동을 유효노동(effective labor)이라 하고 A_tL_t로 표기한다.

노동부가적 기술진보를 가정한 솔로우 모형의 콥-더글라스 생산함수 $Y_t = F(K_t, A_tL_t) = K_t^{\alpha}(A_tL_t)^{1-\alpha}$에서 기술진보는 $A_t = A_oe^{gt}$이다. 여기

서 A_o는 초기 값이고 기술진보가 외부적으로 주어진 g율로 증가한다. 균제상태에서 1인당 소득($y_t = \frac{Y_t}{L_t}$)의 성장률은 기술진보율(g)이 되고 총계소득(Y_t)의 성장률은 기술진보율과 인구증가율의 합($g + n$)이 된다.[2] 만약 균제상태에서 기술진보가 없다면 1인당 소득이 정체되며 소득증가율은 0이다. 따라서 솔로우 모형에서 현실경제에서 일어나고 있는 1인당 소득의 증가가 있기 위해서는 기술진보가 매우 중요하다.

그러면 생산함수에서 자본과 노동의 한계생산성은 각각 $MP_L = \frac{\partial Y}{\partial L} = (1-\alpha)\frac{Y_t}{L_t}$, $MP_K = \frac{\partial Y}{\partial K} = \alpha\frac{Y_t}{K_t}$이 된다. 생산에 투입한 각 생산요소의 분량만큼 노동과 자본의 한계생산성에 곱하여 그 몫을 합해 보면 $MP_L \cdot L + MP_K \cdot K = (1-\alpha)Y + \alpha Y = Y$이 된다. 총소득 Y는 자본과 노동으로 완전히 배분된다. 솔로우 모형에서 1인당 소득성장에 그렇게 중요한 기술진보 A에 대한 보상이 없다. 왜냐하면 완전경쟁시장을 가정하였기 때문이다.

그렇다면 생산에 기여한 기술의 몫은 어떻게 주어지는가? 물론 모형에서 g는 외부에서 주어지는 값이라고 주장하는 외생적 성장 모형이라고 하지만 그 답변은 너무나 궁색하다. 그러면 솔로우 모형에서 기술진보는 누가, 왜 일으키며, 어떻게 전달되는가, 그 기술진보의 비용은 어디서 조달하며, 그것을 얻기 위해 어떻게 지불하는가에 대한 답변을 설명 못하는가? 아니다. 앞 절에서 보았듯이 솔로우 잔차는 산출물 성장의 대부분이 기술진보에 기인한 것이었다.

---

2. 균제상태의 개념은 2장 성장과 발전의 통합적 이해에서 설명되어 있다.

기술진보가 외생적이라는 것은 하늘에서 뚝 떨어지는 것이라는 의미는 아니다. 첫째, 그 기술진보가 사적 부분인 이윤극대화 추구의 기업집단 밖에서 생산될 수 있다는 것인데 실례로 국가에 의해 제공될 수 있다. 국가는 R&D 기업들에 기술진보를 생산하도록 지원하고 일반국민들로부터 조세수입으로 비용을 조달한다. 정부가 구입한 그 기술진보를 모든 기업들이 이용 가능하도록 제공하므로 각 기업들로서는 기술진보가 외부적으로 주어지는 것이다. 따라서 솔로우 모형은 외생적 기술진보를 잘 설명하고 있다.

둘째, 기술진보가 자본의 축적과정 가운데에서 이루어진다. 즉, 자본 축적의 부산물로 기술진보가 형성되고 향상되어 생산성 향상으로 이어져 생산물이 증가하지만 따로 기술진보 자체에 대한 보상은 없다. 이 논리는 다음 절의 실행학습 모형(Knowledge-spillover 모형)에서 상세히 설명한다. 셋째, 특허가 없다고 가정한다. 따라서 기술이 공개되면 무료로, 그리고 동시에 즉각적으로 전파된다. 또한 다른 기업은 대가를 지불하지 않고 무의식적으로 기술을 사용한다고 가정한다. 개별기업 입장에서 경험효과를 통해 기술을 무료로 사용하게 되고 모든 기업의 지식수준이 동일해져서 결국에는 개별 기업의 기술수준 A_{it}가 경제 전반적인 기술수준 A_t가 된다. 즉, A_t가 개별 기업의 자본 축적 등으로 내부적으로 만들어지면서, 동시에 외부에서 주어진 것으로 받아들이게 된다.

그렇지만 현실적으로 대부분의 기술진보가 국가재정의 지원 없이 이윤극대화를 추구하는 사적인 부분인 기업에서 이루어진다. 또한 그 기술혁신을 다른 기업들에 대가를 받고 판다. 그러므로 기술진보는 외생적으로 주어지는 것이 아니다. 기술혁신을 일으킨 기업에게는 그 대가가 수반되어야 한다. 따라서 그 보상, 즉 독점적 이윤이 주어져야 한다. 이를 위해 불완전경쟁시장(독점 개념)을 도입하고 기술혁신이 내부에서 일어나는 내생적인 기술진보를 가정하게 될 것이다. 따라서 완전경쟁시장이라는 가정을 폐기하게 될 것이다.

그러면 이 시점에서 솔로우 모형은 더 이상 가치를 잃고 폐기되어야 하는 이론인가? 아니다. 2장에서 이를 확인할 수 있다. 2장에서는 기술 선도국인 미국의 장기 경제성장 과정에서 나타나는 기술진보율의 일정한 균제상태 성장률을 잘 설명하고 있다. 나머지 국가들에게 기술진보율이 외생적으로 주어진 것처럼 미국의 소득수준으로 추격하고 있다는 것이다. 국가의 균제상태에 따라 수렴속도가 상이할 수 있지만 추격(수렴)시간이 필요하다는 것이다. 또한 6장 소득불평등의 문제, 환경오염의 쿠즈네츠 가설 등의 논의도 신고전파 성장모형인 솔로우 모형에서 설명 가능하다. 모형의 일관된 이론 전개를 맛보게 될 것이며 내생적 성장 모형도 노동부가적 기술진보가 일어나는 솔로우 모형으로 귀결된다.

신고전파 최적성장 모형

현대적인 최적 경제성장 모형(optimal growth theory)의 효시로 램지(F. Ramsey)의 경제성장 모형이 있다. 가계의 기간 간 최적화 문제로부터 저축을 위한 최적화 조건을 처음 도출하였으며 시간분리형 효용을 처음 이용하였다.

신고전파 솔로우 모형에서는 저축률을 외생변수로 정의하고 일정한 상수로 가정하여 균제상태를 분석하였다. 그러나 경쟁시장에서 최적화 행동을 취하는 가계와 기업의 상호작용에 의해서 자본 축적의 동태과정과 기간 간 소비선택을 통하여 소비와 저축이 이루어진다면 저축률은 일정한 상수가 아니다. 금기 소비와 차기 소비에 대한 선호를 나타내는 함수를 기간 간 효용함수라고 한다. 만약 소비자가 금기의 소비를 줄이면 저축이 늘어나고 투자로 이어져 1인당 자본(장비율)이 높아져 생산물이 증가한다. 따라서 소비선택에 따라 저축률과 장기 경제성장이 달라진다.

이러한 소비선택 문제(저축률의 결정 문제)를 일찍이 연구한 램지로부터 이를 발전시킨 캐스(Cass)와 쿠프만(Koopmans) 등에 의해 최적자본 연구는 발전되어 왔다. 이들 학자들의 이름을 따서 램지-캐스-쿠프만(Ramsey-Cass-Koopmans ; RCK) 모형이라고 한다. 기간 간 효용극대화 문제에서 목적함수가 연속적 시간일 경우 현재가치 해밀토니안 방식(the present value Hamiltonian)으로 풀게 되고, 목적함수가 이산적 시간일 경우에는 벨만 방정식(Bellman equation)이나 라그랑지안(Lagrangian) 방식으로 풀게 된다.

최적성장 모형에서는 저축률이 내생적으로 결정되므로 솔로-스완 모형에서 나타나는 자본의 과다축적 문제는 일어나지 않는다. 장기의 경제성장이 공급부문에 의하여 결정되기 때문에 솔로-스완 모형과 크게 다르지 않고 최적성장 모형의 문제점도 솔로-스완 모형에서와 같이 경제성장은 모형 밖에서 외생적으로 주어지는 기술진보에 기인한다.

솔로우 모형과 RCK 모형은 기술진보가 확정적 과정을 갖는 모형이다. 반면에 기술진보가 확률적 과정을 가지는 경우 확률적 최적성장 모형 또는 불확실성하에서의 최적성장 모형이라 불린다.

브락과 미르만(Brock and Mirman)에 의해 주장되었으며 모형에 생산요소의 생산성이 확률적으로 변동하는 형태로 불확실성을 도입하였다. 생산함수에서 기술진보, 즉 생산성 충격은 확률적 과정에 있으며, 1계나 2계 자기회귀 구조를 가진다고 가정한다. 실물경기변동이론의 기초가 되었으며 지금은 다양하게 경제충격 모형으로 활용되고 있다.

확률적 최적성장 모형에서 엄밀 해를 구하지 못하고 미분방정식이 복잡하며 경계조건이나 초기 조건을 다루기 어려울 때 수치적 근사해를 구하여 모형을 분석하게 된다. 확률적 모형의 근사 방법에는 크게 선형근사와 비선형근사 등이 있다.

내생적 성장 모형

신고전파 성장모형에서 도출되는 소득수렴이론과 그 모형의 한계를 앞에서 살펴보았다. 외생적 성장 모형에서 그렇게 중요시하는 기술진보에 대한 성장동인의 설명력 부족과 기술진보가 외부에서 주어진다는 이론 전개는 모형의 한계임을 지적하였다. 따라서 기술진보의 내생화와 슘페테리안의 기술혁신이론 등이 결합되면서 성장동인을 모형 내부에서 설명하고자 하는 움직임이 1980대 초에 내생적 성장 모형으로 발전하였다. 주요 학자로는 로머(Romer), 루카스(Lucas), 아기옹(Aghion), 호위트(Howitt), 애스모글루(Acemoglu), 질리보티(Zilibotti)

등이 있다.

세계화 이후 선진국과 개도국 간의 소득수준이 더 크게 벌어지는 소득발산 현상을 설명하는 이론적 토대를 제공하고 있다. 그러나 이러한 내생적 성장 모형 등도 모형의 변형을 거쳐 기술진보가 일어나는 신고전파 모형으로 표현할 수 있으며, 소득수렴이론을 설명할 수 있는 수렴론의 확장으로 연결된다. 내생적 성장 모형은 *AK* 모형, 실행학습 모형, 인적자본 모형(Uzawa-Lucas 모형), 그리고 슘페터 혁신모형인 생산물 다양성 모형, 품질 사다리 모형, 기술 확산 모형 등으로 발전하고 있다.

AK 내생적 초기 모형

레벨로(Rebelo)의 단순 *AK* 내생적 성장 모형을 이용하여 소득비수렴 현상을 살펴본다. 여기서 *K*는 재생산 가능 자본(reproducible factors)의 개념으로 규모의 보수불변 성질를 갖는다. 즉, 솔로우 모형에서 물적자본의 분배 몫인 $\alpha = 1$인 경우이다.

1인당 자본의 축적 방정식에서 성장률로 표현하면 $\frac{\Delta k_t}{k_t} = sA - (n + \delta)$이 된다. 만약 $sA > (n + \delta)$이라면 *AK* 모형의 경제는 수렴하지 못하고 영원히 발산한다. 즉, 기술진보가 일어나지 않더라도 생산요소의 보수불변 성질만으로도 이 경제는 영원히 성장한다. 그래서 초기의 내생적 성장 모형에서는 생산요소(자본)의 보수불변 성질을 가져야만 되는 것으로 간주되었으나 생산요소(자본)의 보수 감소 성질 아래에서도 지속적인 성장이 가능하다는 내생적 성장 모형의 발전이 이루어졌다.

실행학습 모형

실행학습 경험과 지식분출 효과 모형(learning-by doing and knowledge spillover)을 줄여서 실행학습 모형이라 부르기로 한다. 폴 로머(Paul Romer)는 실행학습 모형을 지식 축적의 증가, 즉 생산을 효율적으로 사용하는 새로운 지식의 축적 의미로 사용하고 있다. 로머에 의한 경험에 의한 학습효과 가설의 출발점은 애로(Arrow)에서 시작하는데 애로는 '지식의 축적은 기계화되는 과정의 부산물(byproduct)' 이라고 주장하였다. 의도된 투자가 아니라 우연한 생산과정에서 이루어진다는 것이다. 이 실행학습은 새로운 기계를 생산에 사용함으로써 배우게 되는 학습부문(learning side)과 기계장비를 채택하는 과정에서 새로운 생산조직 형태를 고안하거나 기계 자체를 개선하기 위한 새로운 아이디어를 유도하여 새로운 기계를 사용하는 등의 발명부문(inventing side)을 포함하는 의미이다.

인적자본 모형

지속 가능한 성장을 위해서는 기술진보가 지속적으로 일어나야 하고 생산요소들에 대한 보수 감소 가정을 무너뜨려야 하는가? 그렇지 않다. 그러한 대안으로 인적자본 모형이 있다.

물적자본과 인적자본의 각 생산요소에 대한 보수 감소 가정을 유지하면서 두 생산함수가 동일한 생산함수에서 생산되는 one sector model에서도 일정한 성장률로 성장 가능하다. 인적자본 대비 물적자본 비율의 균제상태 값과 현실적인 비율 사이의 갭이 클수록 산출물 성장률은 크게 된다. two-sector model인 우자와-루카스(Uzawa-Lucas model)에서는 인적자본이 상이한 생산기술로 생산되며 새로운 인적자본의 생산에는 인적자본이 상대적으로 집중 사용된다.

또한 루카스는 인적자본의 외부성을 생산함수에 도입하여 규모의 보수 확대로 나타나는 내생적 성장 모형을 제시하였다. 동 모형에서 사회적 최적성장경로의 성장률과 사적 경쟁성장경로에서의 성장률이 상이함을 발견하였다. 사회적 가치평가와 사적 가치평가가 상이할 경우 정부당국자는 세금이나 보조금정책 등을 통하여 시장균형이 파레토 최적이 되도록 조정해야 한다고 주장하였다. 그러나 인적자본의 지속성장이 유지되는 상황에서는 지속 가능 성장을 위해서 꼭 규모의 보수 확대나 인적자본의 외부성이 존재해야만 하는 것이 아님을 보였다. 또한 물적자본이나 인적자본의 성장률이 장기안정적 과정에 있음을 보이고 각 국가의 초기 축적수준 여부에 따라 소득이 수렴하지 못하고 발산할 수 있음을 보였다.

생산물 다양성 모형

기술(지식, 아이디어)이라는 재화는 경제재와 달리 비경쟁적이며 부분적으로 배제 가능한 재화(non-rival and partially exclusive good)의 특성을 갖는다. 슘페터 혁신성장 모형 중 생산물(중간재) 다양성 모형을 살펴보자. 개별 기업은 중간재(intermediate good)를 통해 독점적 이윤을 획득한다. 완전경쟁시장인 연구개발 디자인(R&D design)에서 기술설계를 확보한 기업들은 불완전경쟁시장인 중간재를 생산하여 독점이윤을 확보하고 최종재 시장에 납품한다. 이때 중간재의 개수가 늘어나면서 기술혁신 A_t의 개수가 확장된다. 중간재가 혁신되는 과정에서 사용되지 않는 이전 버전의 기술 A_1, …, A_{t-1}과 같은 중간재도 모형에서 사라지지 않고 포함되어 있다는 것이 모형의 한계점이다.

품질 사다리 모형

생산물 다양성 모형의 한계를 극복하기 위해 기술수준인 중간재의 개수 A_1, A_2, A_3, …, A_t가 늘어나는 것이 아니라, 투입되는 중간재의 개수는 고정되어 있다고 가정한다. 각 중간재 A_1, A_2, A_3, …, A_n 자체에서 각자의 기술혁신이 일어난다고 가정하는 품질 사다리 모형(quality ladder model)이 있다. i번째 중간재의 기술수준(A_i)마다 나름대로의 기술수준 단계가 존재한다. 실례로 A_i에서 중간재의 2단계 기술수준(A_i^2)은 3단계(A_i^3)로 올라가면서 파괴된다. 즉, 기술수준이 개선되면서 이전 단계의 기술은 폐기된다. 우리는 이를 창조적 파괴(creative destruction)라고 부른다.

A_i의 경우 2단계에서 3단계로 기술 진보할 때, 기존에 2단계 기술을 보유한 기업이 신규 기업에 비해 혁신이 용이하다. 왜냐하면 그 기업은 2단계까지의 첨단기술 수준을 보유하고 있기 때문이다. 하지만 기존 기업은 이미 A_i시장을 점유하고 있기 때문에 외부기업에 비해 기술 개발에 따른 인센티브가 적다. 기존 기업은 가격 조정으로 혁신기업의 진입을 차단함으로써 독점을 유지하고자 한다. 혁신의 유인은 외부기업이 더 클 수 있다. 신규 진입 기업은 기존 기업이 점유한 시장을 획득할

뿐만 아니라 새롭게 확보되는 3단계 시장의 독점이윤까지 확보되는 인센티브가 있다.

따라서 혁신의 고려조건은 혁신비용과 독점이윤 기간에 달려 있다. 기술개발에 따른 수익기간이 길어야 혁신 유인이 높아지는데, 기술혁신의 대가가 주어지는 독점이윤의 크기와 만기 구조는 확률적이다.

기술 확산 모형

기술선도(선진)국인 1번국의 기술혁신이 후발국인 2번국으로 흘러들어가 그 기술이 모방되어 소득수렴 현상까지 연결되는 기술 확산 모형(technology diffusion model)이 있다. 초기 조건에서 선도국의 기술혁신 비용에 대한 후발국의 로열티 지불은 없으며 후발국의 기술모방 비용만이 그 대가를 대신하는 모형이다. 초기 모형에서는 선도국은 기술혁신만 하며 후발국은 기술모방만 하는 국가로 가정한다. 각 국가별로 혁신하는 데 들어가는 비용, 즉 혁신비용과 모방비용이 소요되며 당연히 혁신비용이 모방비용보다 크다. 또한 선도국의 기술혁신의 수 N_1도 후발국의 기술모방 수 N_2보다 크다.

N_1, N_2의 차이가 작아질수록, 즉 기술격차가 줄어들수록 후발국의 모방비용은 커지며, 기술수준의 차이가 거의 없는 우선 추격자(fast follower)가 되는 경우 모방비용이 커져서 혁신비용에 도달하거나 더 커진다면 후발국은 모방보다는 혁신을 추구하게 되고 혁신국가로 넘어간다. $N_1 < N_2$일 때 후발국의 기술혁신 수준이 선도국 수준을 뛰어넘는 것이다. 선도국이 후발국이 되고 후자가 전자가 되는 역전 현상이

일어난다.

3. 수요 측면과 공급 측면의 경제학

경제가 단기적으로는 유효수요의 제약을 받아 교란 현상인 경기변동 현상을 맞게 되지만 장기적으로는 수요 측면 요인이 경제에 실질적인 제약요인이 되지 못한다고 보는 것이 일반적인 경제학계의 관점이다. 장기적인 측면에서 경제성장을 다룰 때는 고전학파의 입장인 공급 측면에서 다룬다.

총수요와 총공급

케인즈학파는 노동시장에서 단기적으로 나타나는 두 가지 현상으로 우상향하는 단기총공급곡선을 설명한다. 첫째, 노동자들은 노동 공급을 결정하는 데 있어 물가에 대한 정보 부족으로 인해 물가예상과 실제 물가 사이에 괴리가 발생해 노동자들이 명목임금의 변화를 실질임금의 변화로 착각하는 화폐환상을 갖는다. 노동자들은 기업에 비해 물가에 대한 정보가 부족하다고 가정하는 비대칭적 정보 모형이다. 둘째, 기업들이 경쟁적으로 행동하는 생산물시장에서는 가격이 신축적으로 조정되는 반면에 노동시장에서는 노동자들이 명목임금의 하락을 받아들이지 않고 일정 기간을 단위로 임금이 체결되기 때문에 하방경직성이 존재한다고 본다. 이 논리를 기초로 하여 우상향하는 단기총공급곡선을 도출한다.

새고전학파는 신축적인 가격조정과 경제주체들의 합리적 기대를 가정하지만 예상하지 못한 물가수준의 변화에 대한 예상착오로 인하여 우상향하는 단기 총공급곡선을 도출한다. 즉, 기업들이 예상치 못한 물가수준의 상승을 상대가격의 상승으로 착각하여 산출량을 증가시키게 되는 경우 우상향하는 총공급곡선이 도출된다. 이를 새고전학파 총공급곡선 또는 불완전정보 모형이라 한다.

새케인즈학파는 합리적 기대를 가정하면서 독점적 경쟁기업의 이윤극대화 결과로 나타나는 가격경직성을 근거로 우상향하는 총공급곡선을 도출한다. 메뉴비용(가격조정비용)이 드는 경우 기업들은 제품가격을 조정하는 대신 산출량의 증가로 대응하여 노동 수요가 증가하게 되고 그 결과 우상향하는 총공급곡선이 도출된다.

장기적으로 물가에 대한 정보의 불완전성이 줄어들면서 노동자의 물가예상이 정확해지고 장기적으로 명목임금이 상하 신축적으로 조정되면 균형고용량이 불변이고 산출량도 불변이다. 따라서 수직의 총공급곡선을 가지게 되고 이를 고전학파의 총공급곡선(classical aggregate supply curve)이라고도 한다.

단기균형과 장기균형을 달성하기 위한 원론적인 정책들을 살펴보자. 우하향하는 총수요곡선과 우상향하는 총공급곡선이 만나 장기균형을 이루게 된다. 현재 경제가 장기균형에 이르지 못하고 균형 왼쪽에 위치하는 단기균형점에 머물러 있다고 가정하자. 장기균형 상태인 잠재산출량(즉, 완전고용산출량, 완전균형산출량)을 Y^*라고 하자. 현재 경기불황 상황을 나타내는 단기균형점에서의 산출량은 수직의 장기균형 상태인 잠재산출량 Y^*보다 낮다. 단기균형에서 장기균형으로 이동하기 위해서는 두 가지의 정책방안이 있을 수 있다. 첫째, 소비 증가나 정부 지출 증가 등을 통한 확대 총수요정책을 실시할 수 있다. 정책 실시로 총수요곡선이 오른쪽으로 이동하면 잠재산출량 수준에 도달할 수 있다. 둘째, 노동과 자본 등의 생산요소 투입의 증가나 생산성 향상으로 단기총공급곡선이 오른쪽으로 이동하면 잠재산출량 수준에 도달할 수 있다. 단기균형의 이동은 장기균형과 일치한다. 만약에 수직의 장기총공급곡선 자체의 우측이동을 고려한다면 이는 장기적인 경제성장을 의미한다.

수요 측면과 공급 측면의 경제학

수요 측면의 경제학(demand-side economics)은 케인즈학파의 입장에서 재정정책이나 통화정책 위주로 수요 측면의 정부재정 지출, 통화량 공급, 이자율 조정 등을 통하여 장기적 경제성장이나 단기적인 경기변동의 대처방안을 제시하는 경우로 설명한다. 총수요 측면에서 생산물시장, 화폐시장, 외환시장의 동시적 균형을 통해 GDP 결정의 총수요 측면을 살펴보고 국민소득과 물가와의 관계를 나타내는 총수요곡선을 도출한다.

반면에 공급 측면의 경제학(supply-side economics)은 고전학파의 입장에서 민간기업(국가 포함)의 생산활동 증대를 통한 공급 측면의 장기적 경제성장이나 단기적인 경기변동의 대처방안을 제시한다. 노동시장의 균형과 총생산함수에 의해 어떻게 총공급 측면의 균형이 결정되는지, 총공급은 물가수준과 단기적으로, 그리고 장기적으로 어떤 관계를 갖는가를 분석한다. 공급 측면의 경제성장을 설명하는 대표적인 이론은 솔로우의 신고전파 성장모형이다.

실물경기변동이론이 생산성 충격뿐만 아니라 인구 변화, 기술 변화, 상대적 투입요소의 가격, 소비자 선호의 변화 등 화폐충격을 제외한 모든 실물적 충격을 고려하듯이 공급 측면의 경제학에서도 재정정책이나 통화정책 등의 수요 측면을 제외한 모든 실물적 공급 측면을 고려한다.

수요 측면을 중시하는 성장(demand-side growth) 정책과 공급 측면을 중시하는 성장(supply-side growth) 정책의 실례를 역사적 배경으로 살펴보자.[3]

1930년대의 높은 실업률과 디플레이션에 처한 불황기에 정부지출을 늘리면 가계와 기업들에 소비와 투자가 유도되어 경제가 정상 상태를 회복한다는 것이 케인즈의 기본 주장이다. 지속적인 잠재 생산을 성장으로 보는 18세기 후반 이후의 고전학파 경제학과는 달리 생산에 대한 총수요를 강조하는 입장을 취하였다. 민간부문보다 공공부문의 중요성을 강조하여 시장에 대한 정부의 강한 개입을 정당화하였다.

완전고용을 실현하고 유지하기 위해서는 소비와 투자, 즉 유효수요를 확보하기 위한 정부의 공공지출이 필요하다고 주장한다. 사회복지시

3. 경제학에서는 경기변동의 요인을 수요 측면과 공급 측면의 요인으로 서술하고 있고 총수요정책과 총공급정책은 경제안정화정책으로 설명한다. 하지만 수요 측면의 경제학과 공급 측면의 경제학이라는 용어는 학술적 용어라기보다 경제정책 측면의 대중적 용어이고 다른 의미로 사용되고 있다.

스템은 케인즈의 이러한 주장이 반영되어 나타난 결과이다. 꽤 오랜 시간 동안 서구 경제학의 주된 흐름이 되었고 제2차 세계대전 이후 1970년대 초반까지 세계 경제를 주도하고 꾸준한 호황을 구가하도록 뒷받침하여 준 이론이다. 공급 측면의 경제학에 반대되는 의미로서 수요 측면의 경제학이라 할 수 있다.

하지만 1, 2차 오일쇼크와 스태그플레이션 시대를 거치면서 이에 대한 비판도 대두하게 되었다. 수요 측면과 공공부문의 역할을 강조하였던 케인즈 경제학에 대비되는 민간부문의 자율을 강조하는 이론들이 출현하였다.

비판이론들은 1970년대 후반부터 2008년까지 레이거노믹스로 대표되는 미국 정부의 거시경제정책을 뒷받침하는 이론적 토대가 되었다. 이 이론들은 공통적으로 규제를 완화하고 민간부문에 많은 자율을 주어서 공급자들과 생산자들에게 유리한 경제구조를 만들어야 한다고 주장한다. 이를 공급(측면)의 경제학이라고 부른다. 공급 중시(측면) 경제학은 감세가 투자를 활성화해서 결국에는 세입도 증가할 것이라는 이른바 래퍼효과라는 이름으로 미국 정부에서 대대적인 규제완화와 감세정책으로 시행되었다.[4]

4. 안국신(2021)은 '엉터리 이론인 공급 측 경제학에서 얻은 교훈대로 세율을 인상하면 세수가 증가한다는 명제를 받아들여야 한다. 특히 법인세율 인상의 투자 감소 효과가 미미한 우리나라 현실에서는 더 말할 나위가 없다. (중략). 소득분배를 개선하고 양극화를 완화한다는 차원에서 재산세도 법인세와 더불어 필요한 증세 메뉴이다. 법인세와 재산세를 인상하는 부자 증세는 경제적으로 뒷받침되는 바람직한 증세방안이다' 라고 주장한다(pp.309~310).

기업이나 개인 소득에 부과하는 법인세나 소득세에 대한 감세정책은 기업의 원가부담을 덜어주어 설비투자를 자극하고, 한편으로는 가계의 소비 증가나 저축력을 높여주는 효과가 있다고 보았다. 조세감면정책은 재정을 압박할 것이나 정부지출을 삭감하면 될 것이며 재정의 역할은 국방 · 치안 · 외교 등에 집중하고 경제는 시장경제를 지원하는 데 그치면 된다는 것이다.

이들은 당연히 작은 정부와 큰 시장을 주장한다. 통화 남발을 금지하는 엄격한 통화관리와 적자 재정의 금지, 정부기구의 축소, 공기업의 민영화, 경제 규제의 축소, 무역과 자본거래 등 대외거래의 자유화, 노동자 보호의 축소를 통한 노동시장의 유연화, 그리고 제2차 세계대전 이후 선진국들이 꾸준히 증대시켜 온 복지제도의 축소 등이 주요 정책들이다.

그러나 이러한 정책들은 뒤에 엄청난 재정적자와 20세기 초반 수준으로 벌어진 미국 사회의 심한 빈부격차를 남기게 되었다. 이렇게 해서 만들어진 모순이 누적되어 폭발한 것이 2007년 상반기에 표면화되기 시작한 미국의 서브프라임 모기지론의 부실 문제이다. 결국 파생금융상품의 부실화와 금융기관들의 도덕적 해이를 불러왔고 2008년 9월 리먼브라더스사의 파산으로 시작된 글로벌 금융위기로 세계경기에 침체가 도래하였다. 이러한 금융불안정이 극심한 경기침체를 가져옴으로써 약 30년간 지배해 왔던 공급 측면 경제학과 이에 바탕을 두고 시장의 자율에 맡기는 영미식 자본주의의 한계를 여실히 보여주었다. 이러한 저물가와 저금리, 저성장을 뉴노멀 현상으로 정의하고 인구 고령화, 소득

불평등의 심화, 기술진보율의 저하 등 구조적인 원인으로 지적하였다.[5]

이러한 글로벌 금융위기와 경기침체를 극복하기 위하여 주요 선진국들은 경기부양정책과 초저금리 및 양적완화를 통하여 적극적인 금융완화정책을 실시하였다. 그러나 유동성에 기인한 인플레이션이 지속되자 미국 및 유럽 선진국들은 테이퍼링을 실시하고 기준금리를 인상하게 되었다. 또한 경기가 회복되는 가운데 2019년 말부터 시작된 코로나19 사태는 여러 가지 변이를 거쳐 오미크론으로 변종되어 2022년 여름까지도 전 세계적으로 유행하고 있다.

[참고 자료] 미 바이든 행정부의 성장정책 : BBB법안

레이건 행정부 시기에 정책으로 실행된 공급 측면의 경제학은 더 작은 정부, 낮은 세금, 더 적은 규제정책으로 특징지을 수 있다. 정부 주도가 아닌 민간 주도의 투자활성화를 통해 성장을 촉진하는 것이었다. 이러한 공급 측면의 성장정책으로 자본이나 소득에 대한 상당한 감세가 이루어지고 규제완화로 이어져 미국의 기반시설, 교육, 인력개발과 같은 분야에 과소 투자하게 되었다. 그 결과로 성장을 저해하고 경제적 불평등을 초래하게 되었다고 이번 바이든 행정부(재닛 옐런 미국 재무장관)는 주장한다. 또한 일자리를 채우기 위해 충분히 숙련된 인력을 찾기가 쉽지 않은 기업의 어려움을 지적했다

5. 볼래스(2021), 아기옹 외(2022)의 자료를 종합적으로 정리함.

뿐만 아니라 미국의 잠재적 GDP는 노동력 감소로 인해 제약을 받고 있고 1970년대 후반부터 생산성 성장이 더디게 이루어지고 있다고 비판한다. 이러한 정책들은 세금 부담을 자본에서 노동으로 옮겨 소득과 부의 격차를 심화시켰다고 주장한다. 미국 실업률이 2021년 12월에 3.9%로 떨어졌지만, 25～54세 미국인 중 취업 중이거나 구직 중인 비율 81.9%는 1999년 최고치인 84.6%보다 훨씬 낮은 수치이다.

바이든 행정부가 추진하고 있는 코로나19 구호 법안인 미국구조계획(American Rescue Plan ; ARP)은 의회에서 통과된 1조 9,000억 달러 규모(약 2,400조 원)의 경기부양법안이다. 코로나19로 진행 중인 경기침체에 맞서 국가경제의 회복을 가속화하기 위해 발의된 법안이다.[6]

'더 나은 미국 재건 법안(Build Back Better Act ; BBB)'은 인프라와 재생에너지 개발을 통해 일자리를 창출하고자 하는 법안인 미국일자리계획(American Jobs Plan ; AJP)을 발전시킨 인프라법안과 육아와 노후복지를 위한 미국가족계획(American Families Plan ; AFP)을 발전시킨 사회지출법안(Social Spending Bills)을 포함하고 있다.

BBB 중에서 가장 중요시하는 경제정책은 미국가족계획을 발전시킨 사회지출법안이다.[7] 옐런은 세계경제포럼 연설에서 이 정책들은 감

6. 미국의 물가상승률이 41년여 만에 최고치를 경신하고 있을 뿐만 아니라 세계가 심각한 인플레이션 위기에 빠진 주요 원인으로 지적되고 있다. 공급 측면에서도 셰일유전 개발에 규제를 도입해 석유 생산이 급감한 가운데 러시아의 우크라이나 침공으로 공급이 급감하자 유가가 급등하였다는 것이다.

7. 한국은행(2022), 블룸버그통신(Bloomberg.com, 2022. 3. 28), 김태근(2021) 참조. 인프라법안(미국일자리계획)이란 노후화된 미국 인프라를 대대적으로 보수하여 일자리를 창출

세와 규제완화보다는 노동 공급을 늘리고 인프라, 교육 및 연구를 개선하여 노동력을 확장하고 생산성을 높여 잠재적인 성장을 촉진하며 인플레이션 압력을 완화하는 것과 강력한 성장률을 지원하는 데 도움이 될 것이라고 말했다.

민주당 정부는 공화당의 협조를 받기 위해 레이건 시대의 문구, '공급 측면(중시) 경제학'을 사용해 '현대 공급 중시 경제학(Modern Supply-Side Economics)'이라는 이름으로 포장하였다.[8] 기술수준을 높이고 더 많은 여성이 일할 수 있도록 교육과 훈련, 그리고 보육에 더 많은 자금을 제공하기 위해 부자와 기업에 세금부담을 늘리려고 하는 바이든 대통령의 제안을 뒷받침하고 있다.

옐런 총재는 '현대 공급 측면 경제학'은 노동 공급을 늘리고 생산성

하려는 계획이다. 민주당과 바이든 행정부는 재생에너지 투자와 전기차 보조금 지원을 위해 법인세를 인상하여 재원을 마련하자는 입장이고, 공화당은 재생에너지 투자와 전기차 보조금, 그리고 법인세 인상을 반대하는 입장이다. 결국 2조 3,000억 달러 규모의 사업을 축소하여 1조 2,000억 달러로 합의하는 데 성공하였다. 사회지출법안(미국가족계획)이란 미국의 공교육 시스템 투자와 기후변화 대응 및 육아보조금 확대 등 중산층을 재건하기 위한 1조 8,500달러 규모의 사회복지법안이다. 사회복지지출 법안에는 3~4세 어린이 2년 무상보육, 아동수당 확대의 1년 연장, 근로소득 세액공제 확대, 의료보험 지원과 노인·장애인 돌봄 서비스 범위 확대 지원, 기후위기 대응분야에서는 재생에너지 투자, 그리고 교통, 산업, 전력, 농업 등 분야에도 투자할 계획이다. 그렇지만 정부와 민주당은 이러한 법안을 결국 2023년 예산에 올리지 않았다.

8. 이와 비슷한 용어로 현대통화이론(Modern Monetary Theory ; MMT)이 있다. 재정건전성과 물가안정을 강조해 온 주류 경제학과 달리 현대통화이론은 정부는 완전고용을 위해 무한히 지출하고 중앙은행은 국채 매입을 통해 무한히 유동성을 공급할 것을 요구한다. 국민에게 계속 세금을 걷고 있고 정부의 원리금상환능력에는 의심의 여지가 없으며 인플레이션은 사소한 문제로 파악한다. 금리가 0%에 가까울 경우 화폐와 국채의 차이가 나지 않는다는 것이다. 이 이론은 특수한 경제상황일 경우에 적용되는 이론에 불과하다.

을 높이는 동시에 불평등과 환경 피해를 줄임으로써 경제성장에 박차를 가하고 있다고 말한다. 기본적으로 지속 불가능한 높은 경제성장을 달성하는 데에만 초점을 맞추는 것이 아니라 포용적이고 친환경적인 성장을 목표로 하고 있다고 주장한다.

그러나 공화당이나 전문가들은 현대 공급 중시 경제학의 어리석음을 지적한다. 특히 인플레이션과 노동 감소의 문제점을 든다. 또한 고용과 생산을 확대할 것이라고 주장하지만 실증분석에서는 나타나지 않는다고 주장한다. 급증하는 코로나19 이전지출로 인해 250만 명의 노동자가 노동시장에서 탈락한 것과 마찬가지로 확대된 아동세금 공제로 노동 공급이 150만 명 감소할 것이라고 주장한다. 실제로 미국 소득자 하위 20%의 주요 노동연령인구의 비율은 이후 50년 동안 68%에서 36%로 떨어졌다고 보고되었다.

미 백악관 예산관리국(OMB)과 한국은행(2022. 3. 28) 자료에 따르면 바이든 정부가 5조 8,000억 달러(약 7,102조 원) 규모의 2023 회계연도(2022년 10월 1일~2023년 9월 30일) 예산안을 의회에 제출했다. 중국 군사력 확대와 우크라이나 전쟁 대응 차원에서 국방예산을 대폭 늘렸다. 부자증세로 세수를 확보하고 재정적자를 상당폭 줄이는 데도 초점을 맞췄다. 법인세를 21%에서 28%로, 최상위 부유층의 최고소득세율을 39.6%로 올리고 억만장자 최소 소득세도 신설했다. 소득 1억 달러 이상 가구와 소득 상위 0.01% 미국인을 대상으로 미실현 자본이득을 포함한 모든 소득에 최소 20%의 세금을 부과하는 내용이다. 이번 예산은 미국 정부의 정책목표가 코로나19 대응에서 국내 안전 확보 및 동맹

과의 협력으로 이동했음을 반영하고 있다.[9]

9. 2022년 8월 '인플레이션 감축 법안(Inflation Reduction Act ; IRA)'이 미국 상하원을 통과하고 바이든 대통령 서명을 거쳐 법률로 제정되었다. 이 법안은 오는 2030년까지 온실가스를 40% 감축하기 위해 에너지 안보 및 기후변화 대응에 3천 700억 달러(약 480조 원)를 투자하고 이를 위한 재원 마련 차원에서 대기업에 최소 15%의 법인세를 부과하는 내용 등을 골자로 한다. 여기에 전기차보조금 개선안이 구체적으로 포함되어 있다. 이 법안은 바이든 대통령이 지난해 제안한 BBB법안에서 출발했다. 10년에 걸쳐 3조 5,000억 달러(약 4,545조 원) 규모의 재원을 투입한다는 법안이었다(주 7 참조).

04

수렴성 논쟁 : 수렴과 발산

Reversing the Paradox of Growth: New Supply-Side Growth
ch. four

1. 소득 수렴과 발산

신고전파 성장모형(솔로우 모형)에 따르면 자본 축적이 낮은 나라는 자본의 한계생산성이 높아 빠른 성장을 하여 잘사는 나라를 좇아간다. 좇아간다는 것은 곧 추격한다는 것이고 잘사는 나라의 수준으로 수렴한다는 것이다. 이것이 수렴 가설(convergence hypothesis)이다.

초기 소득과 성장률 간 음의 관계를 가지고 선진국의 소득수준으로 수렴이 이루어질 경우 절대적 수렴 또는 비조건부 수렴이라 한다. 만약 국가 간 상이한 규제상태를 고려하여 물적자본이나 인적자본, 저축률, 인구증가율 등 다른 변수들을 설명변수로 포함하여 초기 소득과 성장률 간에 음의 관계로 나타날 경우 조건부 수렴 또는 상대적 수렴이라고 한다.

솔로우 모형의 성장이론에 따르면 당연히 수렴 현상이 일어나야 한다. 그런데 현실적으로 나타나는 자료나 학자들의 분석에 따르면 소득수준의 수렴보다는 발산(divergence)한다는 실증분석 결과가 더 우세하다. 그러면 이론상의 전개에 한계가 있는 것인가, 아니면 실증분석에 한계가 있는 것인가?

실증분석 논쟁은 분석기간, 분석 대상 국가, 그리고 검정방법론에 따라 결론이 달라진다. 기간의 설정에서도 산업혁명 이후 150여 년 동안 모든 나라들이 잘사는 나라로 수렴하고 있는지, 아니면 분석기간을 축소하여 제2차 세계대전 이후 50년 내지 60년 동안만을 살펴볼 것인지를 결정해야 한다. 분석 대상 국가 선정에 있어서도 OECD 국가들 간이나 미국 내의 48개 주 간, 그리고 유럽 각 국가 자체를 지역별로 나눈 세분화된 지역자료(NUTS), 일본의 지역자료 등으로 분석한 경우에서는 수렴 현상이 잘 나타나고 있다.[1]

그러나 기존 대부분의 실증분석에서 국가 간 소득수렴 현상이 발생하지 않으며, 오히려 발산하는 결과를 제시하며 신고전파 성장모형의 한계를 지적한다. 이들 자료에는 유럽이나 미국 등의 선진국들, 아시아 국가들이나 아프리카 국가들의 중진국이나 저소득국들이 혼재되어 있다.

이미 1900년 이전부터 산업화가 진전되어(성숙되어) 온 국가들과 1960년 전후 경제개발(발전)을 시작한 국가들, 아직 개발 시동도 하지 못한 국가들을 동시에 분석하는 것은 한계가 있다. 이것은 물론 앞 절들에서 지적되어 온 상이한 균제상태로의 수렴 여부를 판단하는 것과는 다른 개념이다.

아시아 지역 대부분의 국가는 제2차 세계대전 이후에 독립된(또는 체계를 갖춘) 국가들이며 발전 단계에서 나타나는 주요 산업이 농업에서 제조업으로 다시 서비스업으로 이동하는 산업화의 여러 단계를 그대로 보여준다. 정치나 사회 체제에서도 안정화나 민주화가 성숙되어져 가는 단계에 있는 국가들이기도 하다.

따라서 아시아 지역은 발전 단계와 산업구조가 매우 유사하며, 또한 이질적인 곳이기 때문에 지난 반세기 동안 국가 간의 다양한 경제성

1. 유럽연합에 의해 고안된 통계지역단위명명법(NUTS)은 통계조사를 목적으로 한 국가들(28개국)의 행정구역 지역구분 표준이다. NUTS1은 104개 지역, NUTS2는 1,281개 지역, NUTS3은 1,348개 지역으로 구분한다(Eurostat, 2018).

장 과정에 적용하여 수렴성 여부를 실증분석해 보는 것은 흥미 있는 작업이다. 여기서 이질성이라 함은 각국 간 상이한 경제규모, 산업구조, 인구구조, 정부정책, 경제발전 전략 및 단계 등을 일컬으며, 유사성이라 함은 아시아에 위치한 지정학적인 구조, 동양적 사고의 불교(유교)문화권, 기독교의 신교와 구교의 혼재, 후발개도국의 지위 등을 말한다. 대상국가들로는 주로 아시아 13개(또는 16개) 국가, 즉 방글라데시, 중국, 홍콩, 인도네시아, 인도, 한국, 말레이시아, 파키스탄, 필리핀, 싱가포르, 스리랑카, 대만, 태국 등이다 역사적 · 문화적 동질성을 보유하고 있고 자본의 축적과 기술수준의 모방과 혁신을 추진하며 경제발전론의 교과서 내용대로 충실히 수행하는 국가들에 대한 수렴검정의 필요성이 여기에 있다.

(특히 아시아 국가들)을 대상으로 선진국가로의 수렴 여부를 분석하는 것은 매우 흥미롭고 의미 있는 작업이다. 또한 미국의 150년간 1인당(노동자당) 소득의 궤적이 평균 2.0% 수준의 일정한 기울기로 성장하고 있는데, 균제상태성장률인 기술수준 증가율이 외생적으로 일정하게 주어지는 신고전파적인 솔로우 성장모형을 강력히 지지하고 있기 때문이다.

먼저 OECD 국가들의 소득수렴 여부를 살펴보자. 〈그림 4-1〉에서 횡축은 미국 소득 기준(미국 = 1) OECD 국가들의 초기 시점인 1960년의 1인당 GDP이다. 종축은 1960년부터 2011년까지 평균 경제성장률을 나타낸다. 초기 소득과 성장률 간에 음의 관계를 가지므로 OECD 국가들의 소득수렴 현상을 보여준다.

그림 4-1 OECD 국가들의 소득수렴성

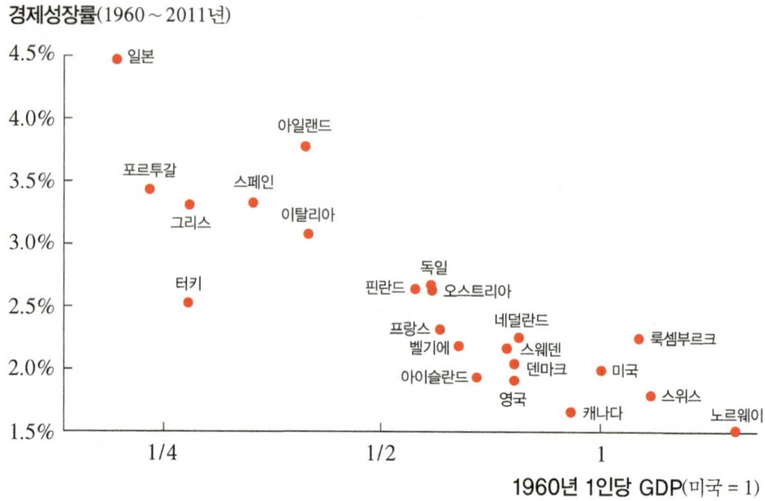

자료 : Jones(2015).

〈그림 4-2〉는 〈그림 4-1〉과 같이 횡축은 미국 소득 기준(미국 = 1) 전 세계 107개 국가들의 초기 시점인 1960년의 1인당 GDP이다. 종축도 동일하게 1960년부터 2011년까지 평균 경제성장률을 나타낸다. 초기 소득과 성장률 간에는 아무 관계가 없음을 보여주고 있다. 따라서 소득수렴 현상을 나타내지 못한다.

〈그림 4-3〉에서 횡축은 1인당 소득수준, 종축은 경제성장률을 나타내고 있다. 저소득국이 빈곤 함정에서 탈출하여 중진국으로 올라서고 그 그룹 안에서 수렴 현상을 보이다가 기술혁신 등을 통하여 고소득국 그룹으로 합류하여 수렴하게 되는 과정을 보여주고 있다. 만약 중진국이 더 이상 도약하지 못하고 그 수준에 머물게 될 때 우리는 중진국 함정에 빠진다고 말한다. 이러한 논의들은 이미 제3장에서 신고전파 성장

모형과 내생적 성장 모형 등에서 살펴보았다.

그림 4-2 107개 국가들의 초기 소득과 기간평균 성장률

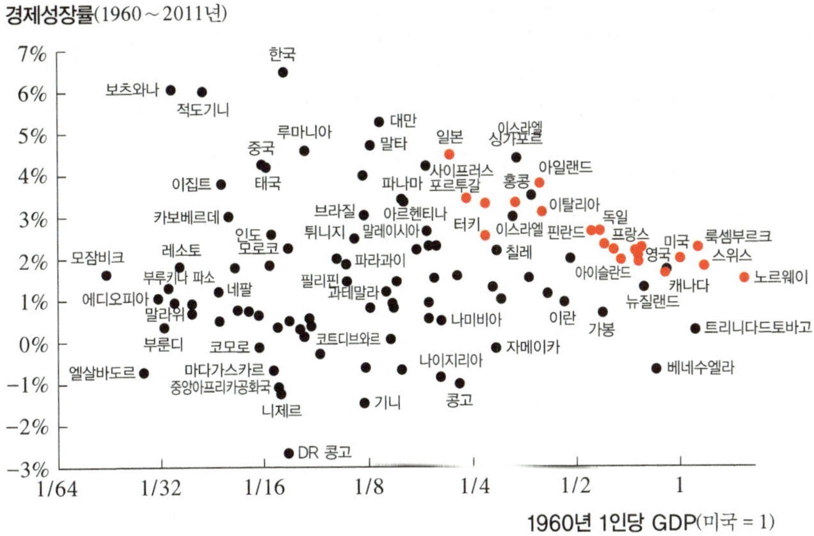

자료: Jones(2015).

그림 4-3 중진국 함정과 빈곤 함정 논쟁

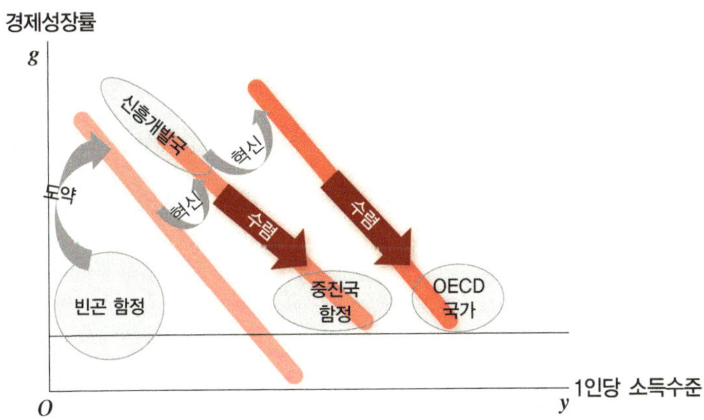

자료: Ito(2017).

2. 수렴성의 근거와 수렴 가설의 종류

노동부가적 기술진보가 일어나는 솔로우 생산함수에서 자본 축적의 동태과정을 통하여 유효노동당 자본축적 방정식을 도출할 수 있다. 1인당 소득성장률을 $\gamma = g + (\alpha - 1)(n + \delta + g)(\, ln y_t - ln y_t^*)$과 같은 소득 수렴식으로 도출할 수 있다.[2] 여기서 γ는 1인당 소득성장률, g는 기술진보율, α는 자본분배율($\alpha < 1$), n, δ는 인구증가율과 감가상각율을 각각 나타낸다. 또한 $ln y_t$는 한국과 같은 선진도상국(개발도상국)의 소득수준이며, $ln y_t^*$는 균제상태 소득수준으로 미국과 같은 선진국의 소득수준을 나타낸다. 여기서 $(\alpha - 1)(n + \delta + g)$는 수렴속도인 λ를 나타낸다.

만약 어떤 국가가 균제상태 수준에 있다면, 즉 $ln y_t = ln y_t^*$이면 소득성장률 γ는 균제상태 성장률이며 기술진보율은 g가 된다. 만약 어떤 국가의 소득수준(y_t)이 균제상태 소득수준보다 작다면($ln y_t < ln y_t^*$) 수렴속도 λ가 음수이고 소득격차 $ln y_t - ln y^*$가 음수이므로 그것의 곱은 양수가 되어 $\gamma > g$이다. 선진도상국의 1인당 소득성장률은 기술진보율 g보다 크다. 즉, 어떤 국가의 소득수준이 미국 수준보다 작고 미국과의 소득격차가 크게 나타날수록 그 국가의 소득성장률은 크게 나타난다. 신고전파 성장모형에 의하면 한국의 경제성장률은 미국보다 당연히 높아야 하는 것이다.

---

2. 2장에서 살펴본 노동부가적 기술진보가 일어나는 솔로우 생산함수는 $Y_t = F(K_t,\, A_t L_t)$의 함수 형태이다. 자세한 도출식은 김지욱(2021)을 참고 바란다.

소득수렴식에서 1인당 소득성장률을 차분방정식으로 풀어 베타 수렴 식 $\gamma = \alpha + \beta \log y_0$을 도출할 수 있다. 여기서 γ는 1인당 소득성장률, α는 상수, y_0는 1인당 소득의 초기 값이다. $\beta = \frac{(e^{\lambda t} - 1)}{t} < 0$이며, 음수인 이유는 수렴속도인 $\lambda = (\alpha - 1)(\delta + n + \gamma) < 0$이기 때문이다. 경제성장률과 1인당 소득의 초기 값(y_0) 간에 음(-)의 관계($\beta < 0$)는 초기 자본 축적이 낮은 나라는 자본의 한계생산성이 높아 빠른 성장을 하여 소득수준이 높은 국가를 따라잡게 된다는 수렴성 가설을 의미한다. 이러한 수렴 가설을 우리는 베타(β) 수렴이라 한다. 만약 $\beta < 0$이면 초기 소득이 낮은 국가의 성장률이 더 높아 선진국 수준에 수렴하고 $\beta > 0$이면 초기에 잘사는 나라가 더 빨리 성장하기에 수렴 대신 발산을 한다.

초기 소득수준이 낮은 국가는 소득수준이 높은 국가에 비해 1인당 자본이 상대적으로 작아 자본의 한계생산성이 높아서 빠른 성장을 통하여 궁극적으로 선진국의 소득수준에 수렴한다는 가설을 절대적 수렴 가설이라 한다. 성장률뿐만 아니라 소득수준까지 선진국 수준(균제상태)으로 수렴한다는 것이다. 성장효과와 수준효과 모두 나타난다. 주로 베타 수렴에서 초기 소득(또는 전기 소득)과 성장률과의 음의 관계 여부로 분석한다. 초기 소득과 성장률 간의 관계로만 수렴 여부를 검정할 때 비조건부 수렴이라고도 한다.

조건부 수렴은 국가 간 상이한 균제상내 존새로 인하여 초기 소득수준뿐만 아니라 인구증가율, 감가상각률, 기술진보율, 자본분배율, 저축률 등과 같은 국가 간 특성을 고려하여 수렴 여부를 결정한다. 회귀분석 시에 다른 설명변수들을 포함하여 수렴 현상을 분석하기 때문에 이것을 조건부 수렴 분석이라고도 한다. 이럴 경우 선진국의 소득수준까지 수렴하는 것을 의미하지는 않는다.

베타 수렴(β-Convergence)은 초기 소득(또는 전기 소득)과 성장률과의 음의 관계 여부를 분석한다. 시그마 수렴(σ-Convergence)은 개별 국가들의 소득분산(σ_t^2)이 시간이 흘러갈수록 작아진다는 것이다. 분산이 점차 줄어들 경우, 즉 $\sigma_{t-2}^2 > \sigma_{t-1}^2 > \sigma_t^2$가 관찰될 경우 소득격차가 줄어들어 시그마 수렴 현상이 발생한다고 말한다. 따라서 상이한 균제상태를 가질 때 모든 국가가 하나의 소득수준으로 수렴하지 않을 수 있다.

또한 학자에 따라 실증분석에서 〈그림 4-4〉에서 베타 수렴은 초기 소득(또는 전기 소득)과 성장률과의 음의 관계 여부를 분석한다. 만약 $\beta < 0$이면 초기 소득이 낮은 국가의 성장률이 더 높아 선진국 수준에 수렴하고 $\beta > 0$이면 초기에 잘사는 나라가 더 빨리 성장하기 때문에 수

그림 4-4 베타 수렴과 시그마 수렴

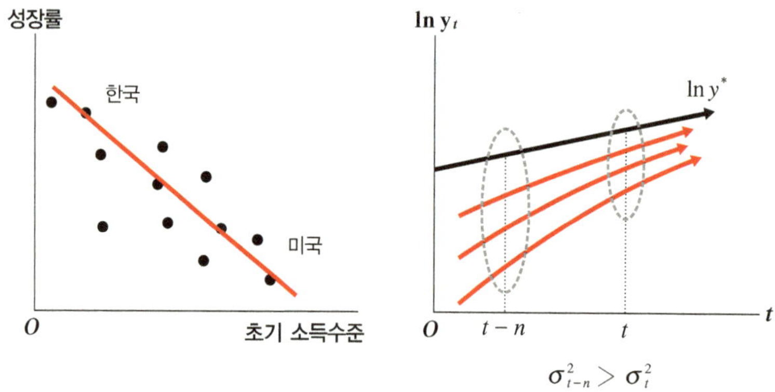

렴 대신 발산을 한다. 시그마 수렴은 개별 국가들의 소득분산(σ_t^2)이 시간이 흘러갈수록 작아진다는 것이다. 분산이 점차 줄어들 경우, 즉 $\sigma_{t-2}^2 > \sigma_{t-1}^2 > \sigma_t^2$가 관찰될 경우 소득격차가 줄어들어 시그마 수렴 현상이 발생한다고 말한다.

따라서 상이한 규제상태를 가질 때 모든 국가가 하나의 소득수준으로 수렴하지 않을 수 있다. 〈그림 4-5〉와 같이 만약 국가 간 다른 규제상태를 가지고 있다면 그룹별 다른 소득수준으로 수렴하게 될 것이다. 이를 우리는 수렴클럽(convergence club)이라 부른다.

그림 4-5 수렴클럽

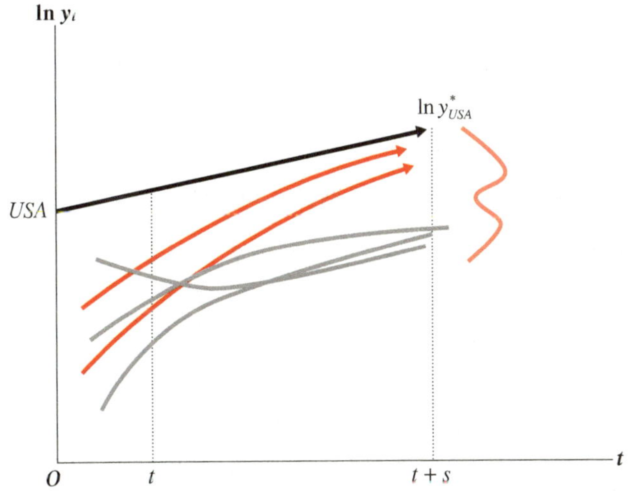

3. 소득수렴 여부 실증분석

수렴성 검정에 앞서 1인당 소득, 구체적으로 1인당 GDP 자료의 특성을 올바로 이해하는 것이 중요하다. 자료에 대한 이해 부족은 잘못된 검정 방법을 사용함으로써 왜곡된 결과를 초래할 수 있다. 왜냐하면 수렴성 검정은 횡단면 자료의 경우 굉장히 단순하게 $\gamma = \mu + \beta \ln y_0$에서 β의 추정 값이 0보다 작으냐 아니냐를 판단하는 것이기 때문이다. 1인당 GDP나 거시경제변수들에 대한 경제시계열의 특성을 먼저 살펴보아야 한다.[3]

수렴성 검정

단위근검정이란 자료(패널자료나 시계열자료)가 비정상적 과정(nonstationary process)인지 또는 정상적 과정(stationary process)인지를 검정하는 것이다. 단위근이 존재하는 비정상적 과정일 경우 국가 간 소득발산 현상을 보이고 정상적 과정인 경우 수렴 현상을 설명한다. 소득수렴성 검정은 다른 각도에서 바라보는 단위근검정이다.

단위근검정에서 분석 대상 모든 국가들 간의 소득이 소득수렴하지 않는다는 귀무가설을 받아들이면 수렴 현상이 일어나지 않는다. 만약 귀무가설을 기각할 경우 어떤 국가들 간에는 수렴 현상이 일어난다는

3. 본 장의 내용은 관심 있는 전공자들에게 소개하는 정도이다. 저자의 경제성장 이론서인 『경제성장과 발전 : 이론과 실제』(2021)를 참고하기 바란다.

대립 가설을 수용(수락)하는 것이다. 그런데 국가 간 수렴성의 존재는 받아들이지만 강력하지(robust) 못하다. 그러나 모든 국가가 수렴한다는 귀무가설을 설정하는 안정성 검정(stationary test)에서 귀무가설을 받아들이면 그 그룹 내 모든 국가 간의 수렴성은 강력하게 나타나는 것이므로 안정성 검정방법이 더 우월하다.

수렴 분석 대상 국가들

상이한 경제발전 단계에 있는 아시아 국가들을 대상으로 소득수렴 여부를 분석하고자 한다. 왜냐하면 단기간의 압축 성장, 후발자로서의 이익, 추격자의 지위, 첨단기술 변경으로의 접근과 추월 등의 표현으로 대표되는 아시아 국가들에 대한 경제성장 관련 이론적 · 실증적 분석들은 매우 중요하기 때문이다.

내생적 성장 모델에서 한 국가의 연구개발 투자는 경제성장에 지대한 영향을 미친다. 기술혁신 등으로 나타나는 생산성 향상을 통하여 지식의 분출효과로 각 국가 간에 총산출물(소득) 수준을 높일 뿐 아니라 경제성장률의 증가에도 영향을 미칠 수 있다. 내생적 성장 모형에서는 소득이 수렴하지 않고 발산 현상이 나타나지만 슘페터 모형 중 기술 확산 모형에서는 기술 선도국에서 개발된 혁신기술이 후발자 이익을 누리는 기술후발국에 전파될 때에 선도국 소득수준으로의 따라잡기(수렴)도 이루어진다. 즉, 혁신비용보다 모방비용이 적을수록, 선도국과의 기술격차가 클수록, 최신 기술을 받아들일 수 있는 흡수능력이 클수록 기술 선도국으로의 소득수렴이 일어날 수 있다.

또한 기술혁신이나 경제성장이 특정 국가에만 영향을 미칠 뿐만 아니라 인접한 국가에도 서로 영향을 미치는 공간 상호의존성을 고려할 때 그룹 국가 간 수렴속도는 더 빨라진다. 즉, 한 국가의 연구개발 투자에 의한 기술혁신 축적이 한 나라에만 머무는 것이 아니라 타 국가들에게도 확산되어 그 기술수준을 받아들일 수 있는 역량에 따라 기술수준을 향상시켜 나가면서 궁극적으로는 그룹 국가들 간에 장기균제상태 소득수준으로 수렴해 갈 수 있다는 것이다.

5년 기간평균자료를 사용함으로써 1년 단위 자료의 단기변동을 제어하기도 한다. 주요 분석자료로는 1인당 실질소득, GDP 대비 물적자본의 투자 비율, 인적자본, 인구증가율, 총요소생산성 증가율 등이 있다. 대부분의 자료는 펜 월드 테이블(Penn World Table ; PWT)에서 구한다. 추격률이나 상대소득은 기술선도국가인 미국 소득 대비 값으로 구하고 인적자본은 PWT에서 제공하고 있는 평균교육연수 값을 사용한다. 총요소생산성은 미국 대비 아시아 국가들의 자료를 사용한다. 주요 국가들의 (GDP 대비) R&D 투자액은 UNCTAD의 World Investment Report에서 연차적으로 발표되고 있다. 그 대용변수로 그 나라의 총요소생산성이나 인적자본 수준, 그리고 미국의 해외직접투자(filed형)도 고려할 수 있다. GDP 대비 무역자료와 아시아 지역 간 무역 비중 자료도 사용 가능하다. 기본적인 국가별 패널자료는 PWT, 인적자본 자료는 Barro-Lee, 그리고 NBER 및 World Bank 등의 웹사이트에서 획득할 수 있다.

외환위기나 글로벌 금융위기, 또는 코로나19와 같은 충격들에 의해 대부분 국가들의 소득의 장기궤적에서 분명히 구조 변화로 일어났을 것으로 판단되고 실증분석에서도 그 존재가 파악된다. 구조 변화를 고려하지 않을 시에 귀무가설인 단위근 존재를 기각하지 못하는 왜곡된 결과를 얻게 되는 문제점들을 많은 학자들이 지적하고 있다. 또한 직접 외환위기나 금융위기를 겪지 않은 국가라 할지라도 위기를 당한 인접국가들의 영향력을 무시할 수는 없을 것이다. 이러한 인접국가로부터의 상호영향력도 분석과정에서 고려되어야 한다. 또한 공간 상호의존성도 수렴성 검정에서 고려되어야 한다. 분석 계량경제 모형들로는 다중구조변환 모형, 패널공적분 분석, 비모수 동태패널 모형, 분포동학 분석, 확률계수 모형, 동태적 패널공간 모형, 확률변경함수와 기술적 비효율성 모형 등이 있다.[4]

다중구조변환 모형

외환위기나 글로벌 금융위기, 석유파동 등과 같은 국외적 충격과 국내 균형발전 전략 등 지역적 · 국내적 충격 등으로 인하여 구조 변화가 분석하고자 하는 소득자료 등에 일어났는가를 먼저 분석할 필요가

4. 김지욱(2010)에서 외환위기를 맞았던 국가들 중 인도네시아, 필리핀에서는 외환위기 시점 부근에서 구조 변화가 발생하지 않았으며, 한국, 말레이시아, 태국에서만 구조 변화가 발생하였던 것으로 나타났다. 또한 외환위기를 겪지 않았던 방글라데시, 홍공, 인도, 파키스탄, 싱가포르 등에서도 외환위기 중 구조 변화가 발생하였던 것으로 나타나 외환위기가 아시아 개발도상국들에게 상호 영향을 미쳤던 외부충격이었음을 알 수 있었다. 따라서 아시아 국가들 간의 경제활동 분석에서는 국가 간 영향력을 미치는 상호의존성 가정을 도입하여야 함을 보여주고 있다. 본 절의 내용은 제2장 4절의 신고전파 성장모형의 강건성과 제6장 1.6절의 선진국으로의 소득수렴 여부 내용과 연결되어 있다.

있다. 또한 이러한 충격들이 각 국가(지역) 간에 횡단면 상호 간 영향을 미치는 상호의존성 관계의 존재 여부도 판단해야 한다.

이러한 다중구조 변화와 횡단면 주체 간 상호의존성을 고려하여야 한다. 본 분석에서는 패널정상성 검정을 통하여 소득 자료의 확률수렴성 여부를 확인하게 된다. 다중의 구조변환점이 존재하고 그 전환점이 사전에 결정되는 것이 아니라 모형 내에서 내생적으로 결정된다는 가정하에 귀무가설을 '단위근이 없다'로 설정하는 패널안정성 검정으로 분석한다.

동태적 패널공간 모형

개인도 주위 사람들로부터의 영향을 받고 있듯이 지역적으로 움직일 수 없는 공간적 위치에 따른 국가 간 영향력도 당연히 존재할 것이다. 한국의 경우 인접한 일본이나 중국, 러시아, 그리고 미국으로부터의 영향력을 받을 것이고 또한 이를 고려해야 한다. 한 국가(지역)의 경제성장은 주변 국가(지역)와의 공간 상호작용에 의해 서로 영향을 받는다는 공간적 종속성(spatial dependence)이 고려되고 있다. 공간 간의 상호작용은 지역 간 거리가 가까울수록 효과가 크고 멀어질수록 감소하는 효과를 반영하고 있다. 기존의 공간의존성 연구는 횡단면이나 시계열자료를 이용한 분석이 대부분이었으나 최근에는 공간패널에 기반을 둔 모형 설정이나 추정에 관심사가 집중되고 있다.

최근 르사게와 페이스(LeSage and Pace)는 한 국가(지역) 소득이 이웃한 지역의 소득수준뿐만 아니라 기타 독립변수들에 의해서도 영향을 받을 수 있다는 가정하에 공간시차 독립변수들을 포함하는 공간시차 모형인 공간더빈 모형(spatial Durbin model ; SDM)을 제시하고 수렴 분석에 사용하고 있다. 또한 르사게와 페이스가 제시하는 직접효과 추정은 개별 공간 단위의 종속변수에 대한 독립변수의 변화 충격을 측정하고, 피드백 효과, 즉 이웃지역 단위를 거쳐 돌아온 충격까지를 포함한다. 설명변수의 공간적 파급효과(spillover effects)와 간접효과까지 모든 다른 지역 단위의 종속변수에 대한 독립변수의 변화충격을 측정한다. 따라서 직접효과와 간접효과를 포함하는 총효과는 훨씬 크게 나타난다.

분포동학 분석

수렴성 검정은 국가(지역) 소득이 장기균형 상태 경로로 수렴한다는 수렴성 결과를 도출한다 할지라도 단일 봉우리로 수렴하는지 아니면 양극화(poloriza-tion) 현상을 나타낼 수 있는 수렴클럽으로 수렴하는지를 알려주지 않는다.

왜냐하면 회귀분석 방법은 대표적 경제의 행태를 강조함으로써 수렴과 불균등 과정을 특징짓는 동태적 특성을 보여주지 못하여 전체적인 횡단면 소득분포의 동태적 움직임을 포착할 수 없기 때문이다. 따라서 분포동학 접근법을 사용하여 성장동학과 전 기간 동안 소득분포의 전개과정도 분석한다. 대니 쿠와(Danny Quah)에 의해 제시된 분포동학 접근법은 외부 형상 변화와 내부 분포동학을 동시에 기술하는 확률적 커널을 사용하여 1인당 소득의 횡단면 분포의 전개과정을 고찰한다.

밀도함수 추정에서 커널 확률밀도함수 추정량을 가장 많이 사용한다. 비모수 커널추정법을 이용해 구한 확률밀도함수를 도출하여 하나의 최빈값을 중심(unimodality)으로 밀접하는지(단위수렴) 아니면 두 개의 봉우리(bimodality) 등으로 분산하는지(클럽수렴)를 살펴볼 수 있다.

비모수 동태패널 모형

비모수(nonparameteric) 모형은 자료의 형태를 알지 못하는 상태에서 자료에 나타나는 동태적인 완만한 형태를 잡아내고 구조적 변화도 쉽게 잡아낼 수 있는 비모수 계량방법론의 잠재적 장점이 있다. 모델 분포의 공분산구조에 포함되어 있는 정보를 이용하는 비모수 패널모델 추정을 제안한다.

비모수 회귀분석의 또 다른 장점은 수치적으로 파악할 수 없는 시각적인 분석으로 동태적 전이관계를 파악할 수 있다는 것이다. 따라서 최근의 연구에서는 국가 간 다양한 성장체제를 허용하면서 선형성 가정에 의문을 품고 비선형모델을 분석대안으로 제시하고 있다.

패널공적분 분석

솔로우 생산함수에서 유도한 전환경제성장률 방정식, $\Delta ln y_t = g + \lambda(ln y_t - ln y_t^*)$을 회고해 보자. 이 식에서 성장률은 $\Delta ln y_{it}$, 기술진보율은 g, 수렴속도는 $\lambda(= (\alpha - 1)(n + \delta + g))$, 균제상태 소득수준은 $ln y_t^*$을 나타낸다. 각 국가들의 성장률은 이 균제상태 성장률을 공통의 확률적 추세로 받아들인다. 따라서 전환경제성장률 방정식의 의미는 여전히 유효하게 되고 $\Delta ln y_{it}$와 $ln y_t - ln y_t^*$는 차분 안정적이 되며 서로 간에 공적분 벡터 $(1, -\lambda)$로 공적분되어 있다. 파라메타 λ는 각 국가들이 나머지 국가들의 기술을 얼마나 빨리 흡수하는가를 측정하는 지표로 간주될 수 있다.

일반적인 표현으로 $w_{it} = \Delta ln\, y_{it}$와 $z_{it} = ln\, y_t - ln\, y_t^*$로 정의하자. 패널안정성 검정분석에서 대부분 성장률 w_{it}에서는 패널안정성이 나타나지 않고 추격률 z_{it}에서만 패널안정성이 나타나므로 z_{it}를 종속변수로 하는 일반화식을 사용하여 패널공적분 검정을 실시한다.

05

펜 월드 테이블에서 바라본 한국 경제

Reversing the Paradox of Growth: New Supply-Side Growth
ch. five

1. 펜 월드 테이블이란?

펜 월드 테이블(Penn World Table ; PWT)은 1980년대 미국 펜실베니아대의 서머스, 크레비스와 헤스톤(Summers, Kravis and Heston)이 구축하기 시작해 현재 네덜란드의 흐로닝언대(University of Groningen)의 성장발전센터와 미국 캘리포니아(Davis Campus)대와의 공동작업으로 발표하고 있는 국가 단위의 경제자료이다. 현재 버전 10.0까지 발표되었으며, 167개 국가, 1950년부터 2019년까지 70년에 이르는 40여 개의 패널 거시경제 자료로 이루진 방대한 자료이다. 대부분의 거시경제학자들은 이 자료를 사용하고 있다.

이 장에서는 PWT 자료 중 1960년부터 2019년까지 60년 기간 동안의 자료를 사용하였다. 분석에 사용된 GDP 자료들을 먼저 살펴보자. 대부분 시점 간 비교연구에서는 물가를 특정 연도에 고정시킨 실질 GDP(constant GDP)를 주로 사용한다(본 자료는 2017년 기준으로 작성). 왜냐하면 명목GDP는 현재 물가를 기준으로 산출되기 때문에 물가 상승이 심각한 경우 생산량이 늘지 않더라도 국내총생산이 증가한 것으로 나타날 수 있기 때문이다.

이 장에서 1인당 실질GDP는 구매력평가지수(Purchasing Power Parity ; PPP)를 반영한 자료를 사용하였다. 구매력평가지수를 반영한 GDP는 산출된 실질GDP에 해당 국가의 물가수준을 반영하여 나오는 수치를 의미한다. 대부분의 경우 아시아 지역 국가들의 물가가 다른 선진 고소득국가들의 물가에 비해 싸서 구매력평가지수 1인당 GDP가 실질 1인당 GDP보다 높게 나타난다.[1] 또한 구매력 기준으로 지출 측면(expenditure-side)보다 산출물 측면의 실질GDP(output-side real GDP at chained PPPs, RGDPO)의 1인당 자료를 사용하였다.

사용된 주요 자료로는 고용지수(emp), 고용자의 연간평균노동시간(avh), 그리고 인적자본 지수(hc)는 인당지수로서 학력과 교육수익률로 계산된 평균값, 자본(rnna)은 2017년 기준 실질자본스톡, 총요소생산성은 미국을 1로 기준으로 한 값(ctfp)과 2017년 기준으로 한 불변 값(rtfpna), GDP 대비 임금 비율을 노동 몫(labsh), 투자율(csh_i) 등을 사용하였다. 자본계수는 현 구매력지수로 나타낸 자본량(cn)을 실질 GDP(cgdpo)로 나누어 산출하였다(괄호 안은 PWT 10.0의 자료 표기).

분석 대상 국가로는 기술선도국인 미국, 독일, 영국, 프랑스, 일본 등과 우리나라를 포함하여 아시아의 4마리 용으로 불리는 싱가포르, 홍콩, 대만 등을 선정하여 우리와 비교·분석한다.

[표 5-1]에서 보듯이 분석 대상 국가들 중 2019년 현재 구매력평가 1인당 GDP가 가장 높은 국가는 싱가포르로 8만 2,336달러이며, 미국 6만 2,589달러, 홍콩 5만 4,810달러, 독일 5만 1,190달러, 대만 4만 6,761달러 순이다. 한국은 4만 2,219달러로 일본 3만 9,704달러보다 높다.[2]

---

1. 참고로 명목GDP는 현재 물가와 생산량의 곱, 실질GDP는 고정물가와 생산량의 곱이며, 구매력평가지수 GDP는 고정물가와 생산량, 그리고 구매력평가지수의 곱으로 이루어진다.
2. 한국은행(2022. 6. 8)은 2021년 한국의 1인당 국민총소득(GNI)이 3만 5,373달러(잠정치)라고 발표하였다. 한국이 처음 3만 달러대에 진입한 해는 2017년으로 당시 3만 1,734달러였다. 1인당 GNI는 국민이 국내외에서 벌어들인 총소득을 인구 수로 나눈 것이다.

표 5-1 **구매력평가 1인당 GDP와 도달 시점**(단위 : 달러, 년, 기간)

주요 지표	독일 DEU	프랑스 FRA	영국 GBR	홍콩 HKG	일본 JPN	한국 KOR	싱가포르 SGP	대만 TWN	미국 USA
2019 1인당 GDP	51,190	43,755	44,274	54,810	39,704	42,219	82,336	46,761	62,589
30,000 도달 시점 (년)	1992	1997	1996	1989	1990	2004	1998	1996	1977
40,000 도달 시점 (기간)	2004 (12)	2011 (14)	2008 (12)	1994 (5)	2006 (16)	2017 (13)	2001 (3)	2005 (9)	1992 (15)
50,000 도달 시점 (기간)	2017 (13)	– (8)	– (11)	2003 (9)	– (13)	– (2)	2005 (4)	– (14)	2000 (8)

주 : 1) 국가(알파벳 순서임) : 독일(DEU), 프랑스(FRA), 영국(GBR), 홍콩(HKG), 일본(JPN), 한국(KOR), 싱가포르(SGP), 대만(TWN), 미국(USA)

2) 구매력평가지수 GDP를 인구 수로 나눈 1인당 GDP(RGDPO/pop) 사용

3) 50,000달러 미도달 국가는 40,000달러 도달 시점 이후 현시점까지의 기간.

분석 대상 국가들 중 구매력평가 1인당 GDP 3만 달러 도달 시점이 가장 빠른 국가는 미국(1977년), 홍콩(1989년), 일본(1990년), 독일(1992년) 순이며, 한국은 분석 대상 국가들 중 가장 늦은 2004년도에 도달하였다. 또한 4만 달러 도달 시점이 가장 빠른 국가는 미국(1992년), 홍콩(1994년), 싱가포르(2001년), 독일(2004년) 순이며, 한국은 분석 대상 국가들 중 가장 늦은 2017년도에 도달하였다.

3만 달러에서 4만 달러 도달 기간은 싱가포르가 3년으로 가장 빠르고 홍콩 5년, 대만 9년, 독일과 영국이 12년이 소요되었다. 한국은 13년, 프랑스가 14년이 소요되어 한국이 그렇게 늦게 도달한 경우는 아니

다. 또한 4만 달러에서 5만 달러 도달 기간이 빠른 국가 순은 미국, 홍콩, 싱가포르, 독일이며 각각 8년, 9년, 4년, 13년이 소요되었다.

대만은 4만 달러 도달 이후 14년(2019년 기준)이 지나도록 5만 달러에 진입하지 못하고 있다. 또한 영국은 11년, 프랑스는 8년, 일본은 11년이 지났다. 한국의 경우 4만 달러 도달 이후 2년이 지났다.

2019년 현재 미국의 1인당 소득은 62,589달러, 한국은 42,219달러로 한국은 미국 소득 대비 67.4% 수준이다. 학자에 따라 다르지만 엄격한 기준인 미국의 65% 수준을 선진국가로의 문턱(threshold)이라고 부른다면 한국은 65%를 넘고 있어 이미 고소득국가로 진입하였다고 볼 수 있다.

2. 소득 추세와 수렴

국가별 Gross GDP

〈그림 5-1〉에는 구매력평가 총 GDP(gross GDP) 추세가 독일(EDU), 프랑스(FRA), 영국(GRB), 미국(USA) 일본(JPN), 중국(CHN), 한국(KOR) 등 국가별로 나타나 있다. 2019년 현재 총 GDP가 가장 높은 국가는 미국으로 20조 5,958달러이며, 중국은 20조 2,576달러, 일본은 5조 368달러, 독일은 4조 2,753달러, 한국은 2조 1,627달러이다.

그림 5-1 국가별 총 GDP

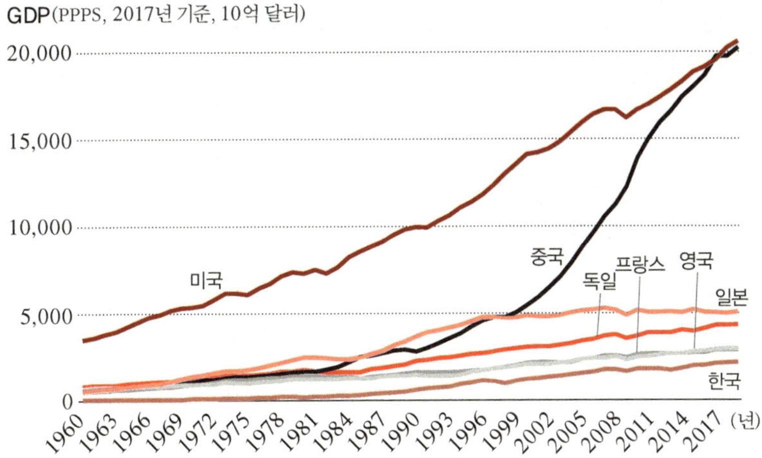

1인당 GDP와 자연대수 GDP

한 국가의 국민 삶의 대표적인 지표라고 볼 수 있는 1인당 GDP(RGDPO/pop) 자료를 가지고 분석하여 보자. 〈그림 5-2〉의 (a)는 단순히 독일, 프랑스, 영국, 한국, 미국, 일본 등 6개국의 1인당 GDP의 추세를 보여준다. 단순 값으로는 GDP의 추세, 즉 성장률인 기울기를 알 수 없다. 따라서 자연대수를 취하여 보자. 〈그림 5-2〉의 (b)는 자연대수를 취한 독일, 프랑스, 영국, 한국, 미국, 일본 등 6개국의 1인당 GDP의 추세를 보여준다. 여기서는 성장률을 나타내는 추세를 알 수 있다. 한국은 1960년대에는 선진국들과의 소득격차가 크게 나고 있으나 2010년대에 와서는 수렴하는 형태를 보이고 있다.

그림 5-2 1인당 GDP와 자연대수 GDP

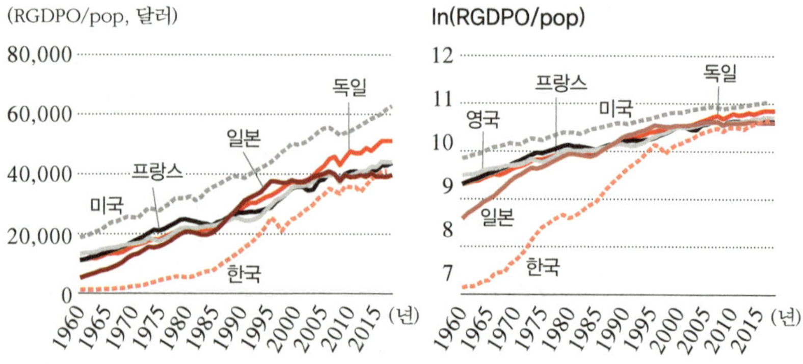

(a) 1인당 GDP　　(b) 자연대수 GDP

미국 1인당 GDP와 성장률

〈그림 5-3〉에서 미국의 1960년부터 2019년까지 60년 기간 동안의 성장률은 평균 2% 수준으로 나타나고 있는데, 이는 지난 150년간의

그림 5-3 미국 1인당 GDP와 성장률

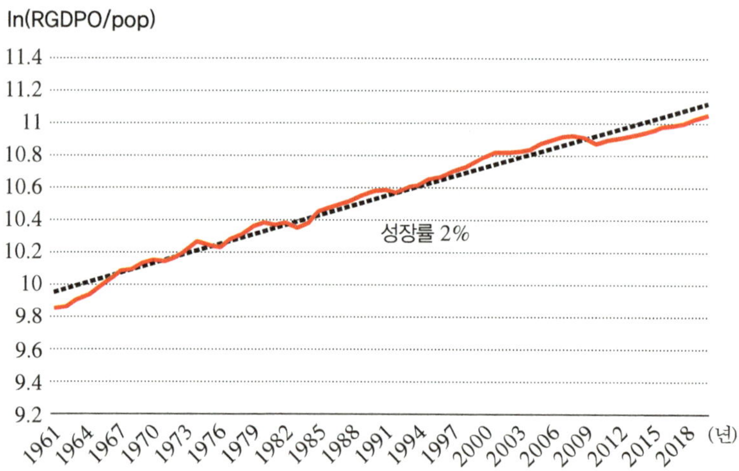

평균성장률 2%와 비슷하다(〈그림 2-1〉 참고). 이 기울기, 즉 성장률은 솔로우 성장모형의 기술진보율이며 균제상태 성장률이다.

시점조정 1인당 자연대수 GDP

자연대수를 취한 1인당 GDP의 30,000달러 도달 연도를 0으로 조정해 국가별 그래프를 작성하였다(〈그림 5-4〉 참고). 해당 국가는 독일, 프랑스, 영국, 한국, 미국, 일본 등 6개국이다. 오른쪽으로 긴 추세로 나타나는 것이 가장 빨리 3만 달러에 도달한 미국의 그래프이다.

일본은 미국 소득의 추세인 2% 수준에서 벗어나 하향한 후 일정한 추세(성장률이 0)로 정체되어 있다. 다른 선진국들은 미국의 소득수준에 접근하며 비슷한 균제상태 성장률로 나아가고 있으나 한국은 미국 대비 낮은 소득수준에서 출발하여 빠른 성장 추세를 보이다가 최근에 들어와

그림 5-4 선진국 3만 달러 도달 시점 조정 GDP

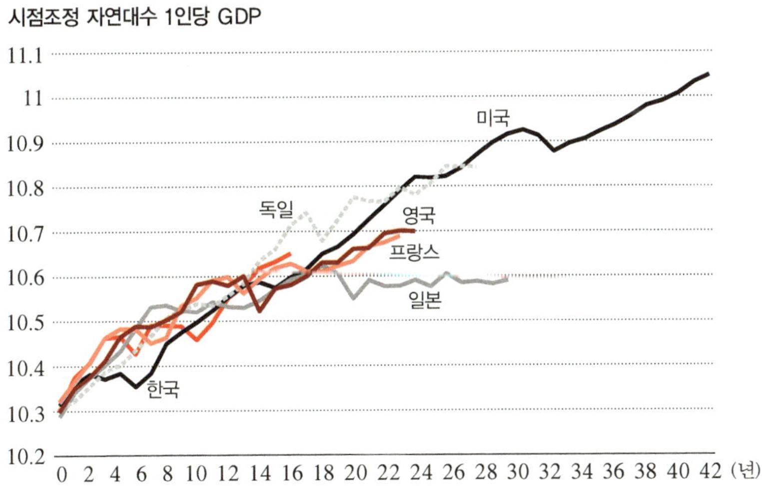

비슷한 성장률을 보인다.

아시아 국가들 1인당 GDP

〈그림 5-5〉는 미국 포함 한국, 싱가포르, 대만, 홍콩의 1인당 GDP 추세를 보여준다. 기술선진국인 미국과의 1인당 GDP 추세 비교는 단순 그래프로는 할 수 없다. 자연대수를 취한 값으로 나타낸 소득 추세는 미국과 수렴현상을 보이지만 다른 균제상태로 수렴할 가능성이 있다.

그림 5-5 아시아 국가들 1인당 GDP

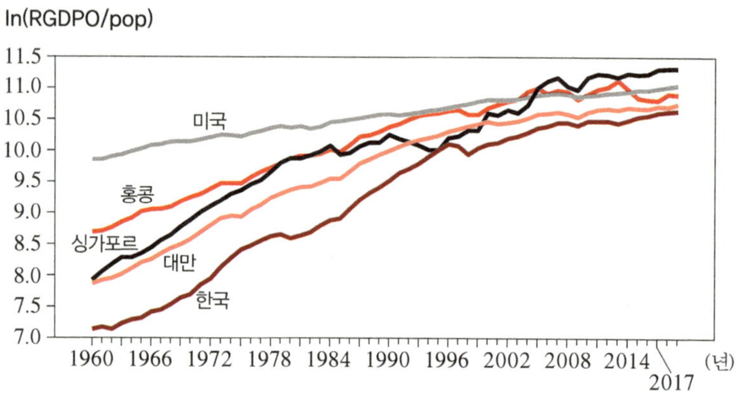

미국 대비 아시아 국가 소득수준 격차를 나타내는 추격률(catch-up rate)이 〈그림 5-6〉에 나타나 있다. 미국의 소득수준으로 수렴하고 있음을 알 수 있다. 한국의 경우 1960년 가장 낮은 소득수준에서 빠른 성장을 하여 고소득국가를 추격해가는 솔로우 모형의 이론적 가설을 실증적으로 지지한다(4장 및 6장 1.6 참조). 일본의 경우 추격률(미국 대비 소득수준 격차)이 약화되어 한국, 대만 수준으로 수렴하고 있음을 알 수 있다.

그림 5-6 추격률

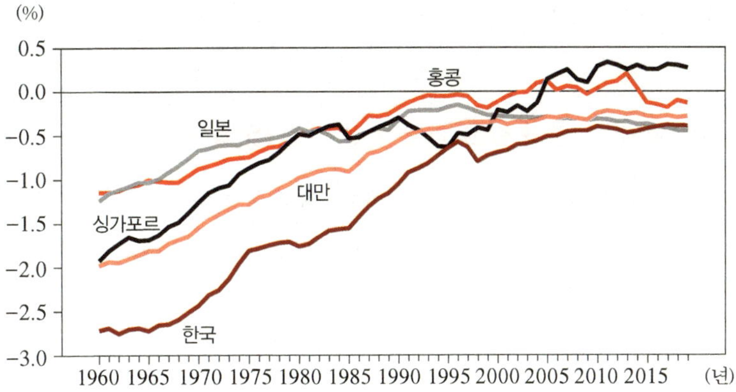

평균 경제성장률과 초기 소득

9개국의 분석기간 평균 경제성장률과 초기 소득 간 음의 관계가 〈그림 5-7〉에 나타나 있다. 초기 소득이 낮은 나라가 빠른 성장을 하

그림 5-7 평균 경제성장률과 초기 소득

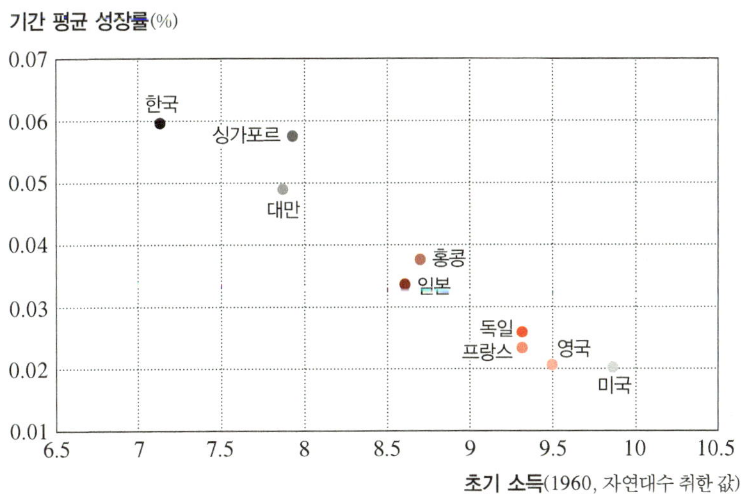

여 선진국으로 수렴한다는 솔로우의 베타 수렴을 보여주고 있어 소득수렴 가설을 지지하고 있다.

1인당 GDP 3만 달러 시점 조정 이후 GDP 추세

〈그림 5-8〉은 미국을 비롯한 한국, 싱가포르, 대만, 홍콩 등 5개국 1인당 GDP의 성장률 추세이다. 자연대수를 취하고 1인당 GDP가 3만 달러인 시점을 기준으로 그래프를 조정하였다.

그림 5-8 아시아 국가 3만 달러 도달 시점 조정 GDP

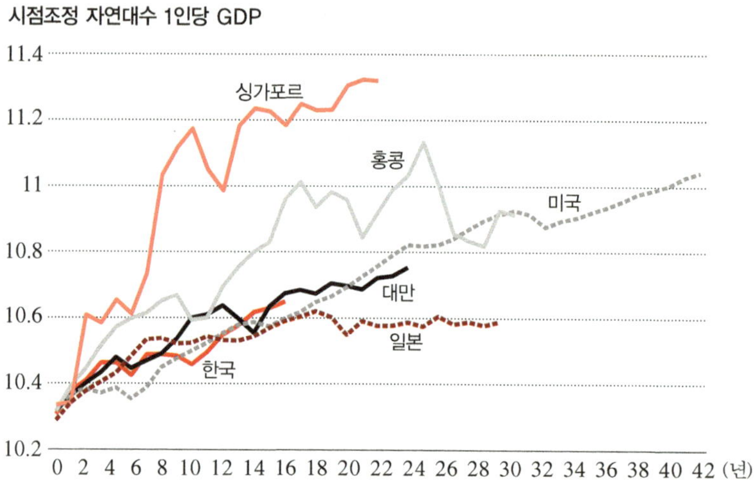

한국과 대만은 미국 소득의 추세인 2% 수준에서 일정한 추세로 정체되어 있다. 즉, 다른 균제상태로 수렴하고 있다. 이런 추세로 나아간다면 미국 소득수준으로 수렴할 수 없다(소득수준이 낮은 상태에서는 더 높은 성장이 이루어져야 한다(6장 1.6 참조)). 싱가포르는 3만 달러 이후 가파른 상승을 보이다가 10년 후 미국과 비슷한 소득성장률로 성장하고 있다. 홍콩의 경우에도 한국이나 대만보다 높은 성장률로 성장하다가 24년 이후인 2013년부터 추세가 하락하고 있다. 즉, 현시점에서는 미국 소득수준보다 낮은 수준에서 횡보하고 있다.

일본의 경우 3만 달러 도달 시점 이후 16년(2006년) 만에 4만 달러 수준에 도달하였으나 횡보 현상을 보이다 급기야는 현재시점에서 구매력평가 기준 소득수준이 한국보다 낮게 움직인다.

3. 생산성 격차

경제성장의 원동력이 어디서 나오는지를 먼저 총요소생산성 자료를 중심으로 분석한다. 선진국이며 기술선도국인 미국, 독일, 프랑스, 영국, 일본을 포함하여 한국, 싱가포르, 대만, 홍콩 등 9개국을 통합하여 분석하여 보자.

경제성장률과 추격률

먼저 한국의 경제성장률과 추격률을 〈그림 5-9〉에서 살펴보자. 성장률의 추세가 1973년부터 하락하고 있다. 자본 축적이 증가함에 따라 자본의 한계생산이 감소하며 경제성장률이 감소하는 것은 당연하지만 너무 빠르게 하락하고 있다.[3] 성장동력의 하락 원인이 어디서 나타나

3. 김세직(2021)은 "김영삼 정부 때 6%대이던 장기성장률은 김대중 · 노무현 · 이명박 정부

그림 5-9 한국 경제성장률과 추격률

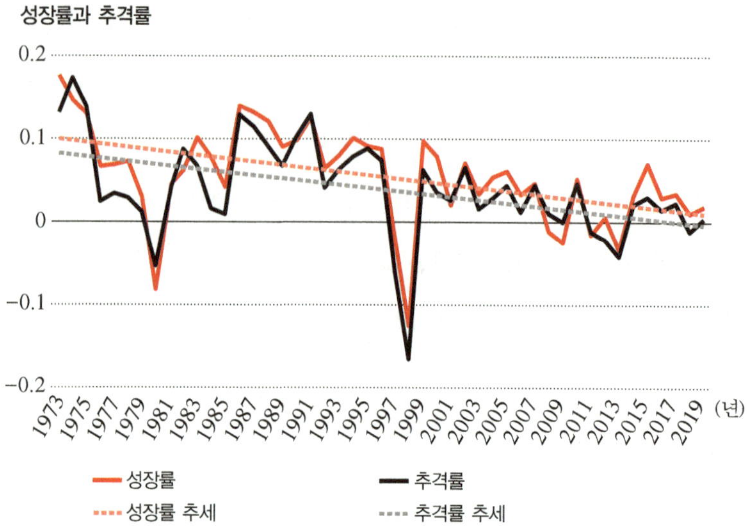

는가를 살펴보자.

총요소생산성

국가별 불변가격으로 총요소생산성(rtfpna, TFP at constant national prices (2017=1))이 2017년을 1로 기준으로 하여 조정된 값들의 추세가 〈그림 5-10〉에 나타나 있다. 한국이나 대만의 생산성 증가율이 가

까지 5→4→3%대로 5년마다 1%포인트씩 규칙적으로 내려앉았고, 박근혜와 문재인 정부 때는 2%, 1%대로 진입한 것으로 추정된다. 정말 우려되는 것은 '저성장 고착화'가 아니라 0%대 장기성장률이 지속되는 '제로성장의 빙하기'가 시작된다는 사실이다. 우리나라의 최고 전략자산인 인적자본을 창조형으로 업그레이드하고 강화하는 데 전력투구해야 한다. 이를 통해 선진국을 따라가는 모방형 자본주의에서 우리가 앞장서는 창조형 자본주의로 고도화해야 한다"고 주장한다.

그림 5-10 총요소생산성

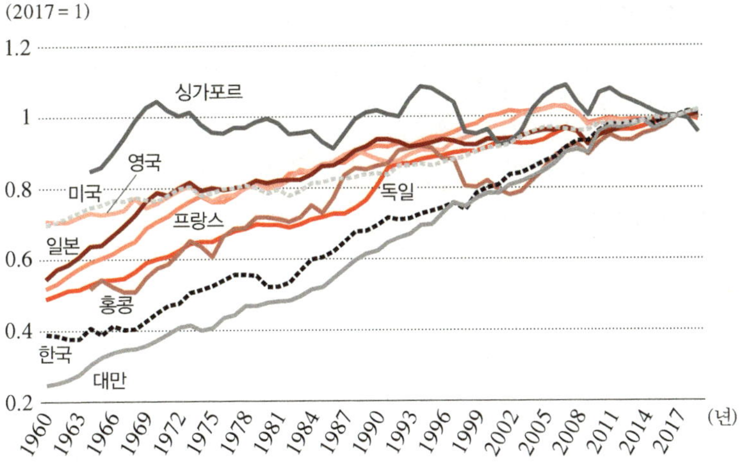

장 높게 나타나고 있다.

소득수준 3만 달러 시점 조정 생산성

소득수준 3만 달러 시점 조정 생산성이 〈그림 5-11〉에 나타나 있다. 가장 먼저 3만 달러 시점에 도달한 미국의 경우 생산성 추세선이 길게 나타나 있다. 미국보다 늦게 3만 달러에 도착한 많은 국가들의 생산성은 미국의 3만 달러 도달 시점 생산성 수준보다 높다. 가장 늦게 도착한 한국의 경우 추세선이 짧게 나타나고 다른 국가들 수준으로 좇아가고 있음을 볼 수 있다.

각국의 생산성이 크게 향상되어 높게 나타나고 있지만 현시점 비교에서는 낮은 수준임을 다음 〈그림 5-12〉에서 알 수 있다.

그림 5-11 소득수준 3만 달러 시점 조정 생산성

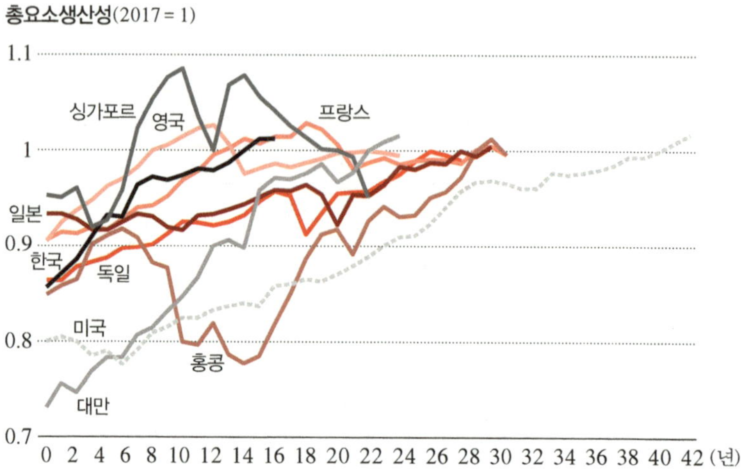

그림 5-12 미국 기준 총요소생산성

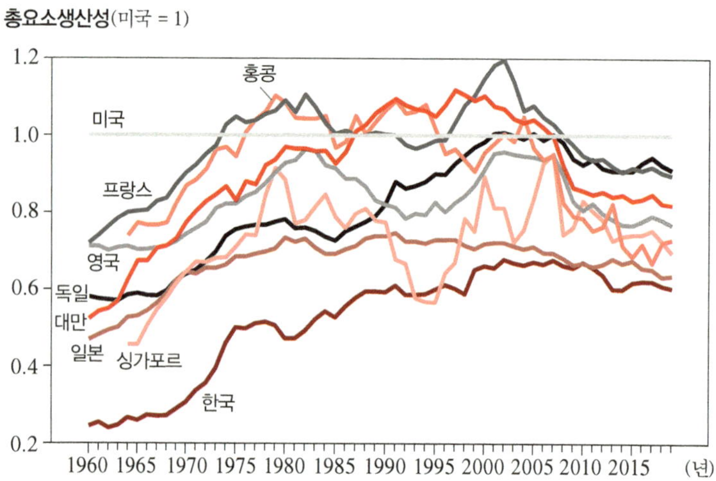

미국 기준 총요소생산성

전 분석기간 동안 미국의 총요소생산성을 1로 두고 조정된 각국의

생산성(ctfp, TFP level at current PPPs (USA=1))이 〈그림 5-12〉에 그려져 있다. 1970년대 중반부터 2005년도까지 프랑스, 독일, 일본, 대만, 홍콩 등이 일시적으로 미국 수준보다 상회하는 기간들이 있지만 전 기간에 걸쳐 미국의 생산성이 높은 수준을 유지하고 있다. 특히 15년 전부터 각국들이 미국보다 하락하는 추세를 보인다. 한국의 총요소생산성이 전 기간 대부분에서 분석 대상 국가 중에서 가장 낮다.

〈그림 5-13〉에서는 미국 대비 생산성을 한국, 독일과 비교하였다. 1960년대 미국의 60% 수준에서 출발한 독일은 2000년대 초반 미국의 수준에 도달했으나 현재 95% 수준에 머물러 있다. 한국은 초기 미국의 20% 수준이었던 생산성이 지속적으로 증가해 200년대 들어 약 70% 수준에 도달했으나 하라 추세를 보여 현재 60% 수준에 머묺고 있다.[4]

그림 5-13 미국 기준 총요소생산성(한국, 독일)

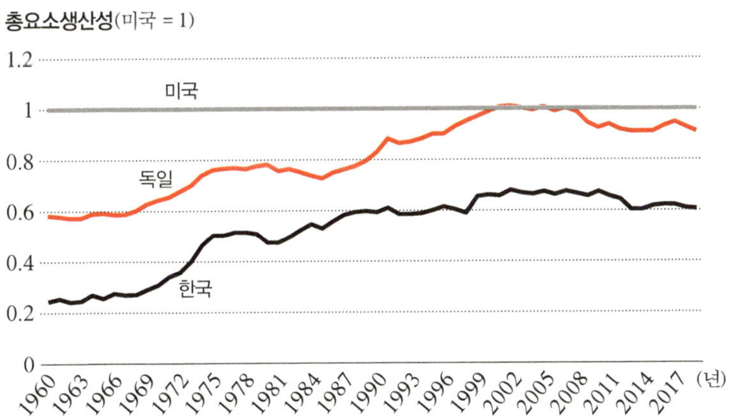

4. 아이컨그린 미 버클리대 교수는 기술혁신 자체보다는 그 기술을 생산성 향상으로 이어지게 하는 조건을 만들어가는 데 주력해야 한다고 강조한다. 왜냐하면 기술혁신이 생산성 혁

4. 성장동력 확보 방향

앞 절에서는 경제성장의 원동력을 생산성 기준으로 살펴보았다. 이제 인적자본, 자본계수 등의 자료를 중심으로 살펴보자. 선진국이며 기술선도국인 미국, 독일, 프랑스, 영국, 일본을 포함하여 한국, 싱가포르, 대만, 홍콩 등 9개국을 통합하여 분석한다.

1인당 자본

1인당 자본(per capita capital)의 시간 추세가 〈그림 5-14〉에 나타

그림 5-14 1인당 자본

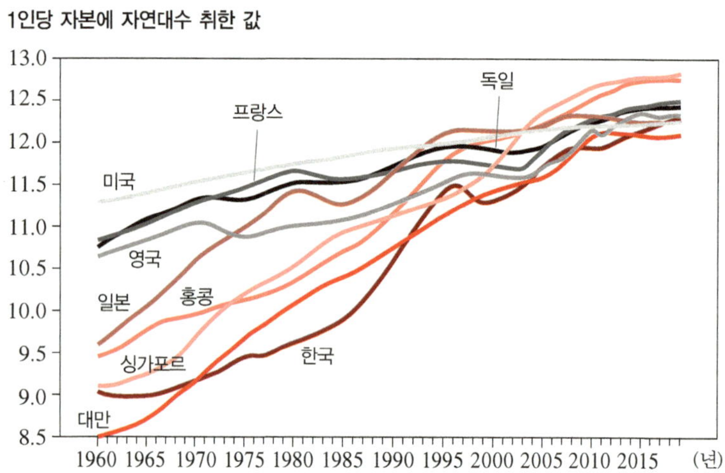

신으로 이어지기까지는 오랜 시간이 걸리는데 그 시간을 줄이는 게 성장의 핵심이기 때문이다. 인적자본 축적과 연구개발에 집중투자, 그리고 혁신 인프라를 갖춰 혁신이 생산성으로 이어지게 하는 환경을 조성해야 한다.

나 있다. 2019년 싱가포르가 가장 높은 37만 236달러이며, 홍콩 34만 5,095달러, 한국은 21만 7,949달러이다. 한국의 경우 낮은 수준에서 출발하여 선진국 수준으로 수렴하고 있다.

자본계수

〈그림 5-15〉에는 GDP 대비 자본의 비율을 나타내는 자본계수(capital coefficient)가 나타나 있다. 미국은 1960년 4.2배에서 지속적으로 하락하여 2019년 3.3배로 가장 낮은 수준을 보여 자본의 생산효과가 높다. 한국은 1960년 6.4배에서 2019년 5.1배 수준을 보인다. 홍콩과 프랑스가 2019년 각각 6.3배와 6.1배 정도의 높은 수준을 보이고 있다.

그림 5-15 자본계수

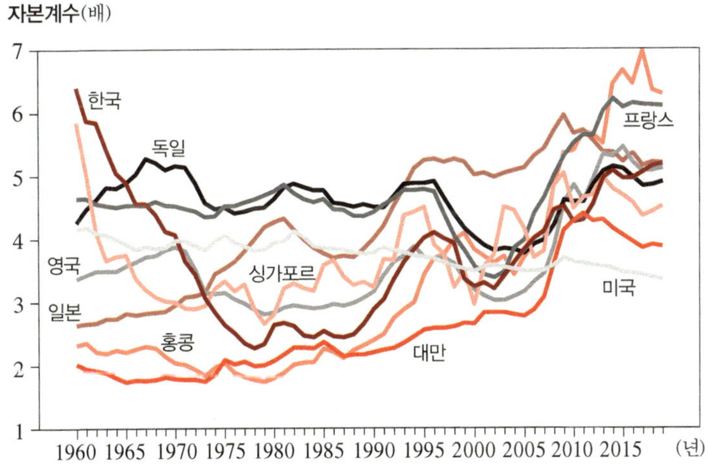

인적자본 지수

〈그림 5-16〉은 각국의 인적자본 지수를 나타낸 것이다. 싱가포르의 인적자본이 2005년 이후 급상승하고 있으나 미국의 인적자본 지수가 전 기간 동안 가장 높은 수준을 보이고 있다. 프랑스의 경우 2010년 이후 인적자본 지수가 분석 대상 국가들 중에서 가장 낮은 수준인 3.2로 나타나고 있다. 한국의 인적자본 지수는 미국과 영국 수준인 3.7이다.

그림 5-16 인적자본 지수

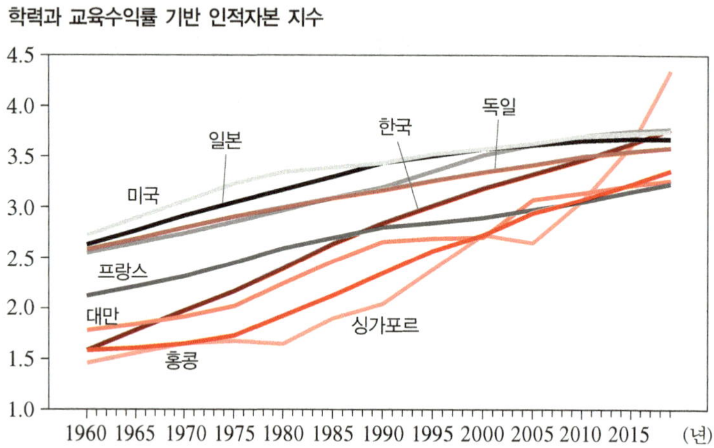

평균근로시간

각 국가의 평균근로시간 추세가 〈그림 5-17〉에 나타나 있다. 아시아 국가들의 근로시간이 길다. 특히 한국의 경우 1995년도 중반까지 가장 높은 수준을 보이다가 하락 추세에 있다. 상대적으로 아시아 국가들보다 유럽 지역 국가들인 독일, 프랑스, 영국의 근로시간이 짧다.

그림 5-17 평균근로시간 추세

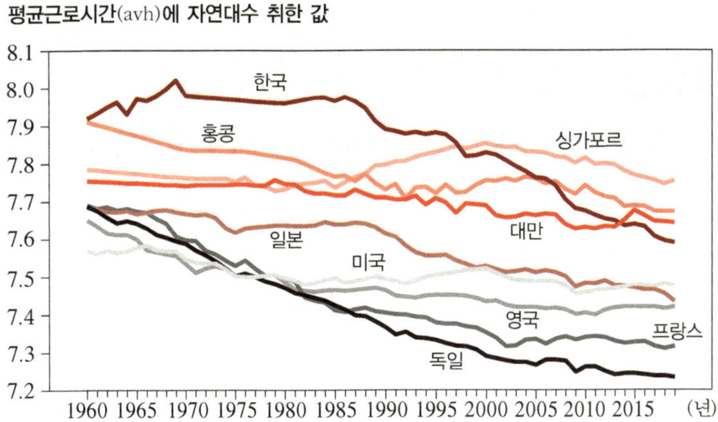

근로시간당 GDP

평균근로시간이 긴 아시아 국가들의 근로시간당 GDP의 값이 낮게 나타나는 것은 당연하다. 미국이 가장 높고 그 다음 일본, 프랑스 순으

그림 5-18 근로시간당 GDP

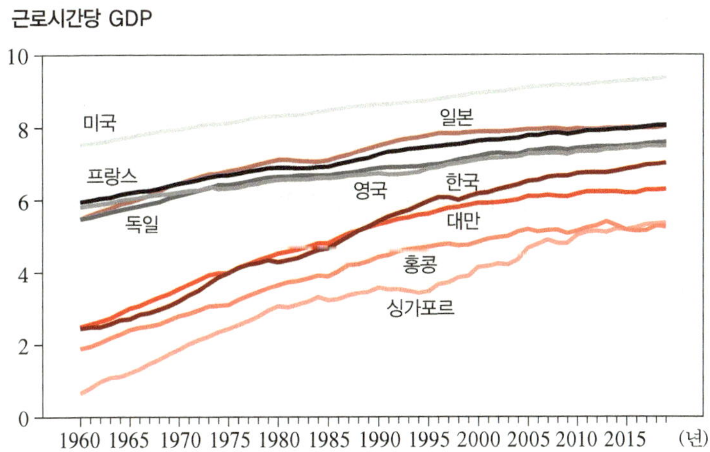

로 나타나고 있다(〈그림 5-18〉 참고).

투자율

〈그림 5-19〉에 나타나 있듯이 한국은 GDP 대비 투자액인 투자율(csh_i)이 가장 높다.

그림 5-19 투자율

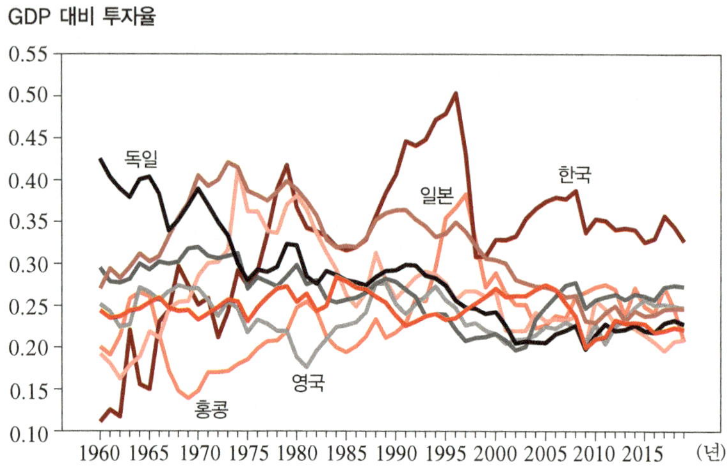

노동 몫

〈그림 5-20〉에 나타나 있듯이 대부분 국가들의 GDP 대비 노동 몫의 비율은 60~65% 수준이다. 대만과 독일이 상대적으로 높은 수치를 보이고 있는 반면, 싱가포르, 홍콩, 한국 등 아시아 국가들은 낮은 수치를 보이고 있다.

그림 5-20 GDP 대비 노동 몫

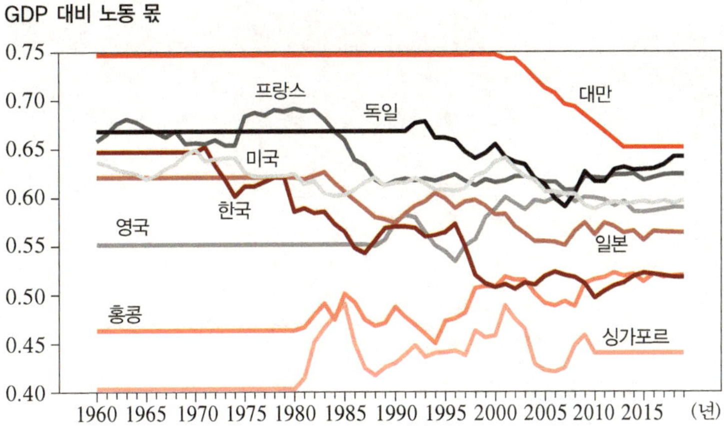

종합하면, 한국은 인적자본과 GDP 대비 투자 비율이 다른 국가에 비해 높은 수준이다. 그러나 가장 중요한 생산성이 미국의 60% 수준밖에 되지 않는다. 이는 한국이 자본 효율성이 떨어져 향후 성장동력이 약화될 수 있다는 심각성을 보여준다.

06

성장의 재역설 :
신공급 측면의 성장론

Reversing the Paradox of Growth: New Supply-Side Growth
ch. six

앞선 장들에서는 한 국가의 경제가 성장하는 가운데 나타나는 긍정적인 현상들보다 부정적인 현상들이 더 크게 부각될 때 사용되는 용어를 '성장의 역설'로, 또한 성장을 추진하는 데 있어 성장을 어렵게 만드는 성장의 장애요인들을 '성장의 애로'로 정의하여 경제성장의 부정적인 요인들을 살펴보았다.

이제 6장에서는 성장의 역설을 뒤집기 한다는 의미로서 '성장의 재역설'을 크게 1절 성장의 역설에 대한 이해와 2절 공급 측면의 혁신성장으로 나누어 설명한다. 구체적으로 1절 성장의 역설에 대한 이해에서는 생산성 하락이나 고용 없는 성장에 대한 이해와 기술진보에 따른 소득분배 불평등 여부, 피케티 주장에 대한 해석, 저출산에 대한 이해, 고령화와 인구구조 변화가 성장에 미치는 영향, 친환경 성장 등을 살펴본다. 2절 공급 측면의 혁신성장에서는 실물자본을 축적하는 것이 바로 기술혁신으로 연결된다는 것, 기술수준의 양적 다양성을 통하여 혁신이 일어나며, 기술혁신의 창조적 파괴란 무엇을 의미하는가, 그리고 기술혁신이 어떻게 확산되는가, 모방에서 혁신강화 전략, 혁신을 기반으로 한 성장, 발전 단계에 따른 성장동력 변화, 혁신생산에서의 인적자본의 역할 등을 살펴볼 것이다.[1]

1. 문장 중에 어렵지 않은 간단한 수식을 삽입하여 설명하는 것이 글(말)로만 설명하는 것보다는 독자의 이해를 높일 수 있을 것으로 판단하였다. 저자의 고뇌의 산물임을 헤아려 주기 바란다.

1. 성장의 역설에 대한 이해

1.1 생산성 하락의 해석

새로운 범용기술 확산에 따라 기존의 생산활동에 들어가던 투입요소들의 일부분을 새로운 재화 생산에 사용하고, 생산성을 측정하는 새로운 측정방법을 도입하기까지는 시간이 필요하다. 따라서 현 단계에서 측정된 생산성은 하락한다. 또한 생산물 확장효과는 시장규모가 커질수록 생산물의 종류가 다양해져서 R&D 투입이 여러 생산부문으로 분산되므로 투자한 만큼 생산성 증가 효과가 나타나지 않을 수 있다. 이 논리들을 차례대로 살펴보자.

범용기술의 도입과 확산에 따른 생산성 하락

경제성장에서 장기적인 성장 가속과 감속의 원인은 무엇인가? 이에 대한 일반적인 대답으로 범용기술(일반목적기술, general purpose technology ; GPT)의 개념이 언급된다. 범용기술은 경제 전반에 걸쳐 생산과 혁신에 큰 영향을 미치는 기술혁신을 일컫는다. 가장 많이 언급되는 실례로 증기엔진, 전기, 레이저, 터보 반응, 그리고 최근의 정보기술(IT) 혁신 등이 있다. GPT의 가장 기본적인 특징은 편재성(pervasiveness), 개선의 여지(범위)(scope for improvement), 혁신의 다양성(innovation spanning) 등이다.

조바노빅과 루소(Jovanovic and Rousseau, 2005)는 새로운 GPT의

도입과 확산에 따른 경제 전반적인 중요한 네 가지 특징을 다음과 같이 설명하였다. 첫째, 총요소생산성의 감소이다. 즉, 기존의 생산활동에 들어가던 투입요소들의 일부분은 새로운 GPT 확산에 따른 재화 생산에 사용하고 새로운 생산성으로 측정되는 방법을 도입하는 데 시간이 필요하기 때문에 현 단계에서의 생산성은 하락한다. 둘째, 기술프리미엄의 증가이다. 경제의 모든 부문에서 기술 확산에 필요한 기술숙련 인력의 수요가 증가한다. 셋째, 기업의 진입과 퇴출이 증가한다. 넷째, 주식시장 가격의 하락이다. 이는 새로운 GPT를 일으키는 경우 나타나는 초기 생산성의 하락에 따른 것이다.

그들은 또한 장기에는 GPT가 산출물과 생산성의 증가를 가져오지만 경세가 GPT에 조정되는 단기에는 GPT가 경기변동을 야기하며, 경기변동이론의 예견과 달리 초기에는 기술충격이 산출물이나 생산성의 증가를 가져오거나 고용 증가를 일으키지 않고 오히려 감소시킨다고 주장한다.

새로운 GPT가 현존 자본의 폐기를 유도하여 성장을 감소시킬 수 있음을 신고전파 모형의 변형을 통해 살펴보자. 솔로우 모형에서 변형된 자본축적 방정식은 자본 및 산출량을 유효노동당으로 표현$(\tilde{k}, \tilde{y})$하여 $\dot{\tilde{k}}_t = sB\tilde{k}_t^{\alpha} - (n + \delta + g + \beta)\tilde{k}_t$과 같다. 여기서 s는 저축률, $\alpha < 1$은 자본분배율이고 n, δ, g, B는 각각 인구증가율, 감가상각률, 노동부가 기술진보율, 기술수준상수이다. 그리고 새로 도입된 β는 자본폐기율이다.

혁신이 빠를수록 폐기율도 빠르다. 기술진보율 g와 폐기율 β가 혁신 성공률 μ에 비례한다고 가정하면 각각 $g = \mu\sigma = \mu(\gamma - 1)$와 $\beta =$

$\mu(1-\eta)$를 구할 수 있다. 여기서 η는 폐기자본 단위당 조각가치(scrap value), σ는 혁신 크기를 나타낸다. 일반적인 슘페터 모형에서 $\sigma = \gamma - 1$이다.[2]

균제상태에서 새로운 GPT의 발견은 혁신율 μ를 증가시킨다. 혁신율 μ에 대한 성장률의 탄력성 효과는 $\frac{\mu}{g}\frac{\partial G}{\partial \mu} = \frac{1}{\sigma}\frac{\partial G}{\partial \mu} = (1-\alpha-\frac{\alpha\beta}{g})$와 같다. 일반적으로 $\alpha = \frac{2}{3}$, $\beta = 0.04$, $g = 0.02$의 값들을 대입하면 혁신율 μ에 대한 성장률의 탄력성은 -1의 값을 가져 감소한다는 의미를 보여준다(α는 물적 및 인적 자본 개념). 따라서 새로운 GPT의 도입과 확산에 따라 경제 전반적으로 생산성이 감소한다는 것을 설명하고 있다.

R&D 집약도인 생산물 확장에 따른 생산성 하락

기술생산함수의 진화과정을 살펴보자. 생산물 다양성 모형에서 살펴본 바와 같이 새로운 지식(디자인)을 창출하는 지식생산함수를 로머는 $\frac{dA_t}{dt} = bH_{A_t} \cdot A_t$과 같이 제시하였다. 지식 생산에 기존의 지식축적량(A_t)과 인적자본(H_{A_t})이 사용되는데, 이러한 생산함수 형태를 가진 모형을 1세대 내생적 성장 모형이라고 한다. 그러면 지식증가율 또는 총요

2. 앞에서 구한 1인당 GDP가 총생산성 A_t에 비례하므로 경제성장률은 A_t의 성장률이 된다. 즉, $g_t = \frac{A_t - A_{t-1}}{A_{t-1}}$이 된다. 이제는 성장률이 더 이상 확률적이지는 않다. 각 섹터 i에서 생산성 A_{it}를 갖는데 혁신의 성공 확률 μ로 $A_{it} = \gamma A_{it-1}$, 혁신이 실패하면 확률 $1-\mu$로 $A_{it} = A_{it-1}$이 된다. 대수의 법칙에 의해 각 기간에 혁신되는 섹터들 i의 혁신이 전체로 간주되고 확률은 μ가 된다. 따라서 경제 전체 평균 A_t는 $A_t = \mu\gamma A_{t-1} + (1-\mu)A_{t-1}$와 같다. 양변을 A_{t-1}로 나누면 $\frac{A_t}{A_{t-1}} = (1+g) = \mu\gamma + (1-\mu)$가 되므로 일정한 성장률 g가 $g = \mu(\gamma - 1)$이 된다.

소생산성 증가율로 불리는 $\hat{A}_t$는 $\hat{A}_t = \frac{\frac{dA_t}{dt}}{A_t} = bH_{A_t}$이 된다.

지식생산함수를 일반화해서 R&D 인력 또는 R&D 지출을 X_t라 표현하고, 총요소생산성 증가율 $\hat{A}$은 $\hat{A} = bX$로 표현하여 보자. 존스(Jones, 1995)는 지난 50여 년간 미국 등 선진국의 경우 R&D 인력 및 지출(X_t)이 지속적으로 증가하고 있으나 총요소생산성 $\hat{A}$은 높아지지 않고 대체로 일정하게 나타나고 있음을 지적하였다. 이것을 존스 비판(Jones critique)이라 한다. 즉, 왼쪽 식에서는 일정하고 오른쪽 식에서는 증가하여 모순된다는 것이다. 이러한 한계에 대해 존스는 사실 현실 경제에서 인적자본이나 R&D 인력의 중복 투자가 존재할 수 있기 때문에 H_{A_t}와 A_t의 지수를 1로 가정하는 것은 무리가 있다고 주장한다.

따라서 지식생산함수에 지식스톡의 규모수익체감의 개념을 도입하였다. 생산성 수준이 높아짐에 따라 생산성 증가율은 낮아질 수밖에 없고 또한 생산성 증가율을 일정하게 하기 위해서는 R&D 종사자(지출)를 지속적으로 늘려나가야 한다는 논리이다. 그래서 기존의 $\dot{A} = bXA$ 모형 대신 수정된 지식생산함수 $\dot{A} = bX^{\sigma}A^{\phi}$를 사용한다. 여기서 $0 < \phi < 1$, $0 \leq \sigma$이다. 이와 같은 모형을 준 내생적 성장 모형이라고 한다. X가 증가하더라도 $A^{\phi-1}$와 같이 기술 중복 등에 의해서 상쇄되기 때문에 $\hat{A}$이 $\hat{A} = \frac{\dot{A}}{A} = bX^{\sigma}A^{\phi-1} = g_A$와 같이 안정적이게 된다.

아기옹과 호윗(Aghion and Howitt, 1998)은 지식생산함수에 지식스톡의 규모수익체감의 개념을 도입하는 대신 생산물 확장(product proliferation) 효과의 개념을 도입하였다.[3] 생산물 확장 효과는 시장규모가 커질수록 생산물의 종류가 다양해져서 R&D 투입이 여러 생산부문으로 분산되므로 평균 값들이 안정적이 된다는 것이다. 즉, 모든 생산물의 평균적인 품질 향상 속도인 생산성 증가율 g_A를 안정적으로 유지하기 위해서는 시장규모가 팽창됨에 따라 R&D 투입도 지속적으로 늘려야 한다는 것이다. 생산물 확장(다양성)을 Q로 두면 지식생산함수는 $\hat{A} = b\left(\frac{X}{Q}\right)^{\sigma}$과 같이 표현된다. 그 결과 X 자체 대신 X를 Q로 나눈 $\frac{X}{Q}$를 사용했다.

Q는 시장규모 또는 장기적으로 인구규모와 비례하게 된다. $\frac{X}{Q}$는 (R&D 지출/GDP) 또는 (R&D 인력/총 인구)을 의미하고 이를 R&D 집약도라고 부른다. R&D 집약도가 안정적이기 때문에 $\hat{A}$도 안정적이게 된다. 이러한 생산함수 형태를 갖는 모형을 2세대 내생적 성장 모형이라고 한다.

인구구조 변화와 산업구조 변화

인구 고령화는 총수요를 위축시킬 뿐만 아니라 수요의 구성도 변화시키게 되는데 그 과정에서 구조적 실업과 생산성 감소가 성장률을 하락시키는 요인으로 작용할 수 있다. 예를 들어 인구가 고령화되면 일반적으로 젊은 사람들이 선호하는 자동차, 전자제품 등 내구재에 대한 수

3. proliferation은 증식, 급증, 확산, 다양성 등의 의미로 번역되나 다른 용어와의 혼란을 피하기 위하여 생산물의 종류가 다양해진다는 의미로 '확장'으로 번역한다. 그런데 R&D 집약도가 안정적이지 않고 기술진보로 생산물이 확장됨으로써 Q가 증가하면 R&D 집약도가 감소하여 생산성이 하락한다.

요는 감소하는 반면 의료 · 보건 · 요양 서비스나 여행 서비스 등에 대한 수요는 증가하게 된다. 소비자들의 이러한 수요 변화에 따라 산업구조도 제조업 중심에서 서비스업 비중이 높아지는 방향으로 조정되는데, 노동력이 재편되는 과정에서 구조적 실업이 발생하고 이에 따라 소득이 감소하게 된다.

또한 일반적으로 서비스업은 생산성이 제조업보다 낮기 때문에 수요 변화에 따라 자원이 서비스업 부문으로 재배치되는 과정에서 총요소생산성이 하락하고 경제성장률이 하락할 가능성이 있다.

본 절의 결론 및 정책적 함의는 다음과 같다. 생산성 하락에 대한 이해로 첫째, 새로운 범용기술(GPT)의 도입과 확산에 따라 기존의 생산활동에 들이기던 투입요소들의 일부분은 새로우 GPT 확산에 따른 재화생산에 사용하고, 새로운 생산성을 측정하는 방법을 도출하는 데 시간이 필요하기 때문에 현 단계에서의 생산성은 하락한다. 둘째, 생산물 확장 효과는 시장규모가 커질수록 생산물의 종류가 다양해져서 R&D 투입이 여러 생산부문으로 분산되므로 생산성 측정에서 하락효과가 나올 수 있다. 셋째, 산업구조조정 가운데 일반적으로 서비스업은 생산성이 제조업보다 낮은데 수요 변화에 따라 자원이 서비스업 부문으로 재배치되는 과정에서 생산성이 하락하고 경제성장률이 하락할 가능성이 있다. 따라서 소위 말하는 4차 산업혁명 가운데에시 생산성 측정방법상의 한계도 있으므로 생산성 하락 현상에 연연해 하지 말고 경쟁력 있는 첨단산업에 대한 지속적이고 과감한 투자가 이루어져야 한다.

1.2 고용 없는 성장의 이해

1장 성장의 역설에서 고용 없는 성장이라는 용어는 경기회복에도 불구하고 고용 증가가 수반되지 않는 현상을 지칭하므로 경기변동 과정에서의 고용의 움직임과 관련된다. 이런 점에서 고용 없는 회복이 보다 정확한 표현이라고 할 수 있다.

우상향의 필립스곡선

고용 없는 성장 또는 고용 없는 경기회복 현상을 이해하기 위해 고용과 생산의 동조성 변화를 먼저 살펴보자. 실제 한국과 미국 모두 1990년대 이후 기간을 보면 생산과 고용의 동조성이 크게 약화되었다. 거시경제 모형 구성에 중요한 역할을 하는 생산, 고용, 물가 사이의 관계를 오쿤의 법칙(Okun' s law)과 필립스곡선(Phillips curve)에서 살펴보자.

오쿤의 법칙은 미국의 경제학자 오쿤이 발견한 현상으로 경기회복기에는 고용의 증가 속도보다 국민총생산의 증가 속도가 더 크고, 불황기에는 고용의 감소 속도보다 국민총생산의 감소 속도가 더 크다는 것이다. 구체적으로 실업률이 1% 늘어날 때마다 국민총생산이 2(2.5)%의 비율로 줄어드는 것을 발견했는데 이같은 실업률과 국민총생산의 밀접한 관계를 오쿤의 법칙이라 부른다. 필립스곡선은 영국의 경제학자 필립스가 찾아낸 실증법칙으로 실업률이 낮으면 임금상승률이 높고 실업률이 높으면 물가상승률이 낮다는 반비례 관계를 나타낸 곡선이다. 확대통화정책으로 단기적으로는 경기를 부양해(물가를 끌어올려) 실업률을 낮출 수 있다. 그런데 필립스곡선이 우상향한다는 것은 이 같은 상관관계가 깨지고 실업률과 물가가 동시에 올라간다는 뜻이다. 이는 새케인지언 모형(New Keynesian model)에서 실물부문과 물가를 연결하는 중요한 이론적 기반 중 하나이다.

이준석 외(2022)는 생산과 고용의 동조성 여부와 필립스곡선의 기울기 및 위치 이동을 분석한다. 미국의 경우 1990년 이후 고용 없는 경기회복 양상이 두드러지게 나타나 생산과 고용 간 동조성이 확연히 약화된 사실을 확인하였다. 이같은 동조성 약화의 원인에 관해서는 많은 연구들이 현재 진행 중이며 합의된 결론은 아직 없는 상황이다.

고용 없는 경기회복 현상의 유력한 가설 중 하나는 재모비취와 슈(Jaimovich and Siu, 2020)가 주장하는 정형화된 직업 편향적(routine-biased) 기술진보로 인한 기술(또는 자본)의 노동대체다. 즉, 자동화 기술의 발달로 인해 경기침체 때 노동시장에서 사라진 일자리를 기계가 대체하면서 고용 없는 경기회복이 발생할 수 있다는 것이다. 한국의 경우에도 1990년대 이후 경기회복 국면에서 고용이 회복되지 않는 모습이 보였다.

이준석 외는 한국의 경우 미국에 비해 고용과 실업의 GDP 대비 변동성이 매우 작다고 밝히고 있다. 분석에 의하면 1990년 이후의 기간에서 경기순환의 변동성은 한국이 미국에 비해 약 2배 정도(GDP 변동성 기준, 미국 1.09 한국 2.13)인 것으로 나타났지만 고용률의 변동성은 두 경제가 비슷하게 나타났다(미국 0.65 한국 0.81). 이에 따라 GDP 대비 고용률의 변동성은 미국이 0.59인 데 반해 우리나라는 0.38에 불과했다.

한국 노동시장의 경직성으로 인해 고용 및 실업의 변동성은 IMF 위기 기간을 제외하면 미국보다 현저히 작았다. 이 같은 고용의 안정성은 상당 부분 우리나라 노동시장의 경직성 때문인 것으로 추측된다.

그리고 인플레이션 서프라이즈(실제 인플레이션과 기대인플레이션 간의 차이)와 실업률 관계에서 1970년대부터 2000년대에 이르기까지 10년 단위로 보았을 때 미국의 경우 통상적인 상충관계(즉, 기울기가 음인 필립스곡선)가 잘 관찰된다. 그러나 근래로 올수록 그 기울기가 점점 평탄화되고 2010년대에 들어와서는 필립스곡선의 기울기가 역전되어 오히려 양의 상관관계를 보이고 있다. 이에 대해 이준석 외는 최근 사라진 인플레이션이라고 불리는 현상으로 설명한다.[4] 한국의 경우에도 미국과 마찬가지로 근래로 오면서 기울기가 평탄화되다가 2000년 이후에는 기울기가 우상향하는 모습으로 변했다. 따라서 최근 관측된 현상을 고려할 때 유가 상승 등 공급 측에서 나쁜 충격이 발생할 경우 물가와 실업이 동시에 악화될 수 있고 두 가지 목표 중 단 하나도 달성하지 못할 수 있다는 것이다.

---

4. 이준석 외(2022)는 "2010년대 단기 필립스곡선에 의하면 마치 인플레이션과 실업률의 상충관계가 없어 일견 두 가지 목표를 동시에 달성할 수 있는 것처럼 보인다. 그러나 양의 기울기를 갖는 필립스곡선이 일반적인 현상으로 정착된 것인지, 단지 일시적 현상인지 아직 단정하기는 다소 성급해 보인다. 더구나 우상향하는 필립스곡선은 나쁜 공급 측 충격 발생 시에는 두 가지 목표 중 단 하나도 달성할 수 없는 상황이 올 수도 있음을 함께 시사한다는 점을 유념해야 할 것"으로 설명한다. 본 저서가 주장하는 신공급 측면의 성장론을 뒷받침하는 내용이다.

일자리의 양극화

경제성장의 고용창출 효과 약화에 따라 경제 전반의 소비여력 저하는 경제성장을 저해할 수 있다. 뿐만 아니라 노동시장에서는 일자리 양극화를 심화시키는 요인으로 작용할 가능성이 있다. 즉, 성장과 고용 간 관계 약화는 노동 수요가 많은 일자리보다 그렇지 않은 일자리에 더 큰 영향을 미치며, 이에 따라 고 · 저숙련 노동자보다 자동화가 쉬운 중숙련 노동자 일자리에 더 큰 부정적 영향을 미칠 수 있다. 2014년 이후 중숙련 일자리 비중은 지속 감소하고 있는 반면 고숙련 및 저숙련 일자리 비중은 지속적으로 증가하고 있다.

송상윤 · 김하은(2022)은 상용근로자 50인 이상 및 자본금 3억 이상의 기업을 대상으로 기업성장과 고용 간 관계를 살펴보았다. 먼저 2014~2019년 중 기업 매출증가율과 고용증가율 간 관계(고용민감도)를 보면, 기업 매출증가율이 1%p 상승(하락)하면 고용증가율은 0.29%p 상승(하락)하였는데 동 수치는 최근 들어 둔화되고 있는 것으로 나타났다(2014~2016년 0.31%p, 2017~2019년 0.27%p). 다음으로 매출 증감 방향에 따른 고용민감도를 추정한 결과, 최근의 고용민감도 하락은 매출이 증가한 제조업 300인 이상, 서비스업 300인 미만 기업의 고용창출력이 큰 폭 하락한 데 주로 기인하였다. 특히 이러한 현상은 매출이 대폭 증가(표준편차 1 이상 증가)한 기업에서 두드러지게 나타났다. 서비스업 300인 미만 기업의 경우 경쟁심화 등으로 가격결정력이 약화되었고, 제조업 300인 이상 기업의 경우 기계장치에 대한 설비투자 증가가 고용 증대를 제약하는 요인으로 작동한 것으로 분석되었다.

제조업 특유의 기술변동

김배근(2012)은 경기변동 과정에서 기술혁신에 따른 생산성 증가가 고용 없는 성장의 원인이 되는지를 분석하였다. 제조업의 생산성 증가가 서비스업에 비해 더 빠르다는 점을 반영하여 기술변동의 유형을 제조업 특유 기술변동과 중립적 기술변동으로 구분하였다. 제조업 특유 기술은 제조업 부문에 국한해서 생산성을 높이는 기술로 정의되는데, 이는 제조업의 생산성 증가가 서비스업에 비해 상대적으로 빠르기 때문이다. 반면 중립적 기술은 모든 부문의 생산성을 동일하게 증가시키는 기술로 정의된다.

분석 결과를 요약하면, 제조업 특유 기술수준이 높아질 경우 제조업 고용은 단기적으로 증가하다가 장기적으로 감소하는 것으로 나타났고, 반면 서비스업 고용은 장 · 단기에 모두 증가하는 것으로 나타났다. 이러한 산업 간 노동이동 효과를 모두 고려하면 장 · 단기에 전체 총고용이 증가하는 것으로 나타났다.

구체적으로 살펴보면, 우선 제조업 특유 기술수준이 높아질 때 장기적으로 제조업 고용이 감소하는 것은 재화 및 서비스 소비 사이의 대체탄력성이 1보다 작다는 점에 기인하는 것으로 풀이된다. 즉, 제조업의 생산기술이 발전하는 만큼 상대가격 하락에 따른 수요 증가가 충분하지 못하기 때문에 장기적으로 제조업 부문의 고용 감소를 수반한다. 따라서 제조업의 빠른 생산성 증가로 제조업에서 서비스업으로의 추세적 노동이동은 불가피한 현상이라고 본다.

그러나 장기적인 고용구조 변화가 아닌 경기변동 과정에서의 고용

변동에 초점을 맞출 경우 기술혁신이 고용 감소를 유발하는 것으로 보기는 힘들다. 왜냐하면 제조업 특유의 기술수준이 높아질 때 단기적으로는 전체 고용뿐만 아니라 제조업 고용도 오히려 늘어나고, 중립적 기술수준이 높아질 때 고용 감소가 나타난다는 근거도 매우 희박하기 때문이다.

또한 역사적 분해에서 기술변동에 의해 유발된 고용률 변동이 최근 실제 고용률을 상회하기 시작한 점도 이러한 결론을 지지한다. 동 분석 결과는 많은 사람들이 제조업을 중심으로 한 생산성 증가가 제조업 고용 및 전체 고용을 감소시키면서 고용 없는 성장을 야기한다고 보고 있는 상황에서 이러한 견해가 잘못되었을 수 있음을 시사한다.

기술충격 발생 후 충격반응함수에서 경제 전체의 고용이 늘어나는 점, 그리고 역사적 분해 분석 결과에서 두 가지 기술충격으로 야기된 고용률이 2010년 1/4분기부터 실제 고용률을 훨씬 상회하기 시작한 점은 최근의 고용부진이 기술혁신에 의해 유발된 것은 아님을 의미한다. 따라서 고용부진의 원인은 노동 수요 및 공급에 영향을 미치는 여타 요인들을 분석함으로써 규명될 수 있을 것으로 보인다.

본 절의 결론 및 정책적 함의는 다음과 같다. 경기침체 때 노동시장에서 사라진 일자리를 자동화 기술의 발달로 인해 기계가 대체하면서 고용 없는 경기회복이 발생할 수 있으며 기술진보로 인해 자본의 노동 대체로 이어진다. 또한 노동시장에서 중숙련 일자리 비중은 지속 감소하고 있는 반면 고숙련 및 저숙련 일자리 비중은 지속적으로 증가하고 있어 일자리 양극화를 심화시키고 있다. 자동화가 쉬운 중숙련 노동자 일자리에 더 큰 부정적 영향을 미칠 수 있어 성장과 고용 간 관계가 약화되고 있다.

학자에 따라서는 최근의 고용부진이 기술혁신에 의해 유발된 것이 아닐 수 있음을 보인다. 노동 수요 및 공급에 영향을 미치는 여타 요인들을 종합적으로 고려하여 고용부진의 원인을 분석할 필요가 있다.

1.3 기술진보에 따른 노동소득분배율 변화

노동소득분배율

노동소득분배율은 한 나라에서 한 해 동안 생산활동으로 발생한 소득(국민소득) 중 자본을 제외한 노동에 배분되는 몫(노동소득)이 차지하는 비중을 말한다. 국내총생산(GDP), 국내총부가가치(GVA), 요소비용 국민소득(NI) 등 어떤 소득을 국민소득으로 사용하는지, 또한 노동소득의 범위를 어디까지 고려하는지에 따라 노동소득분배율은 달라진다

국내총생산(GDP)은 국내의 각 경제주체가 생산활동을 수행한 결과로 발생한 부가가치를 합한 것이며 피용자보수, 영업잉여, 고정자본소모, 순생산 및 수입세로 구성된다. 분모에 국내총생산을 사용하면 순생산 및 수입세와 고정자본소모를 자본소득으로 간주하는 것이다. OECD는 국내 총생산에서 순생산 및 수입세를 제외한 총부가가치(GVA)를 사용한다. 자본 축적을 위한 재원으로 사용되는 고정자본소모를 자본에 대한 요소소득으로 간주한 것이다. 한국은행에서는 가장 좁은 범위의 요소비용 국민소득(NI)을 사용한다. 즉, 국내총생산에서 순생산 및 수입세와 고정자본소모 모두를 제외한다. 또한 자영업자의 소

득을 모두 영업이익으로 간주하여 자본소득에 포함시킨다. 따라서 노동소득분배율을 측정하는 주요 항목인 '노동소득'에 자영업자의 노동소득을 고려하지 않고 있다는 데에 한계가 있다.

한국은행은 분자에 사용하는 노동소득에 피용자보수를 사용한다. 피용자보수는 근로자가 수행한 노동의 대가로 받은 현금 또는 현물 형태의 현금 및 급여와 고용주가 부담하는 사회부담금으로 구성된다. 피용자보수로 한정하면, 자영업자의 소득인 개인 영업잉여를 모두 자본소득으로 간주하게 된다. 그런데 자영업자의 소득은 자본소득과 노동소득이 혼합된 소득이기 때문에 한국은행 방식으로 측정하면 노동소득분배율은 과소 측정된다.

이러한 논란 속에 한국은행은 국민계정 기준연도를 2015년으로 개편하면서 개인 비법인 기업의 '혼합소득' 규모를 2010년부터 제공하고 있으며, 자영업자의 소득이 고려된 조정 노동소득분배율을 제공하고 있다. '혼합소득'은 가계 비법인 기업의 소유주(= 주로 소규모 자영업자)는 기업을 경영하는 기업가로서의 역할과 노동을 투입하는 노동자로서의 역할을 동시에 수행하기 때문에 가계 비법인 기업의 생산활동 결과 발생한 소득에는 피용자보수와 영업잉여가 혼합되어 있다는 점을 반영한다.

대체탄력성

생산요소의 상대가격 변화가 노동소득분배율에 미치는 영향을 분석하기 위해서는 대체탄력성 개념이 중요하다. 대체탄력성은 생산요소의 상대가격 변화에 대해 생산요소를 대체하는 정도가 얼마인지를 나타내는 지표다.

노동(L)과 자본(K)의 두 가지 생산요소를 투입하는 생산함수에서 등량곡선상의 어느 한 점에서의 기울기를 한계기술대체율(marginal rate of technical substitution ; MRTS)이라고 한다. MRTS는 생산량을 일정하게 고정시킨 상황에서, 즉 하나의 등량곡선상에서 노동이 자본과 어느 정도의 비율로 대체될 수 있느냐를 나타낸다. 그런데 등량곡선의 모양에 따라 한계기술대체율이 변화할 때 자본과 노동 간 투입 비율이 변화하는데 이를 객관적인 수식으로 나타낸 것이 대체탄력성(σ)이다.

대체탄력성을 구하는 식에서 분모는 MRTS의 변화율(등량곡선 기울기의 % 변화율), 즉 등량곡선의 기울기가 얼마나 변하는지를 나타내고, 분자는 생산요소 투입 비율의 변화율(자본/노동 비율의 % 변화율)을 나타낸다. 대체탄력성 σ는 분모가 % 변화할 때 분자가 몇 % 변화하는지를 나타내므로, 대체탄력성이 크다는 의미는 등량곡선 기울기의 작은 변화에 대해서 자본/노동 비율에 큰 변화가 있다는 것이다. 즉, 자본과 노동은 대체가 매우 용이하다는 뜻이다. 완만한 형태의 등량곡선이 볼록한 형태의 등량곡선보다 대체탄력성이 크게 나타난다.

그런데 비용극소화의 조건이 만족되는 경우 분모에 들어가는 한계기술대체율은 노동과 자본의 가격 비율($\frac{w}{r}$ = 실질임금/실질이자율)이므로 생산요소의 상대가격 비율의 변화율로 나타낼 수 있다. 따라서 대체탄력성은 생산요소 상대가격이 변화할 때 생산요소 투입 비율이 얼마나 민감하게 변화하느냐의 의미로도 해석할 수 있다. 즉, $\sigma = \frac{d\,ln\left(\frac{K}{L}\right)}{d\,ln\left(\frac{w}{r}\right)}$으로 표현된다.

항상 일정한 대체탄력성을 가지는 생산함수의 경우를 CES (constant elasticity of substitution) 생산함수라고 하는데, 콥-더글라스 (Cobb-Douglas) 생산함수는 CES 생산함수의 특수한 형태로서 대체탄력성이 항상 1이다. 대체탄력성이 1이라는 것은 생산요소 가격의 10% 변화가 생산요소 투입 비율을 반대방향으로 10% 변화시킨다는 의미이다. 그런데 생산요소에 대한 수요는 생산하고자 하는 생산물에 대한 수요에서 파생되는 것이므로 노동의 수요를 분석할 경우에는 노동의 가격인 임금에 대한 분석뿐만 아니라 생산량의 변동도 고려되어야 한다. 따라서 자본/노동의 투입 비율, 즉 생산요소의 변화를 분석할 경우 하나의 등량곡신상에서의 변화만 다룸으로써 생산량 변화를 분석에서 배제할 수 있다.

대체탄력성이 1보다 작은 경우 노동과 자본은 서로 보완적이라고 정의하고, 그 반대인 경우에는 대체적이라고 정의한다. 따라서 임금 상승이 노동소득분배율의 증가를 가져오기 위해서는 노동과 자본이 서로 보완적이어서 임금 상승에도 불구하고 노동을 자본으로 대체하는 정도가 작아야 한다. 즉, 대체탄력성이 1보다 작아야 한다.

기술진보에 따른 노동소득분배율의 변화

장기적으로 노동소득분배율이 일정한 수준을 유지한다는 가설은 칼도의 성장의 정형화된 사실에서 살펴보았다. 경제가 성장하면서 노동소득분배율에 변함이 없다면 경제가 성장하는 만큼 노동의 소득도 증가하게 되고 개인의 후생 증진에 기여하게 된다. 그런데 최근의 연구에 의하면 노동소득분배율이 장기간 일정한 수준을 유지하기보다는 하락세를 보이고 있으며 이 같은 현상이 특정 국가가 아닌 대부분의 국가에서 관찰된다. 노동소득분배율이 하락한다는 것은 전체 소득 중에서 노동이 가져가는 소득의 몫이 적어진다는 의미이다.[5]

기존 경제학계에서는 노동소득분배율의 변동을 노동과 자본 간 대체탄력성을 통해 설명한다. 최근의 연구에서는 노동소득분배율 변동이 생산요소의 상대가격 변화에 기인한 것이 아니라 특정한 형태의 기술진보에 기인한 것이라고 주장한다. 기술진보는 특정 생산요소에 대한 수요에 영향을 미칠 수 있다. 기술진보로 인해 노동에 대한 상대적 수요가 증가하는 경우 노동 편향적 기술진보라 부르며, 반대로 자본에 대한 상대적 수요가 증가하는 경우 자본 편향적 기술진보라 부른다. 노동소득분배율의 변동을 상대가격 변화와 기술진보가 일어나는 경우로 한정하여 살펴보자.

노동소득분배율(s_L)은 전체 부가가치 생산물 중에서 노동에 대한 보수가 차지하는 비율을 의미하므로 $s_L = \frac{wL}{rK + wL} = \frac{1}{\frac{rK}{wL} + 1}$과 같은 형태로 주어진다. 여기서 $\frac{rK}{wL}$는 자본비용(rK)과 노동비용(wL)의 상대적인 비율이다. 노동부가적 기술진보와 자본부가적 기술진보가 일어나는 CES 생산함수에서 구한 이 비율은 $\frac{rK}{wL} = \left(\frac{A_L}{A_K}\right)^{1-\sigma}\left(\frac{r}{w}\right)^{1-\sigma}$이 된다. 여기서 σ는 앞에서 구한 대체탄력성이다. $\frac{rK}{wL}$가 커질수록 노동소득분배

5. 한국의 노동소득분배율 변동에 관해서는 황흘 외(2019), 안국신(2022)을 참고하라.

율은 줄어든다는 의미이다.

대체탄력성이 1보다 작은 경우($\sigma < 1$)를 고려하자. 임금이 상승하게 되면 단기적으로 노동비용 대 자본비용의 비율($\frac{rK}{wL}$)이 하락하게 되고 노동소득분배율(s_L)은 상승하게 된다. 이는 대체탄력성이 1보다 작기 때문에 임금이 상승한 정도(혹은 $\frac{r}{w}$의 하락 정도)에 비해 노동이 자본으로 대체되는 정도(혹은 $\frac{K}{L}$ 상승 정도)가 작기 때문이다. 특정 생산요소 가격이 상승한 효과는 대부분 그 생산요소에 대한 소득분배율의 상승으로 나타나게 된다고 볼 수 있다.

그런데 노동부가적 기술진보(A_L)가 일어나면 노동에 대한 상대적 수요가 감소하게 되고 노동소득분배율에 부정적 영향을 미치게 된다. 직관적으로 자본과 노동이 서로 보완적인 경우($\sigma < 1$) 노동 생산성을 증가시키는 기술이 개발되면 현재 노동투입 수준에서 노동이 자본에 비해 상대적으로 풍부하다고 인식되므로 노동에 비해 자본에 대한 수요가 상대적으로 증가하게 된다. 당연히 위에서 구한 비율에서도 증명된다. 대체탄력성이 1보다 작고($\sigma < 1$) 노동부가 기술진보(A_L)가 일어나는 경우 $\left(\frac{A_L}{A_K}\right)^{1-\sigma}$이 증가하여 $\frac{rK}{wL}$가 커지므로 노동소득분배율(s_L)은 줄어든다.

본 절의 결론 및 정책적 함의는 다음과 같다. 노동생산성을 증대시키는 노동부가적 기술진보가 일어나면 노동의 효율성 증가로 임금이 상승한다. 임금 상승은 단기적으로는 노동소득분배율을 증가시키지만 비싸진 노동력을 절약하기 위해 노동절약형 기술에 대한 투자가 증대되고, 즉 자본 편향적이 되어 자본투입 증대에 따른 노동 수요가 감소하게 된다. 이것은 노동소득분배율을 감소시키는 힘으로 작용한다. 따라서 임금 상승과 기술진보에 의한 상반되는 효과로 장기적으로 생산요소에 대한 소득분배율은 대체로 일정하게 나아가게 된다는 칼도의 정형화된 사실을 설명할 수 있게 된다.

1.4 실질투자가 부의 불평등 해소

자본 축적과 노동소득분배율의 변화

1장 성장의 역설(피케티의 소득불평등)에서 제기된 피케티의 자본주의 신조를 다시 살펴보자.

$$\text{자본에 대한 분배율} = \text{실질이자율} \times \frac{\text{저축률}}{\text{경제성장률}}$$

자본주의 신조 식은 $\alpha = r \cdot \frac{K}{Y} = r \cdot \frac{s}{g} = r \cdot \beta$에서 도출하였다. 여기서 α는 자본소득분배율, r은 이자율, $\frac{K}{Y}$는 자본계수, s는 저축률 , g는 경제성장률이었다. 수식에서 보듯이 피케티는 경제가 어려워 성장률이 낮아질 경우($g \rightarrow 0$) 소득의 자본 몫은 가히 폭발적으로 증가한다고 보았다. 또한 소득분배 불평등을 완화시키기 위해서는 경제성장이 중요하다고 간접적으로 주장하였다.

피케티는 "자본계수가 일정하다고 주장하는 솔로우 모형과 달리 최근에는 자본계수 $\frac{K}{Y}$가 상승하여 α가 커지고 자본의 몫이 증가하여 불평등이 확대되고 있다. 부의 분배 문제는 자본과 노동의 대체탄력성에 달려 있는데 탄력성이 1보다 크다면 자본 산출 비율 증가는 이윤 몫의 증가로 이끈다. 즉, 국민소득 중 부의 소유자 몫이 증가하는데 이는 자본의 과잉축적에 기인한다. 즉, 너무 많은 실질투자가 이루어지고 있다"고 주장한다.

로우손은 노동부가적 기술진보가 일어나는 CES 생산함수에서 이윤 몫의 성장률(g_α)을 다음 식 $g_\alpha = \left(\frac{\sigma - 1}{\sigma}\right) g_{\frac{K}{Y}}$으로 도출하였다. 여기서 α는 이윤 몫, σ는 대체탄력성, $\frac{K}{Y}$는 자본 산출 비율을 나타내고 g는 성장률의 의미이다.

따라서 로우손의 피케티 모형 평가를 다음과 같이 정리할 수 있다. 첫째, 피케티는 $\frac{K}{Y}$를 직접 측정하지 않고 주택을 포함하는 부로 자본의 대용변수를 사용하였는데 이는 분석에 한계가 있다. 왜냐하면 생산함수에서 물적자본(capital)이 사용되었지 주택을 포함하는 부(자산, wealth)는 생산과정에 생산요소로서 노동과 결합되지 않았기 때문이다. 둘째, 피케티는 대체탄력성 σ가 1보다 크고 자본계수의 성장률 $g_{\frac{K}{Y}}$이 커지기 때문에 이윤 몫이 커진다고 보았다($\sigma > 1$, $g_{\frac{K}{Y}} > 0$). 그러나 미국의 경우 1982년경부터 자본계수가 하락하고 있고 유럽의 경우 대체적으로 안정적이다.

만약 자본 · 노동의 대체탄력성이 대부분의 학자들이 주장하듯이 1보다 작다고 측정되고 자본계수의 성장률 $g_{\frac{K}{Y}}$이 줄어든다면 피케티의 주장과 같이 자본 몫이 증가하는 것에 동의하는 것이 된다. 그러나 반대로 자본 · 노동의 대체탄력성이 1보다 작고 피케티의 주장대로 부-소득의 비율이 증가한다면($g_{\frac{K}{Y}} > 0$) 오히려 자본 몫은 줄어든다($g_\alpha < 0$). 즉, 노동소득분배율이 증가하게 된다.

부 소유자는 실질 부가 자산가격의 상승으로 증가하고 (자본의 평가결과로) 그들의 현 소득(이윤)을 저축할 필요성이 줄어들어 더 많이 소비할 수 있기 때문에 실질투자가 줄어든다. 따라서 대체탄력성 σ가 1보다 작고 실질자본 축적이 줄어들므로($g_{\frac{K}{Y}} < 0$) 부 소유자의 몫이 늘어난다. 즉, 자산의 가치평가 증가(capital appreciation)로 부 소유자는 높은 수준의 소비를 즐길 수 있고 동시에 총소득보다 그들의 부가 더 많이 증가한다. 이러한 현상은 모든 국가에서 일어나고 있다. 따라서 부의 불평등을 줄이기 위해서는 실질투자 증가가 이루어져야 한다.

소득불평등 완화

경제변수의 총계 개념과 순계 개념을 먼저 살펴보자. 피케티 모형과 솔로우 모형의 차이 출발점은 균제상태에서의 자본계수($\frac{K}{Y}$)에 있다. 1장에서 살펴보았듯이 피케티 모형은 $\frac{k}{y} = \frac{s}{g}$로 나타나고, 솔로우 모형은 $\frac{k}{y} = \frac{s}{n+\delta+g}$이다. 여기서 인구 증가가 없다($n = 0$)고 가정하면 모형에 차이는 없으나 감가상각률 δ가 피케티 모형에는 보이지 않는다. 감가상각률이 모형 전개 과정에서, 즉 모형 안에서 포함되어 서술되었다고 가정할 수 있다.

피케티 모형은 정확히 말하면 총(gross) 개념이 아닌 순(net) 개념이다. 그러므로 피케티 모형에서 주장하는 자본계수는 총량 개념이 아닌 순저축률 $\tilde{s}$와 순소득 $\tilde{y}$의 순계 개념으로 표기한다. 즉, 실례로 순소득 $\tilde{y}(= y - \delta k)$이 된다.

크루셀과 스미스(Krusell and Smith, 2015)는 피케티의 전개방식대로 감가상각률이 모형 안에 포함되었다고 가정하여 자본-순산출 비율과 자본-총산출 비율을 구하여 솔로우 모형과 비교 · 서술하였다. 만약 감가상각률 $\delta = 0.08$, 저축률 $s = 0.24$일 때 성장률이 0으로 수렴한다면($g \rightarrow 0$이라면), 자본/순산출 비율, 자본/총산출 비율, 소비-산출 비율은 두 모형에서 어떻게 되겠는가?

[표 6-1]에서 성장률이 0으로 수렴할 때 피케티 모형에서는 자본/순산출, 자본/총산출 비율은 각각 ∞와 12.5가 나왔는데 이는 지나치게 큰 수치이다. 소비/소득 비율의 경우 0에 수렴하고 저축률이 1로 수렴한다는 것도 한계가 있는 주장이다. 반면에 솔로우 모형에서는 성장률

표 6-1 피케티 모형과 솔로우 모형 비교

	피케티 모형		솔로우 모형	
		$g \rightarrow 0$		$g \rightarrow 0$
$\frac{\text{자본}}{\text{총산출}}$	$\frac{\tilde{s}}{g+\tilde{s}\delta}$	$\frac{1}{\delta} = \frac{1}{0.08}$ $= 12.5$	$\frac{s}{g+\delta}$	$\rightarrow \frac{s}{\delta} = \frac{0.24}{0.08} = 3$
$\frac{\text{자본}}{\text{순산출}}$	$\frac{\tilde{s}}{g}$	$\rightarrow \infty$	$\frac{s}{g+\delta(1-s)}$	$\rightarrow \frac{s}{\delta(1-s)}$ $= \frac{0.24}{0.08(1-0.24)}$ ≈ 4
$\frac{\text{1인당 소비}}{\text{1인당 소득}}$	$\frac{(1-\tilde{s})g}{g+\tilde{s}\delta}$	$\rightarrow 0,$ $s \rightarrow 1$	$1-s$	0.76
총저축률	$s(g) - \frac{(g+\delta)\tilde{s}}{g+s\delta}$	–	s(일정)	–
순저축률	$\tilde{s}$(일정)	–	$s(g) =$ $\frac{gs}{g+\delta(1-s)}$	–

주 : 감가상각률 $\delta = 0.08$, 저축률 $s = 0.24$일 때 성장률이 0으로 수렴한다고 가정($g \rightarrow 0$)함.

이 0에 수렴할 때 자본/순산출, 자본/총산출 비율은 각각 4와 3으로 나왔으며, 소비/산출 비율이 0.76 정도로 나와 어느 정도 현실을 설명하고 있다. 5장 4절에서는 자본계수가 3.3～6.3임을 보았다.

이제 현실경제의 설명력을 위해 저축률과 성장률 간의 관계를 비교하여 보자. 피케티 모형에서는 순저축률은 일정하고 성장률과는 독립적이다. 반면에 총저축률은 $s(g) = \frac{(g+\delta)\tilde{s}}{g+\tilde{s}\delta}$이어서 성장률이 증가하면 저축률이 감소한다($g$↑하면 $s(g)$↓). 즉, 음(−)의 관계에 있다. 반면 솔로우 모형에서는 총저축률은 일정하고 순저축률은 성장률 g에 대한 함수 $s(g) = \frac{gs}{g+\delta(1-s)}$로 표현된다. 따라서 순저축률 s와 성장률 g는 양(+)의 관계에 있다. 미국 경제의 실증분석에서 총저축률이나 순저축률이 경제성장률과 양의 관계를 가져 저축률 증가가 투자율로 이어져 경제가 장기성장하고 있음을 알 수 있다. 따라서 피케티 모형은 솔로우 모형보다 현실 설명력이 뒤떨어진다. 따라서 크루셀과 스미스는 경제성장률이 0으로 접근한다고 해도 소득불평등은 완만하게 이루어진다고 주장한다.

본 절의 결론 및 정책적 함의는 다음과 같다. 부 소유자는 자산가격 상승으로 실질 부가 증가하고 그들의 현 소득을 저축할 필요성이 줄어들어 더 많은 소비가 이루어지며 실질투자는 줄어든다. 자본-노동의 대체탄력성이 1보다 작으므로 자본-소득의 비율이 증가해야 오히려 자본몫은 줄어들어 노동소득분배율이 증가하게 된다. 따라서 부의 불평등을 줄이기 위해서는 실질투자 증가가 이루어져야 한다. 총저축률과 순저축률이 경제성장률과 양의 관계를 가짐을 확인하였으므로 저축률 증가가 투자율로 이어져야 경제가 장기 성장할 수 있다.

1.5 소득불평등 완화와 확대 요인

교육의 공정성 강화

개인의 의지와 관계없이 주어진 환경에 따라 성취 전망의 우열이 결정될 때 기회불평등이 존재한다고 본다. 신지섭 · 주병기(2021)는 부모의 사회경제적 지위(부친의 학력)에 따라 (가구처분가능)소득이라는 성취변수의 기회불평등이 존재하는지 여부와 그 장기 추세를 분석하였다.

한국노동패널과 가계동향조사를 활용하여 1990년에서 2016년에 이르는 (가구처분가능) 항상소득 기회불평등 추세를 분석한 결과, 기회불평등도가 1990년대 초 · 중반까지 상대적으로 양호한 낮은 수준을 유지하다 외환위기를 거치며 최근까지 빠르게 상승하였고 이런 상승 추세가 통계적으로 유의미함을 확인하였다. 전문대졸 이상의 가구주를 대상으로 한 분석에서는 기회불평등도가 전 기간에 걸쳐 큰 폭으로 하락하는 것으로 나타났다. 교육이 소득 기회불평등을 줄이는 데 중요한 역할을 하고 있다는 것이다. 이러한 결과는 고등교육에 대한 접근성이 기회불평등이 발생하는 주요 경로임을 시사하고 있고 이러한 경로의 중요성은 점차 확대되고 있을 가능성을 말해 준다. 따라서 이들은 소득 기회불평등을 해소하려면 성장환경에 의해 교육 성취의 격차가 발생하지 않도록 교육의 공정성이 강화되어야 한다는 점을 강조한다.

연령효과와 학력효과를 고려한 지니계수

연령효과와 학력효과를 고려한 소득불평등의 정도와 추이를 정지운 · 임병인(2020)이 도출한 지니계수를 통하여 살펴보자. 그들은 시장소득과 경상소득 기준으로 구분하여 전통적인 지니계수(Gini)와 세 가지 연령조정지니계수(PG, WG, AG)를 1990 ~ 2020년 「가계동향조사」의 자료를 이용하여 소득분배 상태와 그 추이를 분석하였다.[6] WG는 연령효과만을 반영하여 산출한 것이고, AG는 연령 외에 가구주의 교육수준도 반영한 연령조정지니계수이다. 결국 WG와 AG의 차이는 가구소득에 영향을 미치는 학력차이에 의해 유발되는 전체 소득불평등도에 대한 기여 정도라고 해석할 수 있다.

〈그림 6-1〉의 시장소득 기준으로는 WG와 AG의 격차가 커지고 있지만 〈그림 6-2〉의 경상소득 기준으로는 WG와 AG의 격차가 사라져 거의 없다. 그 차이가 시장소득을 기준으로 점차 커지고 있다는 것은 학력차이가 전체 소득불평등도에 기여하는 정도가 더 커지고 있음을 시사해 준다.

〈그림 6-1〉과 〈그림 6-2〉에 나타나 있듯이 시장소득 기준이든 경상소득 기준이든 전통적인 지니계수(Gini)로 본 소득불평등도는 1990년 이후 약간 하락한 채로 유지되다가 1998년 외환위기를 기점으

6. 시장소득은 근로소득과 사업소득, 재산소득, 그리고 사적 이전소득(가구 간 이전, 할인혜택, 기타이전소득)의 합이고, 경상소득은 시장소득에 공적 이전소득(공적연금, 기초연금(기초노령연금), 사회수혜금, 사회적 현물이전, 세금환급금)을 합산한 것이다. PG는 Paglin 지니계수, WG는 Wertz 지니계수, AG는 Almås. Havnes. Mogstad 지니계수를 나타낸다. 자세한 내용은 정지운 · 임병인(2020)을 참조하기 바람.

그림 6-1 시장소득 기준 지니계수

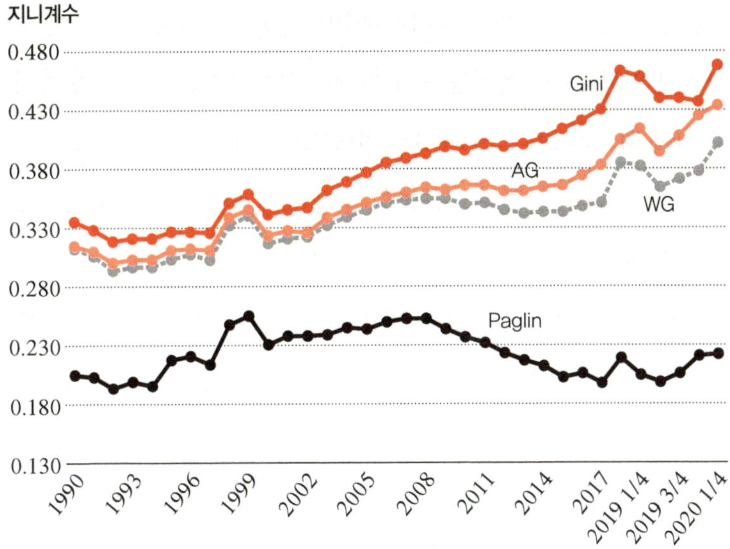

자료 : 정지운 · 임병인(2020)

그림 6-2 경상소득 기준 지니계수

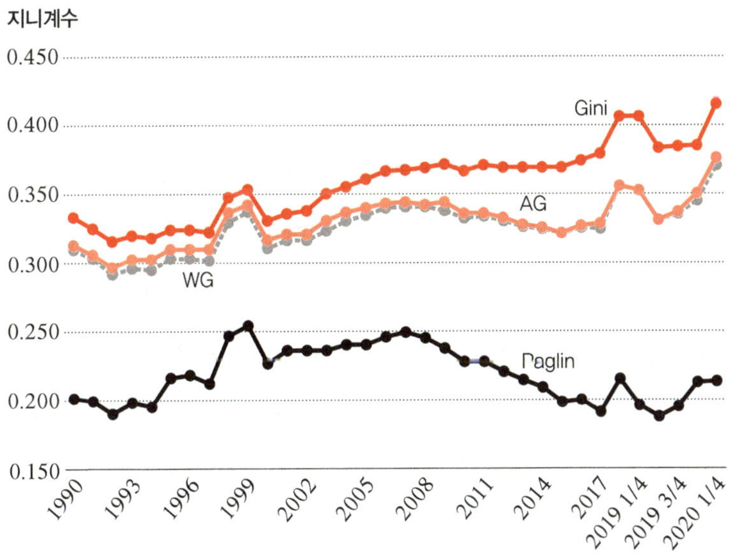

자료 : 정지운 · 임병인(2020)

로 크게 증가하였으며, 이후 그 추세가 완만하게 증가하는 양상을 보이고 있다. 이 추세는 연령조정지니계수(PG, WG, AG)와 유사하여 연령효과를 반영해도 소득불평등도 값 자체는 작아졌지만, 추세를 변화시키지 못함을 확인해 준다. PG는 3개 연령조정지니계수 중 가장 낮은 수치를 보여주고 있어, 페글린(Paglin)의 주장에 근거할 때 우리나라의 소득불평등 상태가 과장되어 있음을 보여준다.

결과를 정리하면 횡단면 내에서 우리나라의 전체 소득불평등도에서 차지하는 연령효과, 즉 연령집단 간의 소득격차는 점차 커지고 있다. 또한 가구주의 학력차이를 반영한 AG와 연령차이만을 반영한 WG의 차이가 최근으로 올수록 점증하고 있어 연령과 학력 차이로 인한 소득불평등 상태 정도가 점점 더 커지고 있다. 그런데 학력차이는 경상소득에 의하여 거의 사라지고 있어 공적 이전소득으로 학력차이에 의한 소득격차가 보전되고 있음을 알 수 있다.

생애임금소득 불평등

김지운(2020)은 동일한 연령 내에서 측정한 임금소득 불평등 정도가 연령에 따라 증가하는 현상을 생애임금소득 불평등으로 정의하고, 내생적인 인적자본 축적이 반영된 생애주기 모형을 바탕으로 생애임금소득 불평등의 원인을 분석하였다. 즉, 노동시장 진입시점에 주어진 조건인 인적자본, 자산 및 학습능력 수준의 차이와 생애주기상의 노동생산성 충격 중에서 생애임금소득 불평등이 주로 어디에서 기인하는지를 분석하였다.

분석 결과 노동시장 진입 초기에 주어진 조건(66.9%)이 생애주기상의 노동생산성 충격(33.1%)보다 생애임금소득 불평등에 미치는 영향이 더 컸다. 특히 노동시장 진입 초기 조건 중 인적자본 수준의 차이가 생애임금소득 불평등에 매우 중요한 영향을 미치는 것으로 분석되었다.

이러한 분석 결과는 생애임금소득 불평등의 완화를 위해서는 노동시장 진입 시점에서 인적자본 수준의 차이를 줄일 수 있는 정책이 필요함을 시사한다. 대학 또는 중고등학교에서의 교육이 개인의 인적자본 형성에 중요한 영향을 미칠 것임을 추측할 수 있다. 질적인 측면에서 인적자본을 개선하기 위한 중·장기적 정책의 고안에 집중할 필요가 있다. 충분한 교육기회가 보장되도록 지원하여 인적자본 축적을 저해하는 요인으로 작용하지 않도록 해야 할 것이다. 이러한 교육의 내실화를 위한 교육정책이 생애임금소득 불평등을 줄이기 위한 중요한 정책방안이 될 수 있다.

또한 생애주기상 노동생산성 충격의 영향(33.1%)도 적지 않다. 따라서 산업 구조조정에 따른 실직, 직장 환경 변화 및 건강 악화 등 생애주기 동안 노동생산성이 악화되는 경우를 대비해 실업급여, 직업훈련 및 건강보험 등 사회안전망을 보강하는 정책도 생애임금소득 불평등을 완화하기 위한 중요한 정책수단이 될 수 있다. 생애임금소득 불평등 문제는 노인 빈곤 문제로 이어질 가능성이 높다.

노후자금이 부족하여 발생하는 노인 빈곤 문제의 근본적 원인 중 상당 부분은 생애임금소득 불평등이 발생하는 원인과 맞닿아 있을 것이다. 그러므로 중·장기적으로 노인 빈곤 문제를 해결하기 위해서는 노인 빈곤 문제에 대해 생애임금소득 차원에서 접근할 필요가 있다.

홍석철 · 전한경(2013)은 가구소득의 분산이 연령에 따라 증가하는 현상(연령 효과, age effect)을 생애임금소득 불평등으로 정의하고 그 불평등 원인을 실증분석하였다. 연령효과를 추정하는 과정에서 코호트효과와 연도효과를 동시에 고려하기 위해 연령 자체를 설명변수에 추가시켜 연령이 한 단위 증가함에 따라 로그 임금소득의 분산이 얼마나 늘어나는지를 추정하였다. 그리고 연령효과, 즉 생애주기상 가구 특성의 변화가 불평등 정도에 미치는 영향을 분석한 결과 생애주기상 가구주의 취업 여부와 가구 내 취업가구원 수의 변화가 생애 가구소득 불평 등에 유의미한 영향을 미치는 것으로 나타났다.

본 절의 결론 및 정책적 함의는 다음과 같다. 고등교육에 대한 접근성 여부가 기회불평등이 발생하는 주요 경로이며 이 경로의 중요성은 점차 확대되고 있다. 따라서 소득 기회불평등을 해소하려면 성장환경에 의해 교육 성취의 격차가 발생하지 않도록 교육의 공정성이 강화되어야 한다. 또한 학력차이가 전체 소득불평등도에 기여하는 정도가 더 커지고 있지만 공적 이전소득으로 학력차이에 의한 소득격차가 보전되고 있다.

인적자본 개선을 위해 충분한 교육기회가 보장되도록 지원하고 질적인 인적자본 축적이 이루어지도록 교육의 내실화 교육정책이 필요하다. 또한 이러한 정책은 생애임금소득 불평등을 줄이기 위한 중요한 방안이 될 수 있다.

1.6 선진국으로의 소득수렴 여부

소득수렴 과정

현실적으로 국가 간 실질 1인당 소득의 격차는 크다. 이러한 격차를 확대시키든지 또는 줄이든지 하는 자동적인 힘이 시장경제에 이론적으로나 실증적으로 존재하는가? 이와 관련한 실증분석이 매디슨(Maddison, 2001), 펜 월드 테이블(PWT), 배로-리(Barro-Lee) 등에 의한 자료구축 덕분으로 활발히 진행되고 있다.

노동부가적 기술진보가 일어나는 솔로우 생산함수에서 어떤 국가가 균제상태에 있다면 그 나라의 경제성장률은 외생적으로 주어지는 기술진보율, 즉 균제상태 성장률인 일정한 값이 g가 된다. 균제상태에 있지 않다면 이 성장률보다 크든지 작든지 할 것이다. 만약 어떤 경제가 균제상태에 있지 않다면 어떤 과정을 거쳐 균제상태에 도달하는가?

솔로우 생산함수에서 자본 축적의 동태과정을 통해 유효노동당 자본축적 방정식을 도출할 수 있고 1인당 소득성장률을 $\gamma = g + \lambda(ln y_t - ln y_t^*)$과 같은 소득수렴식으로 도출할 수 있다. 여기서 수렴속도인 λ는 $\lambda = (\alpha - 1)(n + \delta + g) < 0$이고 $ln y_t$는 어떤 국가의 소득수준, $ln y_t^*$는 균제상태 소득수준이다. 또한 $\hat{y}$은 성장률, g는 기술진보율, α는 자본분배율, n, δ는 각각 인구증가율과 감가상각률을 나타낸다.

수렴속도인 λ는 $(\alpha - 1)(n + \delta + g)$에서 $\alpha < 1$이므로 0보다 작다. 만약 어떤 국가가 균제상태 수준에 있다면, 즉 $ln y_t = ln y_t^*$이면 균제상태 성장률 γ는 기술진보율 g가 된다. 〈그림 6-3〉과 같이 만약 어떤 국

그림 6-3 소득수렴 과정

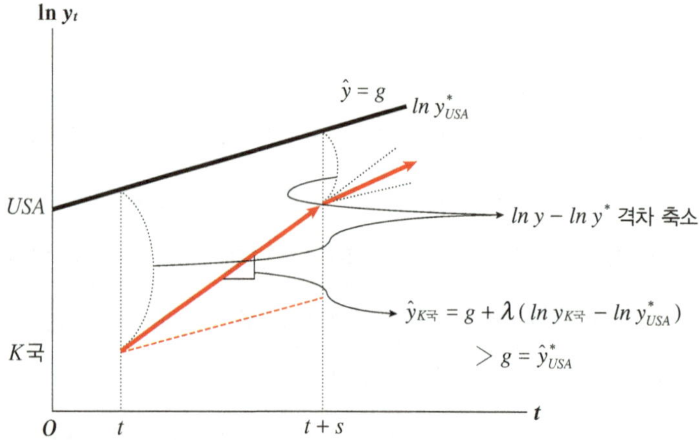

가의 소득수준(y_t)이 균제상태 소득수준보다 작다면($ln\, y_t < ln\, y^*_t$) 그 나라의 1인당 소득성장률은 g보다 크다. 왜냐하면 수렴속도 λ가 음수이고 소득격차 $ln\, y - ln\, y^*$가 음수이므로 $\gamma > g$이기 때문이다. 만약 균제상태 소득($ln\, y^*_t$)이 미국의 소득수준이라면 어떤 국가의 소득수준이 미국보다 작아서 소득격차가 크게 나타날수록 그 국가의 소득성장률은 크다.

미국 소득은 150여 년 동안 2% 수준에서 일정하게 성장하고 있는데 기술진보율로 나타나는 균제상태 성장률이다. 실례로 한국의 1960년대 소득수준은 미국과의 소득격차가 커서 성장률이 높게, 즉 가파르게 나타나고 1980년대에는 $ln\, y - ln\, y^*$가 축소되었기 때문에 성장률의 기울기가 이전보다는 완만하게 나타난다. 모든 국가가 동일한 균제상태로 접근할 때, 즉 미국의 소득수준에 수렴하게 될 때 이를 절대적 수렴이라고 부른다. 그 이후로부터는 동일한 g율로 성장한다.

소득수렴식을 1차 차분방정식 형태로 변형시켜 차분방정식의 해를 구하면 베타 수렴(β-Convergence) 식으로 도출할 수 있는데 $\gamma = \mu + \beta \ln y_0$, $\beta < 0$과 같다. 여기서 $\ln y_0$는 초기 소득수준, γ는 성장률이고 μ는 상수이다. $\beta = \frac{e^{\lambda t} - 1}{T}$이라 두면 $\frac{e^{\lambda t} - 1}{T} < 0$이므로 $\beta < 0$이 된다. 따라서 성장률과 초기 소득수준 사이에는 음의 관계가 된다. 즉, 초기 소득이 낮은 국가는 빠른 성장을 이루어 선진국가의 소득수준으로 당연히 쫓아간다는 신고전파 성장모형에서 말하는 β수렴 가설이다.

수렴속도

위에서 설명한 소득수렴식 $\gamma = g + \lambda(\ln y_t - \ln y_t^*)$을 다시 정리해 보자. 여기서 선진국들의 현실경제에서 나타나는 경제변수들을 살펴보면 대략 자본소득분배율(법인잉여, α)이 30%, 인구증가율과 감가상각률을 합($n + \delta$)하여 5%, 균제상태율로 간주하는 기술진보율(g)을 2%로 가정한다. 그러면 수렴속도, $\lambda = (0.3 - 1)(0.05 + 0.2) = -0.049 \approx -0.05 < 0$가 구해진다.

대략 5%의 수렴속도가 나온다. 그러면 개도국 B국이 선진국 A국 소득의 반(1/2)을 쫓아간다면, 즉 A국의 소득이 B국의 2배가 되는 시점까지는 대략 몇 년이 걸리겠는가? $y_{At} = y_{Bt} e^{\lambda t} - y_{Bt} \cdot 2$에서 $2 = e^{\lambda t}$이므로 양변에 자연로그를 취하면 $\ln 2 = \lambda t$이 된다. 그러면 14년 시간이 계산된다.

$$t = \frac{ln\,2}{\lambda} = \frac{0.69}{0.05} \approx \frac{70}{5} = 14$$

어떤 국가의 소득의 반을 좇아가는 데 걸리는 시간이 14년이라면 이 수렴속도는 현실적으로 너무 빠르다. 이론적으로 도출되는 수렴속도가 솔로우 모형에서는 계산상 너무 빠르게 나오기 때문에 현실을 설명하기에는 한계가 있다.

만약 $\alpha = 0.7$이라고 하면 $\lambda = -0.021$이 되므로 이때 B국이 A국의 반으로 수렴하기까지 $\frac{70}{2} = 35$년이 걸린다.[7] 35년이라는 수렴시간은 14년보다는 현실성이 있어 보인다.

그러면 자본소득분배율 α가 70%가 된다는 의미를 어떻게 해석해야 하는가? 대부분 Cobb-Douglas 생산함수에서 노동소득분배$(1 - \alpha)$가 과잉 추정되는데 이는 단순노동 몫과 인적자본 몫이 포함되어 있기 때문이라고 본다. 반면에 물적자본의 몫은 과소추정되는데 이 몫과 인적자본 몫을 포함하여 고려할 수 있다.

따라서 이러한 현상을 설명하기 위하여 맨큐 · 로머 · 웨일(Mankiw, Romer, Weil, MRW, 1992)은 인적자본을 포함한 솔로우 모형인 MRW 모형을 고려하였다. MRW는 노동부가적 기술진보 생산함수에 인적자본 요소를 고려하여 $Y = K^{\alpha_0} H^{\alpha_1} (BL)^{1-\alpha_0-\alpha_1}$의 생산함수를 도입하였다. 여기서 B는 노동부가적 기술진보율이다.

---

7. 개도국 B국이 선진국 A국 소득의 반(1/2)을 쫓아가는 데 걸리는 시간을 계산할 때 70에서 성장률로 나누어 수렴시간을 간단히 계산할 수 있는데 이를 70룰(seventy rule)이라고 한다.

MRW의 조건부 수렴 식에서는 더 명확한 베타 수렴을 확인할 수 있다. MRW는 1960년 초기 소득과 1960~1985년 사이의 평균 성장률 간의 관계를 고려한 절대적 수렴(비조건부), 물적자본과 인구증가율을 고려한 조건부 수렴, 그리고 인적자본, 물적자본과 인구증가율을 고려한 조건부 수렴 등 3가지 수렴 가설을 실증분석하였다. 인적자본, 물적자본과 인구증가율을 고려한 조건부 수렴 가설 검증결과 분석국가 그룹 모두에서 초기 소득 추정 값이 각각 음수(-)로 5% 이내에서 유의하여 수렴 가설을 지지한다. 98개국, 75개국, 22개 OECD 국가 등 그룹 순으로 수렴속도(λ)가 각각 1.3%, 1.8%, 2%로 나타났다. 또한 물적자본과 인적자본이 축적될수록, 인구증가율이 낮을수록 경제성장률에 양의 효과가 미치는 것을 확인할 수 있었다.

수렴 경제성장률

펜 월드 테이블(PWT) 10.0 자료에서 구매력 환산 기준으로 2018년에 미국의 1인당 소득은 63,780달러, 한국은 40,090달러이다.[8] 한국은 미국 소득 대비 62.9% 수준이어서 50%와 65% 사이에 있으므로 엄격한 기준에 따르면 고소득국가로 불리기에는 한계가 있다. 학자에 따라 다르지만 미국의 65% 수준을 선진국가로의 문턱(threshold)이라고 한다면 한국은 문턱을 넘는 과정에 있으므로 함정에 빠졌다고 하기에는 한계가 있다. 만약 앞으로 장기간에 걸쳐 이 문턱을 넘지 못할 경우 선

8. 펜 월드 테이블(PWT) 자료는 5장을 참조하기 바란다. 중진국 함정은 김지욱(2021)의 17장을 참조하라.

진국 함정에 빠졌다고 말할 수도 있겠다.

그러나 2019년 미국의 1인당 소득은 62,589달러, 한국은 42,219달러여서 한국은 미국 소득 대비 67.4% 수준이다([표 5-1] 참조). 선진국가로의 문턱(threshold)이라고 부르는 65%를 넘고 있어 한국은 이미 고소득국가로 진입하였다고 판단할 수 있다.

한국의 경우 [표 6-2]에 나타나 있듯이 미국의 소득수준으로 수렴하기 위해서는 현시점 2019년에서 빠른 속도로는 3.92%, 그리고 느린 속도로는 최소한 2.82% 수준의 경제성장이 이루어져야 한다.

표 6-2 **한국의 수렴 경제성장률**

PPP 달러표시 2019년 소득수준	y_A = 62,589, y_K = 42,219
Solow 모형(α = 0.3) **성장률**	3.92%
MRW 모형(α = 0.7) **성장률**	2.82%

주 : 1) PPP 달러표시 2019년 미국 소득수준 y_A, 한국 소득수준 y_K을 나타냄.
2) 성장률은 소득수렴식 $\gamma = g + (\alpha - 1)(n + \delta + g)(\ln y_t - \ln y_t^*)$에서 도출.
3) 분석 값 $n + \delta + g = 0.07$, $g = 0.02$ 고려.

본 절의 결론 및 정책적 함의는 다음과 같다. 미국 소득은 150여 년 동안 2% 수준에서 일정하게 성장하고 있으며 이 성장률은 솔로우 모형에서 말하는 장기균제상태 성장률이며 기술진보율이다. 한국은 구매력평가 기준 1인당 소득이 미국 소득 대비 67.4% 수준이어서 선진국가로의 문턱이라고 부르는 미국 소득의 65%를 넘고 있어 한국은 이미 고소득국가로 진입하였다고 판단할 수 있다. 현시점 2019년에 솔로우 기준으로는 3.92%, 그리고 MRW 기준으로는 2.82% 수준의 경제성장이 이루어져야 미국 소득수준으로 수렴할 수 있다.

1.7 저출산의 이해

우리나라의 합계출산율은 1970년부터 2018년까지 연평균 3.1% 감소했는데, 이는 우리나라가 OECD 37개국 중 출산 감소 속도가 가장 빠른 수준임을 보여준다. 초저출산의 원인으로 우선 결혼 적령기 성인 남녀의 혼인 건수 감소를 들 수 있다. 또한 혼인을 한 경우에서도 출산 기피 현상이 나타나고 있다. 자녀를 가질 때 얻는 행복감보다 본인의 삶의 질을 더 우선시하는 방향으로 가족에 대한 가치관이 변하고 있음을 시사한다. 뿐만 아니라 가정 내의 가사분담과 부부 간의 의견불일치가 영향을 미치고 있다. 전반적인 경제 · 사회 문제와 개인적인 가치관의 변화로 결국 혼인율이 감소하고, 저출산이 심화된 것이다.

기회비용의 증가

3장의 경제성장이론 중 신고전파 성장모형에서는 인구증가율이 외생적으로 주어졌다고 가정한다. 인구증가율의 상승은 새로운 균제상태로의 이동으로 유효노동당 자본이나 소득을 감소시키지만 균제상태에 도달하면 인구증가율이 1인당 자본이나 1인당 소득에는 영향을 주지 못한다.

인구증가율은 현실경제에서 매기 출산율과 사망률에 위해 결정된다. 출산율과 사망률은 개인적 요인뿐만 아니라 사회적 요인에 의해서도 영향을 받는다. 출산은 개인의 의사결정에 의해 좌우되며 또한 인구증가율(n)은 출생률(b)과 사망률(d)의 차이에 의해 결정된다($n = b - d$). 사망률은 질병이나 의료기술 등에 의해 영향을 받는다.[9] 출생률은 자녀의 수를 의미하고 합계출산율로 측정한다. 이 출산율이 인구증가율을 고려할 때 주요 변수이다. 경제모형 내에서 인구증가율이 내생변수로 고려된다는 것은 출산율이 모형 내에서 결정되는 경우를 의미한다.

가계의 자녀의 수는 어떻게 결정되고 또한 결정요인은 무엇인가? 가계가 극대화하는 목적함수(효용함수)에 자녀의 수를 도입하면 인구증가율이 내생적으로 결정되는 모형을 설정할 수 있다. 3장 경제성장이론의 발전에서 램지-캐스-쿠프만(Ramsey-Cass-Koopmans ; RCK) 모형의 최적성장 모형에서 대표적 가계는 시작시점부터 모든 기간에 걸쳐 효용의 현재가치를 극대화한다. 그러면 매 시기의 효용을 현재가치로 할인하여 합계한 목적함수(소비)를 극대화하는 모형이 된다. 무한기로 이어지는 가구는 자녀(미래 세대)들의 효용을 자신들의 효용과 같게 고려한다. 그러면 현재가치 할인율은 $\rho - n$이 된다. 여기서 ρ는 시간할인율이고 n은 인구증가율(가구원 수)로 일정한 값이다. 따라서 인구 증가는 미래효용을 할인율 ρ로 할인하는 것이 아니라 할인율 $\rho - n$으로 할인하여 할인율을 줄이게 된다. 즉, 할인을 적게 한다는 의미는 본인보다는 자녀(미래 세대)를 더 우대하겠다는 뜻이다.

---

9. 배로 · 살라이마틴(2004)의 9.2와 이종화 · 김진일(2022), 한성민 외(2021) 참조.

그런데 요즘 나타나는 현실에서 살펴볼 때 자녀보다 자신의 소비(효용)를 더 중요시할 수 있다. 그러면 모형을 변형시켜 보자. 대표적인 가계가 매기 가계구성원의 효용을 중요시하는 정도(φ)를 고려하고, 개인의 미래에 대한 위험회피 정도를 나타내는 θ를 포함하며, 자녀의 수(n_t)가 주는 효용을 고려하는 구체적 함수를 가정하자.[10]

여기서 자녀의 한계효용은 감소한다고 본다. 이 경우에는 자녀의 수(가구원 수, L_t)에 비례하여 늘어나지 않고 자녀세대의 효용할인율 $\rho - n$보다 높아진다. 자녀의 수(n_t)가 순간효용함수에 도입되어 있어서 매기 효용은 자녀의 수에 직접 영향을 받는다고 가정하는 것이다. 자녀의 수는 가계가 매기마다 결정하는 출산율(자녀의 수)로 인구증가율과 같게 표기되었다.

자녀의 수가 매기 효용함수에 도입되면서 가계의 예산제약식에도 변화가 있다. 자녀를 출산하고 양육하는 데 비용이 들어간다고 고려한다. 자녀양육비용을 $\varphi(n_t) = vnb$이고 $\varphi' > 0$이라 가정하자. 대표가계의 1인당 자산보유량의 변화는 $\dot{b}_t = w_t + (r_t - n_t)b_t - c_t - \varphi(n_t)$과 같은 예산제약식 표현이 된다. 여기서 b_t는 1인당 자산, $\dot{b}_t$는 1인당 자산의 증가분(변화분), w_t은 실질임금, r_t는 이자율, c_t는 1인당 소비이다. 이 예산제약식하 순간효용함수를 극대화하는 조건에서 c_t와 n_t의 동태적 경로와 균제상태 값을 구할 수 있다. 그러면 대표가계는 효용을 극대화하기 위하여 소비뿐만 아니라 최적의 자녀 수(출산율)를 결정한다.

10. 구체적 효용함수와 순간효용함수를 반영하는 목적함수를 설정할 수 있는데, 일반 독자들에게 부담을 주지 않기 위하여 생략하였다.

이 모형에서 출산율은 일정하지 않고 성장과정에서 변화하는데 자녀의 한계효용이 클수록 양육비용이 적을수록 균제상태에서 출산율은 높아진다. 즉, 자녀의 추가적인 수는 자녀가 부모에게 주는 한계효용(기쁨)과 한계비용(양육비용)에 의해 결정된다. 자녀를 양육하면서 받는 기쁨뿐만 아니라 자녀의 행복에서 오는 기쁨이 있다는 것이다.

한계비용(양육비용)은 실질로 양육하는 데 들어가는 금전적 비용뿐만 아니라 출산과 양육을 하는 데 들어가는 기회비용(출산과 양육하는 과정에서 포기해야 하는 비용)까지를 포함한다. 따라서 출산과 양육에 시간 소요가 많은 여성의 기회비용이 중요하다. 그것은 여성의 교육수준과 연결되어 있다. 교육기간에는 조기 결혼과 출산이 줄어들고 교육기간은 임금수준과 비례하므로 여성의 기회비용은 커진다.

여성의 교육수준 상승은 기회비용 증가로 인하여 자녀의 수를 감소시킨다. 또한 경제가 발전할수록 인구가 줄어드는 것은 자녀의 수(양적 증대)보다는 질적인 증대를 고려하기 때문이다. 즉, 자녀에게 질 높은 교육에 투자를 늘리는 선택을 택한다는 것이다.[11]

---

11. 정시행(2022. 5. 31)의 특파원리포트에 따르면 미국의 합계출산율은 지난해 1.66명으로 전년도 1.64명보다 늘었고 또 25세 이상 모든 연령대에서 출산율이 증가했다. 미국은 출산과 육아에 대한 지원이 전무하다시피 한 나라다. 미 연방정부와 대부분의 주정부엔 출산지원금도, 영아수당도, 아동수당도 없다. 국가 차원 출산휴가도 육아휴직제도 없다. 어린이집도 무상이 아니어서 보육비가 꽤 많이 들고 사교육 시장은 한국 뺨치게 비싸다. 지하철 임신부 전용 좌석도, 핑크색 주차 자리도 없다고 한다. 이런 열악한 환경에서도 미국인들은 아이를 낳는다. 왜 그런가. 우선 일자리다. 아이를 키워놓고 언제든 눈높이에 맞는 일자리를 찾을 수 있기 때문이다. 아직 남녀 임금차별과 유리천장이 있다지만, 대부분 직군에서 나이와 성별, 자녀 유무에 따라 노동시장 진입이 봉쇄되지는 않는다. 또 하

남성의 독단과 가사분담률

여성의 출산율 저하가 남성의 독단(의견 불일치) 및 가사분담률과 관련이 있다는 도엡키 외(Doepke, M., et. al., 2022)의 실증분석이 있다. 〈그림 6-4〉의 왼쪽 그림에서 종축은 평균출산율을 나타내고 횡축은 남성의 독단(의견 불일치)의 정도를 나타낸다. 남성의 의견 독단이 셀수록, 즉 오른쪽으로 갈수록 출산율은 낮아지고 부부 간 의견일치가 높을수록 출산율이 높은 음의 관계를 보인다. 오른쪽 그림에서 종축은 동일한 평균출산률을 나타내고 횡축은 남성의 가사분담률을 나타낸다. 여기서 출산율이 1.8 이상 되는 국가들은 남성의 가사분담률이 높고 출산율이 1.5 이하인 국가들은 남성의 가사분담률이 낮을 정도로 두 변수의 상관관계가 양의 관계로 0.7에 이르고 있다.

〈그림 6-4〉는 출산율이 부부 간의 협상력(bargaining power)에 따

그림 6-4 의견 불일치 정도와 가사분담률에 의한 출산율

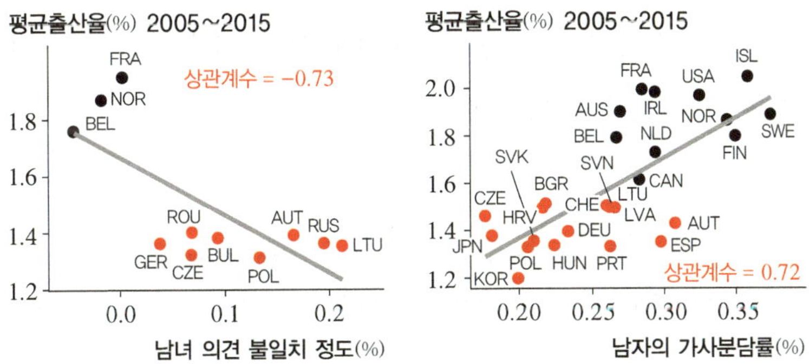

자료 : 도엡키 외(2022).

나는 여성에 대한 성 역할(자녀 출산 및 자녀 수) 압박이 한국보다 현저히 낮다는 것이다.

라 달라짐을 보여주고 있다. 한국(KOR)의 경우 두 지표 모두 낮은 수준이다.

결혼 기피 현상

초저출산의 원인으로 우선적으로 거론되는 것이 결혼 적령기 성인 남녀의 혼인 건수 감소이다. 그렇다면 그 이유는 무엇일까? 노동시장이나 교육시장, 그리고 부동산시장 등에서의 계층 간 격차가 확대되고 있다. 노동시장에서 정규직과 비정규직 간 임금 격차와 불안정한 고용 상황, 여성의 직장과 가정 일간 양립의 어려움, 교육시장에서 사교육 전쟁으로 불리는 교육경쟁, 부동산시장에서 높은 주택가격 등이 혼인을 꺼리는 요인으로 작용한다.

이러한 경제적 부담 증가는 이들이 혼인을 기피하게 만든다. 그 외 일자리와 노후의 불안정성이 출산을 기피하는 주요 요인이 될 수도 있을 것이다. 따라서 출산이나 육아, 여성의 안정적 일자리 제공, 그리고 교육 관련 과중한 비용부담을 개인과 가계에서 사회와 국가가 지는 제도와 환경의 변화가 필요할 것이다.[12]

---

12. 여성가족부(2022. 5. 31)는 '여성의 경제활동 촉진과 경력단절 예방법'(이하 여성경제활동법) 시행령 전부개정안이 내달 8일부터 시행된다고 밝혔다. 개정 법률에서는 정책 범위를 '여성의 경제활동 촉진과 경력단절 예방'으로 대폭 확대하고 기존의 주요 경력단절 사유인 혼인 · 임신 · 출산 · 육아뿐만 아니라 성별 임금격차 등 노동시장 구조도 경력단절 사유에 추가했다. 이에 대해 여성가족부는 이번 전부개정안이 여성들이 경력단절 없이 일할 수 있는 직장 환경을 조성해 경제활동을 촉진하고 고령화시대 노동력 부족 문제에 대응하는 데 도움이 될 것으로 기대한다고 밝혔다.

1.8 고령화와 인구구조의 변화 이해

인구구조 변화와 경제성장과의 관계는 경제발전 단계 등에 따라 국가별로 상이한 것으로 나타난다. 인구 고령화와 저출산 등이 구체적으로 거시경제에 어떻게 얼마만큼 영향을 미칠지는 경제주체들의 행태, 제도, 정책 등에 따라 달라지므로 앞으로 우리가 어떻게 대응하느냐에 따라 다를 것이다.

생산성의 하락과 상승

초저출산과 인구 고령화가 진행되면 총인구 규모가 줄어들게 되고 이는 시장규모의 축소를 의미하기 때문에 투자유인 감소로 이어져 성장을 위축시키는 요인으로 작용하게 된다. 또한 경제 내에 생산가능인구가 줄어들면서 경제 전체의 잠재적 노동 공급 능력이 감소하게 된다. 뿐만 아니라 인구 고령화는 총수요를 위축시킬 뿐만 아니라 수요의 구성도 변화시키게 된다. 소비자들의 수요 변화에 따라 산업구조도 제조업 중심에서 서비스업 중심으로 옮겨 가면서 노동력이 재편되는데, 그 과정에서 구조적 실업이 발생하고 이에 따라 소득이 감소하게 된다. 또한 일반적으로 서비스업의 생산성은 제조업보다 낮은데 자원이 서비스업 부문으로 재배치되는 과정에서 총요소생산성이 하락하고 경제성장률이 하락할 가능성이 있다.

그러나 인구 고령화에 따라 노동 공급이 부족해지면 이에 대응한 자본재에 대한 투자 확대로 근로자당 자본장비율이 증가하면서 노동생산성이 향상될 수 있다. 또한 자녀 수 감소로 자녀별 인적자본 투자를 증가시킬 수 있기 때문에 경제 전체의 노동생산성은 높아질 수 있다. 영양섭취의 개선, 의료과학의 발전 등으로 인해 연령 증가에 따른 물리적 기능의 저하 정도도 둔화된다. 또한 단순 반복작업이나 물리력을 요하는 일 등은 로봇이나 인공지능 기술의 발전으로 대체될 수 있기 때문에 고령화에 따른 생산성의 둔화 정도는 현재 예상하는 것보다 줄어들 가능성이 있다.

국가별 사례 분석

OECD 국가들은 우리나라에 앞서 산업화와 경제발전뿐만 아니라 저출산·고령화로 인한 인구구조 변화도 경험하였다. 김경수 외(2018, 2021)는 이들의 성장경로와 대응사례를 분석하여 우리나라의 지속 가능한 성장 전략을 다음과 같이 제시하였다. 첫째, 부족한 노동력을 확보하기 위해 해외 이주민(이민) 유입을 적극적으로 추진한다. 다만 이주민 정책을 위한 사회적 비용이 발생할 가능성이 상존한다. 둘째, 인구 고령화로 인한 노동력 부족은 자동화와 로봇의 확산을 통해 일정 정도 보완할 수 있으며 자동화와 로봇의 확산은 기존의 노동 투입으로 더 많은 생산을 할 수 있다는 측면에서 생산성을 증가시킬 수 있다. 셋째, 고령화로 인한 노동참여율 하락에 대응하기 위해 여성과 고령층의 노동참여율을 높이는 정책을 추진한다. 특히 여성의 노동참여율을 높이기 위해 가족정책, 노동시장 유연화, 양성평등 노동시장 정책 등을 보다 적극적으로 추진해야 한다. 실제로 여성의 노동참여율이 높아지면 경제성장에

긍정적인 영향을 미치는 것으로 나타났다.

이순호(2020)는 한국과 일본의 인구 증가와 인구구조 변화가 각각 자국의 경제성장에 미치는 영향을 비교·분석하였다. 인구 증가와 경제성장 간 선형관계 분석 결과에서는 한국과 일본 모두 인구 증가와 경제성장 간에 통계적으로 유의한 양(+)의 상관관계가 존재하였으며 인구 증가가 경제성장에 미치는 영향은 일본이 한국보다 크게 나타났다. 한국은 고령화와 저출산 모두 각각 경제성장과 통계적으로 유의한 음(−)과 양(+)의 관계가 나타났으나 고령화가 경제성장에 미치는 부정적 영향이 출산율의 긍정적 영향보다 더 큰 것으로 추정되었다. 고령화가 출산율보다 경제성장에 미치는 영향력이 더 크게 나타난 것은 인구 부족보다는 고령인구의 빈곤율이 더 심각하기 때문으로 추정된다.

타이어스와 쉬(Tyers and Shi, 2007)는 인구 증가세 둔화와 함께 진행되는 고령화는 고령인구가 많은 산업지역의 저축을 감소시켜 경제성장률을 낮추는 요인으로 작용한다고 주장한다. 카타기리(Katagiri, 2012)는 고령화가 진전되면 의료 등 서비스 수요가 증가하며 이같은 수요 변화에 따라 자원이 서비스업으로 재배치되면서 생산성이 하락하고 경제성장률이 하락하게 된다고 주장한다. 안병권 외(2017) 등은 고령화가 진행되면 총인구 감소로 시장규모가 축소되고 투자유인이 감소됨에 따라 경제성장에 부정적 영향을 미친다고 주장한다. 그러나 인구 고령화에 대비하여 정년을 연장하고 여성의 경제활동 참가율을 높이는 한편 생산성을 높이고 출산율을 높이는 등의 종합적인 대책을 마련하여 시행하면 경제성장률을 향후 10년 내에는 연평균 2% 후반, 20년 내에는

1% 중반 정도는 유지할 수 있을 것으로 분석한다.

에스모글루와 레스트레포(Acemoglu and Restrepo, 2017)는 1990년부터 2015년까지의 전 세계 169개국을 대상으로 회귀분석을 한 결과 1인당 GDP 성장률과 인구 고령화 지표 간에는 부정적인 관계가 발견되지 않았으며 그같은 결과는 1990년대부터 발전한 로봇 및 인공지능 기술이 노동력을 대체했기 때문이라고 주장하였다. 최창용(2017)은 고령화는 연금, 보건비용 증가와 저축 및 투자의 감소를 통해 경제성장률 저하를 초래할 수 있으나 건강한 노인 중심으로 고령인구가 증가할 경우 저출산으로 인한 총인구 감소를 상쇄하고 노동시장 위축을 완화시키는 등 사회 전체적으로는 긍정적 영향을 가져올 수 있다고 주장한다.

손종칠(2014)은 인구 고령화가 진전될수록 저축률과 투자율 모두 하락할 수 있으나 저축률이 투자율보다 더욱 크게 하락할 수 있다고 주장했다. 또한 개방경제에서 국가 간 자본이동 가능성을 고려하게 되면 부족한 투자재원이 국외의 자본유입으로 조달될 수 있어 기존의 폐쇄경제 가정하에서 인구 고령화 진전에 따른 경제성장률 하락 효과는 다소 과대평가될 소지가 있음을 시사하였다.

안병권 외(2017)는 통계청의 인구추계를 반영하여 추정해 본 결과 인구 고령화로 인해 2000~2015년 기간 중 연평균 3.9%에 달했던 우리나라의 경제성장률은 2016~2025년 기간 중에는 1.9%, 2026~2035년 기간 중에는 0.4%로 하락하는 것으로 추정했다. 조하현 외(2019)는 고령화 및 총부양비의 증가는 직접적으로 경제성장에 음(-)의 영향을 미치고 고령화는 생산성을 저하하며, 물가상승률을 상승시키는 등의 파급효과를 발견하였다. 특히, 고령화는 투자 위축 및 예비적 저축 증가 등 금융시장에도 부정적인 영향을 미쳐 경제성장을 더 저해하는 등 간접적으로도 경제성장에 악영향을 미치는 것으로 발표하였다.

김선빈 외(2021)는 저출산 · 고령화 등 인구구조 변화에 따른 경제적 충격을 측정한 결과 최초 균제상태 대비 1인당 생산은 최종 균제상태에서 81%, 이행경로에서는 최저 65% 수준까지 하락한 후 최종 균제상태로 수렴하며, 경제적 충격에 대응하기 위해 여성의 노동참여를 확대하고 여성의 노동생산성을 높이는 질적 개선이 이루어지는 경우 각각의 1인당 생산은 95%와 77% 수준으로 상당히 개선된다고 주장한다. 따라서 노동생산성이 높은 여성들이 지속적으로 일할 수 있는 환경을 조성해야 하며, 여성과 남성의 노동생산성 격차를 해소하기 위한 제도적 장치, 즉 육아 휴직을 보장하는 것뿐만 아니라 휴직으로 인한 불이익 등을 없애는 것 등이 필요하다고 주장한다.

본 절의 결론 및 정책적 함의는 다음과 같다. 인구 고령화에 따른 노동 공급 부족 현상이 자본재 투자 확대로 이어지면 근로자당 자본장비율 증가로 노동생산성이 향상될 수 있다. 자녀 수 감소로 인한 자녀별 인적자본 투자 증가는 경제 전체의 노동생산성을 높일 수 있다. 또한 단순 업무나 노무일 등은 로봇이나 인공지능 기술 발전으로 대체 가능성이 높기 때문에 고령화에 따른 생산성의 둔화 정도는 예상보다 완화될 가능성이 높다. 여성의 노동참여 확대와 노동생산성을 높이는 질적 개선이 이루어져야 한다.

1.9 친환경 성장과 환경, 사회 및 지배구조

환경, 사회 및 지배구조

기업의 혁신과 자원의 효율적 배분을 통하여 경제가 성장해 나가는 가운데 기업에 대한 과도한 친환경 생산활동과 사회적 책임 요구는 기업과 국가경제 성장에 제약요인으로 작용할 수 있다. 유엔산하기구가 설립한 유엔 책임투자원칙(United Nation's Principles of Responsible Investment ; UN PRI)은 투자의사 결정 시 기존의 재무적 분석에 더해 기후변화, 인권 등과 같은 비재무적인 환경, 사회 및 지배구조(Environmental, Social and Governance ; ESG) 이슈를 고려할 것을 명시하고 있다. ESG는 환경 · 사회 · 지배구조 등 3가지 측면에서 건전한 기업에 투자를 해야 한다는 개념이다.

따라서 ESG는 비재무적 위험 측면 혹은 이와 연계된 투자의사 결정 및 장기적인 재무적 가치에 영향을 미칠 수 있는 중대한 비재무 요인에 초점을 맞추고 있다. 환경 측면에는 기후변화 영향, 사업장 환경오염물질 저감, 친환경 제품 개발, 수자원 개발, 자연자본 등과 같은 요소가 포함되며, 사회 측면의 경우 인적자원 관리, 교육, 보건 및 산업안전, 하도급 거래, 제품/서비스의 안전성, 공정경쟁 등이 있다. 마지막으로 지배구조 측면에는 제도, 투명성, 주주권리, 이사회 구성과 활동, 감사제도, 배당과 같은 요소가 포함된다.

ESG 평가 결과는 국가 신용등급에도 영향을 미친다. ESG와 관련한 개념으로는 기업의 사회적 책임(Corporate Social Responsibility ;

CSR), 지속 가능성(Sustainability), 공유가치 창출(Created Social Value), 기업 시민의식(Corporate Citizenship), 지속 가능한 발전(Sustainable Development) 등 다양하게 존재한다. 투자의사 결정 과정에서 ESG 위험요인을 반영하는 투자가 매년 증가하고 있으며 기업의 자율적 ESG 활동을 권고하던 단계에서 최근에는 ESG 성과관리를 규제하기 위한 국가별 법안도 만들어지고 있다. 그중에서 영국, 프랑스, 독일 등은 일정 규모 이상의 사업장을 보유한 기업의 ESG 정보 공개 의무를 제도화하고 있다. 따라서 자본시장에서 투자대상의 재무성과뿐만 아니라 비재무적 성과를 고려하여 관리하는 범위가 확대되고 있다.

가장 대표적 사례가 스튜어드십 코드(Stewardship Code ; SC)라 할 수 있는데, SC는 주주총회에서 집합투자업자(기관투자가)들의 역할과 책임을 강화하는 것이다. 기관투자자의 역할을 단순히 주식 보유와 그에 따른 의결권 행사에 한정하지 않고, 기업과 적극적인 대화를 통해 기업의 지속 가능한 성장에 기여하는 한편 이를 바탕으로 고객과 수익자의 이익을 극대화하는 것을 추구하도록 책임 범위를 포괄적으로 확대하기 위한 것이다.

유럽연합(EU)은 세계에서 ESG 경영이 가장 먼저 정착된 지역이며 대표적 사례는 2021년 3월부터 시행하고 있는 ESG 공시의무화이다. 또한 지속 가능한 금융분류체계 기준에 투자활동이 환경오염에 미치는 영향, 노동환경, 인종 · 성차별 여부, 지배구조의 독립성과 투명성 등을 포함시켰다.

한국에서는 ESG 평가를 한국거래소 산하 한국기업지배구조원

(KCGS)이 매년 시행한다. 이를 위해 발행하는 채권이 ESG 채권이며 그린본드와 소셜본드, 그리고 두 개의 성격이 결합된 형태인 지속 가능 채권 등이 이에 속한다. 하지만 펀드투자 시에 ESG 판단이 쉽지 않아 그린워싱(Green Washing, 위장환경주의)에 주의를 기울여야 한다.

탄소중립 전략

친환경 에너지 정책으로 각국들은 탄소제로 시대를 선언하고 있다. 탄소배출 제로 전략은 기업들의 제품 생산에서 나오는 이산화탄소의 배출량뿐만 아니라 소비자의 소비에서 나오는 이산화탄소 배출량까지 순배출량을 제로로 만드는 전략 선언이다. 또한 탄소국경세를 도입하여 이산화탄소 배출량이 많은 국가나 기업 제품에 관세(탄소국경세)를 더 매겨 가격경쟁력을 낮추는 전략을 도입하려 한다. 이는 글로벌 무역시장에서 무역장벽으로 나타날 것이다.

탄소중립 전략은 현실적이고 합리적인 에너지수급계획으로 수립되어야 한다. 발전에서의 신재생에너지 비중과 온실가스감축목표(NDC)의 수정, 그리고 탈원전정책에서 원전생태계가 복원되어야 한다. 또한 신재생에너지 개발은 지속적으로 추진되도록 투자가 확대되어야 한다.

각국 정부는 고탄소배출 산업에 대한 보조금 삭감 및 지원 중단, 친환경 저탄소기업이 생산한 제품 및 서비스에 다양한 혜택을 제공하는 정책을 추진하고 있다. 기술혁신을 통한 국가경쟁력 강화로 탄소저감기술, 차세대 건축소재, 수소에너지, 차세대 원재료, 전기차 배터리 등에 집중투자하고 있다. 각국마다 제조업 중심의 산업구조, 철강 · 석유

화학 등 에너지 다소비 업종, 재생에너지의 발전원(源)별 비중 등이 다르기 때문에 탄소중립 전략 수립에 신중을 기하여야 한다.

자원 재활용과 자원순환사회

도시 환경오염은 폐기물 관리(waste management), 대기오염, 수질오염, 토양오염, 녹지환경 보전 등으로 분류하여 관리하고 있다. 도시 폐기물에 대해 살펴보자. 도시는 인구 · 경제 · 문화 · 산업 등이 집중되어 있으며 급속한 산업화에 따른 대량 생산, 다량 소비 및 1회용 생활양식 등으로 폐기물의 발생량이 증가하고 이들 폐기물의 매립(land fill), 소각처리(incinerator) 등에 따른 2차 환경오염이 사회적 문제로 대두되고 있다. 자원을 아껴 쓰며 재활용하고 남는 쓰레기만 처리하는 자원순환형 도시를 만들자. 폐기물의 선진형 관리 개념을 도입하여 기존의 감량화 단계보다 진보된 원천감량, 즉 재사용(reuse), 재활용(recycle), 재자원화(resource) 등의 자원순환 과정을 활용해 자원의 수명을 연장함으로써 폐기물 발생량 감소를 포함한 자원순환까지도 고려하는 시스템이 목표다.

자원순환의 개념은 현재 전 세계적으로 한정되어 있는 자원이 고갈되고 있어 자원 부족에 의한 생존 문제도 심각하게 대두되고 있는 현실을 감안할 때, 자원의 사용을 최대한 억제하고 손실을 최소화해야 한다는 것이다. 소득수준 증가에 따라 삶의 질을 중시하는 생활패턴이 정착되고 있어 경제활동을 영위하는 데 발생되는 부산물로서의 쓰레기에 대한 처리 문제는 중요하다.

매립쓰레기로 인한 수질오염과 악취 및 먼지 등의 대기오염이 매립에 파생되는 문제점으로 제기되고 있다. 매립의 대안으로 고려되고 있는 소각정책도 지역적으로 원하지 않는 토지이용에 대한 문제가 제기되고 있어 자원회수시설(소각장) 부지 선정 자체부터 여러 가지 어려움이 초래되고 있다.

쓰레기 종량제는 경제주체로 하여금 쓰레기 처리비용의 일정 부분을 지불하게 함으로써 쓰레기 발생을 통한 외부불경제를 내부화시키는 기능을 수행한다. 따라서 재활용이 가능한 부분은 재활용함으로써 경제주체는 불필요한 비용을 지불하지 않을 수 있고, 이는 결과적으로 쓰레기 발생을 통한 사회적 비용을 감소시킬 수 있다. 또한 자원회수시설의 효율적인 운영은 폐기물의 안정적 처리체계 구축은 물론 매립되는 폐기물을 소각함으로써 발생되는 에너지를 인근 지역에 전력 및 난방열로 공급하여 대체에너지로 활용 가능하게 한다.

쓰레기 문제에 효율적으로 접근하기 위해서는 발생된 쓰레기를 어떠한 형태로 처리할 것인지에 대한 대책뿐 아니라 쓰레기 발생을 감소시키는 방안 또한 같이 고려해야 한다. 쓰레기 발생을 감소시킴으로써 쓰레기 매립이나 소각장 건설에 이용될 토지를 보다 생산적인 용도로 이용할 수 있기 때문이다. 쓰레기 발생은 가계가 식생활을 경제적으로 개선하거나 재활용이 가능한 제품을 재활용할 수 있도록 적극적인 참여를 유도해 감소시킬 수 있다.

재활용 행위

재활용 정책이 효과를 거두기 위해서는 가계의 재활용 행위에 대한 이해가 선행되어야 한다. 김지욱 외(1998)에서는 특히 어떠한 요인들이 가계가 재활용에 투입하는 시간 및 재활용 쓰레기 배출량에 영향을 주는지에 대한 구체적이고 실증적인 분석이 이루어졌다. 재활용 행위는 재활용 투입시간 1단위를 증가시킴으로써 얻을 수 있는 쓰레기 수거비용의 절약에 대한 화폐가치와 재활용 투입시간 1단위의 가치가 같아지는 균형에서 이루어진다.

서울시민 1,000여 세대를 대상으로 실시한 쓰레기 종량제에 관한 설문조사 자료를 이용한 실증분석에서는 주부의 연령, 교육수준, 유보임금 및 가계소득, 그리고 지역 관련 더미변수가 통계적으로 유의적인 것으로 나타났다. 그런데 재활용하지 않음으로써 추가적으로 부담해야 하는 쓰레기봉투 가격은 유의적이지 않은 것으로 나타났다. 쓰레기 수수료(봉투 가격)가 재활용 투입시간에 영향을 주지 않는다는 결과는 가계의 쓰레기봉투 구입비용이 소득에서 차지하는 비율이 매우 낮아 가계의 시간배분에 대한 의사결정에 커다란 역할을 하지 않기 때문인 것으로 판단된다. 또한 유보임금으로 평가된 주부의 시간가치가 특히 중요한 변수로 나타났다. 주부의 시간가치가 큰 가계일수록 재활용에 투입하는 시간이 적다는 결과는 동일한 조건에서 재활용에 시간을 투입하기보다는 근로나 여가에 시간을 투입하는 것이 효용을 더 증가시킨다는 것을 의미한다.

본 절의 결론 및 정책적 함의는 다음과 같다. 기업의 경제적 성과만을 기대하던 기존의 가치관에서 주요한 사회적 문제를 야기한 기업들에게 책임경영 활동을 통해 이를 해결하고자 하는 사회적 책임까지 요구하고 있다. 그리고 기업은 소비자에게 올바른 정보를 제공하고 사회문제에도 목소리를 내야 한다고 요구받고 있다. ESG를 중시하는 기업경영이 지구온난화 등 기후변화 위기에 선제적으로 대응해야 금융기관들의 탈석탄 금융에 함께 참여하는 친환경 금융시장으로 이어질 수 있다. 또한 환경오염에 대한 인식 제고를 경제학적인 방법으로 접근하여 오염배출 수준을 낮추는 노력도 필요하다.

1.10 기술혁신과 환경오염 감소

한 나라의 경제를 지속적으로 발전시키기 위한 경제정책을 수립하는 데 경제성장과 환경오염의 상호작용에 관한 연구는 매우 중요하다. 또한 전 지구적인 지속 가능한 발전(sustainable development)을 위해서도 필요하다. 기술혁신으로 환경오염을 감소시키며 생산성 향상으로 경제가 성장하는 그린 솔로우 모형과 김지욱 모형을 살펴보자.

그린 솔로우 모형

그린 솔로우 모형(Green Solow model ; GSM)은 솔로우의 신고전파 모형에 환경오염 배출과 오염배출 방지 활동을 도입하여 경제성장과 환경의 관계를 고려한 모형이다. 브락과 테일러(Brock and Taylor, 2010)는 환경오염과 경제성장 간 동태모형인 GSM을 구축하여 오염배출 전환성장률 식을 통하여 수렴성과 EKC 가설을 검정하였다.

이러한 수렴성이 정부규제나 정부정책에 의해서 유도되는 것이 아니라 신고전파 성장모형에서 유도되는 생산요소의 한계생산체감에 의해 오염배출도 장기균제상태로 수렴하게 된다는 이론적 배경하에서 도출되고 있다. 또한 현실경제에서 나타나는 EKC를 사후적으로 분석하는 것이 아니라 신고전파 성장모형의 이론적 배경하에 EKC 가설을 유도하여 실증분석하고 있다.

먼저 노동효율을 향상시키는 노동부가적 기술진보를 갖는 표준적인 생산함수와 자본축적 방정식을 고려한다. 실물자본은 저축률과 감가상각률에 의해 축적된다. 환경오염은 총산출물의 일정 단위만큼 오염이 배출되고 오염배출 방지활동도 총산출물의 일정 단위만큼 이루어진다고 가정한다.

환경오염이 존재하는 수정된 솔로우 모형에서 지속 가능한 성장경로를 따라 배출되는 오염배출 증가율(g_z)은 $g_z = g_A + n - g_B$ 식으로 표현된다. 여기서 g_A는 외생적으로 주어진 기술진보율이며 균제상태에서의 1인당 경제성장률, n은 인구증가율, g_B는 오염방지 활동의 기술진보를 나타낸다. 지속 가능한 성장이 이루어지기 위해서는 1인당 GDP의 성장률은 $g_A > 0$이고 환경을 개선시키기 위한 오염방지 활동의 기술진보(g_B)가 총산출물의 증가율보다 커야 하므로 $g_B > g_A + n$이어야 한다. 그러면 $g_z < 0$이 된다.

오염배출식을 구체적인 콥-더글라스 형태로 표현하고 오염배출식에 로그를 취하고 시간을 미분하면 오염배출 성장률을 구할 수 있다. 유효노동당 자본의 증가율은 오염방지 지출 이후 우하향하는 저축수준에서 유효노동당 자본이 증가하기 위해 요구되는 자본확장(capital widening) 부문을 삭감한 수준에서 이루어진다. 자본축적 방정식과 오염배출식을 결합하여 오염배출 증가율의 궤적을 $\frac{\dot{z}}{z} = \alpha s\tilde{k}^{\alpha-1}(1-\theta) - [\alpha(\delta + n + g_A) - g_z]$ 식으로 도출할 수 있다. 여기서 $\frac{\dot{z}}{z}$는 오염배출 증가율, s는 저축률, $\tilde{k}$는 유효노동당 자본, α는 자본분배율 또는 산출물 탄력성, δ는 감가상각률이다. 오염배출 증가율이 0이 되는 시점(T)은 유효노동당 자본의 증가율이 0이 되는 시점(B)보다 빨리 나타날 것이다. 왜냐하면 지속 가능한 성장을 위한 조건에서 $g_Z < 0$이기 때문이다.

〈그림 6-5〉의 하단에서 지속 가능한 성장 $g_Z < 0$이고 초기 자본량이 T시점 자본량보다 작을 때, 즉 $\tilde{k}_0 < \tilde{k}_T$이면 환경오염은 초기에는 증가하다가 일정 시점 이후에는 지속적으로 감소한다(환경쿠즈네츠곡선). 지속 가능한 성장 $g_Z < 0$이고 초기 자본량이 T시점 자본량보다 클 때, 즉 $\tilde{k}_1 > \tilde{k}_T$이면 환경오염은 지속적으로 감소하는 부분에서 수렴 가설에서 주장하는 β수렴이 나타난다. 그리고 성장이 지속 가능하지 않으면($g_Z > 0$), 환경오염은 감소하는 율로 증가하게 된다.

그림 6-5 그린 솔로우 모형의 환경쿠즈네츠곡선

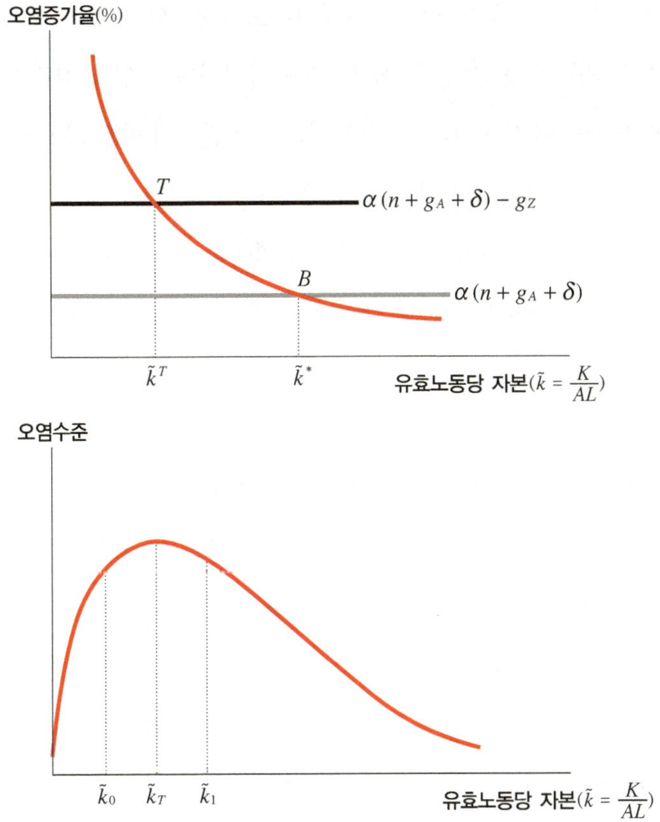

경제성장과 기술혁신으로 환경오염 감소

경제성장과 환경오염 간의 동태적 관계를 살펴보자. 자본과 노동의 요소투입물 증가가 환경오염의 증가를 유발한다는 바이른(Byrne, 1997) 모형과 기술 축적도 환경오염을 유발한다는 보벤버그와 스뮬더(Bovenberg and Smulders, 1995)의 특성을 모두 고려한 김지욱(2003) 모형을 살펴보자.

바이른 모형에서는 단순 3부문 모델을 이용하여 노동은 최종재 생산활동(오염 증가), 기술 축적(오염중립적), 오염방지활동(오염 감소) 등에 사용하고, 자본은 오염을 증가(생산활동)시키거나 오염을 감소시키는(오염방지) 활동에 사용한다. 노동과 자본은 완전하게 비용 없이 서로 부문 간 이동이 가능하다고 가정한다. 환경오염은 자본과 노동이 투입되는 최종재의 생산과정에서 발생한다. 오염배출은 노동과 자본을 사용하는 오염 감소 활동에 의하여 감소될 수 있음을 오염축적 방정식의 형태에서 보인다.

김지욱 모형의 특징은 다음과 같다. 첫째, Byrne(1997) 모형과 달리 생산물의 증가가 환경오염의 증가와 직접 연결되는 모형을 사용하고, 둘째, 자본과 노동 등 요소투입물의 증가뿐만 아니라 기술 축적도 환경오염을 유발시키며, 셋째, 자본과 노동을 결합한 재생산가능자본을 이용하여 규모에 대한 보수불변인 단순 *AZ* 모형을 사용하였으며, 넷째, 이론적 모형에서 경제성장률 제약조건식을 도출하여 환경 관련 변수와 경제성장 간의 관계를 실증분석할 수 있다.

좀 더 간단한 수식으로 김지욱 모형을 살펴보자. 환경오염은 최종재의 생산과정뿐만 아니라 기술 축적 과정에서도 발생하는 모형으로 확장한다. 생산요소는 자본과 노동을 결합한 재생산가능자본(reproducible factors)을 K라고 정의하고 재생산가능자본은 최종 생산물 생산(K_M), 기술진보(K_A)와 오염 감소 활동(K_E) 등에 투입 배분된다.

최종재 생산함수는 규모에 대한 보수불변인 단순 *AK* 모형으로 표현되며 모든 생산물은 각 시점에서 소비된다고 가정한다. 기술수준의 성장은 기술 축적에 투입되는 재생산가능자본의 선형함수로 $\dot{A} = A\eta K_A$로 표현된다. 여기서 $\dot{A}$는 기술변화분, K_A는 기술부문에 투입되는 자본, A는 생산부문에 사용되는 현 기술수준, η는 생산성 파라메타이다.

오염배출은 최종재 생산과 비례하며, 생산부분에 투입되는 자본에 의해서든, 기술수준의 증가에 의해서든 최종 생산물의 생산 증가는 오염을 발생시킨다고 가정한다. 오염축적 방정식은 $\dot{E} = \varphi AK_M - \gamma K_E^{\sigma} E$와 같이 표현된다. 여기서 E는 환경오염배출량, φ는 최종재 생산이 얼마나 오염시키는가를 나타내는 지표이다. 재생산가능자본을 오염감소에 투입(K_E)함으로 오염을 감소시킬 수 있다. γ는 감소과정의 효과를 나타내는 지표로서 고정된 오염 감소 기술수준으로 간주된다.

대표적인 개인의 소비수준과 오염량에 의존하는 기간 간 효용함수를 콥-더글라스 함수 형태로 고려하자. 사회계획자는 재생산가능자원을 세 부문, 즉 최종재 생산, 기술진보, 오염방지 활동에 배분하여 투입한다. 모든 생산물은 소비되고 기술진보는 기술 축적에 투입되는 자본량에 의존한다. 이 모든 조건식을 고려해 함수식을 풀면 $g = K\left(\frac{\delta\gamma}{\gamma - \delta}\right) - \frac{\rho}{(1-\varepsilon)}$와 같은 경제성장률($g$) 조건식을 도출할 수 있다.

이 조건식에서 경제성장률(g)은 상대적인 소비와 오염의 비효용이 감소할수록($\varepsilon\downarrow$), 할인율이 감소할수록($\rho\downarrow$), 오염저감기술 수준이 증가할수록($\gamma\uparrow$), 기술생산성 모수가 증가할수록($\delta\uparrow$), 재생산가능자본이 클수록($K\uparrow$) 증가함을 보인다. 즉, 오염저감기술 수준의 향상은 환경오염을 감소시키고 경제를 성장시킨다.

본 절의 결론 및 정책적 함의는 다음과 같다. 전 지구적인 지속 가능한 발전이나 한 나라의 지속적인 경제발전과 정책수립에 있어 성장과 환경오염의 상호작용에 관한 연구뿐만 아니라 정책수립은 매우 중요하다. 환경오염을 감소시키고 경제를 성장시키는 오염저감기술 수준의 향상은 지속적으로 이루어져야 한다.

2. 공급 측면의 혁신성장

2.1 실물자본 축적이 기술혁신으로 연결

솔로우 모형에서는 기술진보가 노동효율을 증가시키는 의미로 사용되면 노동부가적 기술진보가 일어난다고 정의한다. 로머(Paul Romer, 1986)는 기술진보를 지식 축적의 증가, 즉 생산을 효율적으로 사용하는 새로운 지식의 축적 의미로 사용하고 있다.

로머의 경험에 의한 학습효과 가설의 출발점은 애로우(Arrow)이다. 그는 지식의 축적이 기계화되는 과정(mechanizing process)의 부산물(byproduct)이라고 주장하였다. 의도된 투자가 아니라 우연한 생산과정에서 이루어진다는 것이다. 이는 새로운 기계를 생산에 사용함으로써 배우게 되는 학습부문과 기계장비를 채택하는 과정에서 새로운 생산조직 형태를 고안하거나 기계 자체를 개선하기 위한 새로운 아이디어를 유도하여 새로운 기계를 사용하는 등의 발명부문을 포함하는 의미이다.

새로운 발명품들과 그것들을 생산에 사용하는 노하우까지를 포함하고 있다. 즉, 연구개발 활동과 기술혁신의 현장 투입과 실습 등에서 새로운 기술혁신이 이루어지고, 그것의 직업훈련 및 교육 등에서 노하우가 형성, 축적되어 간다는 것이다.

실제 한 기업에서 개발된 새로운 기술지식은 다른 기업들에게 숨기기가 어렵다. 왜냐하면 제품의 상용화가 이루어지면 이미 그 기술은 다른 기업들에 노출되어 사용될 수 있기 때문이다. 물론 새로운 지식을 배우는 데 소요되는 시간이 있어서 동시에 사용될 수 없으며 또한 비용(특허 사용료) 지불 없이는 사용될 수도 없다. 그러나 로머(1986)는 기술수준은 동시에(instantaneously) 전달되고(spillover) 각 기업이 무료로(gratis) 사용할 수 있다고 가정한다. 또한 특허제도가 있는 한 대가 지불 없이 새로운 기술을 다른 기업이 사용할 수 없으나 동 모형에서는 무의식적으로(unconsciously) 사용한다고 가정한다. 그러면 실행학습 경험(learning-by doing)과 지식분출 효과(knowledge spillover)를 줄여서 실행학습 모형이라 부르기로 하자.

실물자본 축적이 기술진보로 연결되는 모형의 구조를 살펴보자. 우선 i는 기업, t는 시점을 나타낸다고 하자. i기업의 기술수준 A_{it}는 1인당 자본 $K_{it}\left(=\frac{K_{it}}{L_{it}}\right)$이 1% 증가 시 θ%만큼 증가한다고 가정한다면 $A_{it}=\xi\left(\frac{K_{it}}{L_{it}}\right)^{\theta}$으로 표현 가능하다. 여기서 θ는 실행학습의 탄력성이다. 즉, 1인당 자본이 축적될수록 탄력성만큼 기술진보가 축적된다는 의미이다.

위의 가정 조건에 의해 기술이 공개되면 무료로, 그리고 동시에 즉각적으로 전파된다. 또한 다른 기업은 대가를 지불하지 않고 무의식적으로 기술을 사용한다. 개별 기업 입장에서 경험효과를 통해 기술을 무료로 사용하게 되고 모든 기업의 지식수준이 동일해져서 결국에는 A_{it}가 경제 전반적인 기술수준 A_t가 된다. 한 기업의 투자는 산업 전체의 A_t 형성에 기여하므로 A_t는 기업들의 투자의 합으로 형성된다. 따라서 A_t는 개별 기업의 자본 축적 등으로 특정한 자본-노동 비율로 내부적으로 만들어지고, 분출 · 확산되어서 개별 기업들은 A_t(기술수준)를 경제 전체 외부에서 주어진 것으로 받아들인다.

구체적 모형을 살펴보자. 경제에는 $i = 1, \cdots, N$개의 기업이 존재하며 개별 기업은 가격 순응자이다. 개별 기업의 노동부가적 생산함수를 합계하고, 자본과 노동에 대한 이윤극대화 조건 등을 통하여 전체 생산함수 $Y_t = K_t^{\alpha}(A_t L_t)^{1-\alpha}$과 같이 도출할 수 있다.

함수 형태는 기술진보율 g가 외생적으로 주어지는 솔로우 모형 ($A_t(= A_0 e^{gt})$)과 비슷하다. 그러나 본 모형의 A_t는 기계화 과정을 통해 자본-노동 비율에 의존해 내부에서 도출된다. 따라서 솔로우 모형과 생산함수 형태는 같지만 세부적으로는 다른 함수이다.

자본축적 방정식에서 1인당 자본증가율 $\hat{k}_t$는 $\hat{k}_t = \frac{\dot{k}_t}{k_t} = sak_t^{\alpha+\theta(1-\alpha)-1} - (n+\delta)$과 같이 구할 수 있다(1인당 소득증가율과 같다). 여기서 s, α, θ, n은 각각 저축률, 자본분배율, 실행학습의 탄력성, 인구증가율을 나타낸다. 또한 1인당 생산함수는 $y_t = ak_t^{\alpha+\theta(1-\alpha)}$으로 구해진다.

만약 생산함수에서 $\theta < 1$이라면 $\alpha + \theta(1-\alpha) < 1$이어서 자본의 한계생산성이 감소하는 형태이며, 기술진보가 없는 솔로우 모형과 같아서 지속적인 성장이 없다. 이때는 성장의 정형화된 사실을 만족하지 않기에 좋은 모형이라 할 수 없다. 만약 $\theta > 1$이라면 $\alpha + \theta(1-\alpha) > 1$이어서 자본의 한계생산성이 영원히 증가하는 형태이며, 그로 인해 영원히 증가(explosive, big bang)하는 경제성장률을 갖는다. 마지막으로 균제상태가 존재하기 위해서는, 즉 시간에 따라 변하는 k_t 변수가 상수가 되기 위해서는 $\theta = 1$이고 $sa > n + \delta$일 때 일정한 경제성장률로 $sa - (n + \delta)$이 가능해야 한다. 그러므로 학습효과의 탄력성 θ가 1일 때 적합한 균제상태를 갖는다.

본 절의 결론 및 정책적 함의는 다음과 같다. 본 모형에서 기술진보(혁신)는 자본 축적 과정의 부산물로 나오는 것이기 때문에 기술혁신에 대한 보상이 따로 주어지지 않는다. 하지만 현실적으로 기술혁신의 주체는 혁신기업이고 기술은 단순히 자본에서 나온 부산물이 아닌 이윤 획득을 위한 의도된 투자에서 나온다. 그러므로 현실적인 경제상황을 반영한다면 첫째, 투자는 독점이윤을 고려하는 혁신기업의 의도라는 것이 반영되어야 한다. 둘째, 독점이윤이 보장되는 구조여야 한다. 셋째, 완전경쟁시장에서 불완전경쟁시장으로 모형 틀이 바뀌어야 한다.

기술혁신에는 외부성이 있기 때문에 기술진보(혁신, A_t)에 대한 보상이 자연스럽게 개별 기업에 주어지지 않는다. 개별 기업은 외부성을 인식하지 못하기 때문에 생산성을 과소추정하고 과소투자하게 된다. 즉, 개별 기업은 자신이 기술진보에 기여하고, 기여받는 것이 무의식적으로 이루어지기 때문에 기술진보가 과소생산될 것이다. 따라서 사회적으로 바람직한 수준의 기술진보를 생산하기 위해서는 개별 기업의 자본투자를 유인하기 위해 정부의 조세 감면 및 보조금 지급이 필요하다.

2.2 기술혁신의 양적 다양성

슘페터의 혁신성장 모형 중 기술혁신이 중간재의 개수 증가로 나타나는 모형을 살펴보자. 개별 기업은 기술혁신이 일어나는 중간재생산물을 통해 독점적 이윤을 획득한다. 완전경쟁시장인 연구개발 부문에서 기술설계(R&D design)를 확보한 기업들은 불완전경쟁시장인 중간재를 생산하여 독점이윤을 확보하고 최종재 시장에 납품한다. 이때 중간재의 개수가 늘어나면서 기술혁신의 개수가 확장된다. 한편 중간재가 혁신되는 과정에서 사용되지 않는 이전 버전의 기술들이 모형에서 사라지지 않고 포함되어 있는 것은 모형의 한계점으로 지적된다.

좀 더 자세히 살펴보자. 경제재(economic good)인 사과(apple)의 경우 돈을 지불하여야(exclusive) 상품을 구입할 수 있고 한 번 먹고 나면 이 지구상에서 영원히 사라진다(rival). 그러나 중간재인 한글 프로그램(한컴오피스 한글 정품)은 돈을 지불하여야만 구입할 수 있지만 불법으로도 복제가 이루어질 수 있고(partially exclusive), 한 번 사용으로 없어지는 것이 아니라 프로그램 복제가 무한히 가능하다는 점(nonrival)에서 기술혁신재의 성격을 갖는다. 따라서 경제재는 배제성과 경합성을 띄지만 중간재는 경제재의 성격과 약간 다르며 부분적 배제성(partially exclusive)과 비경합성(nonrival good)을 갖는다.

모형구조는 생산요소로서 물적자본, 인적자본, 단순노동, 그리고 기술수준(지식축적량, stock of knowledge)으로 구성된다. 총인구(단순노동과 인적자본의 합)는 고정되어 있다고 가정한다. 3개의 분야(섹터)가 있으며 각 섹터별로 사용되는 투입요소를 살펴보면 첫째, 최종재 분야에는 인적자본, 단순노동, 중간자본재가 사용된다. 둘째, 중간자본재 분야에는 최종재와 연구분야에서 생산된 기술설계(new design)가 필요하다. 셋째, 연구개발 분야에는 인적자본과 기술수준이 사용된다.

개별 기업의 생산함수로 모형구조를 살펴보자. i개의 기업과 j개의 중간재 x가 있다고 가정하자. N_t는 중간재 개수이며 최첨단 혁신기술수준, H는 인적자본, L은 노동, x는 중간재라고 할 때, 이들 개별 기업의 생산함수를 표현할 수 있다.[13]

이제 분야별로 구체적으로 살펴보면 다음과 같다. 첫째, 최종재 분야는 완전경쟁적 시장을 가정하고 총생산함수는 개별 기업 생산함수 합이다. 최종재의 이윤극대화 조건을 정리하여 구한 중간재의 탄력성은 무한탄력적이지 않고 유한하다. 그러므로 중간재 공급자는 최종재 생산자에게 독점력을 행사할 수 있다. 즉, 중간재 공급자는 가격결정을 할 수 있는 가격설정자가 된다.

둘째, 중간자본재 분야는 불완전경쟁시장이며 독점적 이윤이 보장된다. 특허권을 사는 고정비용을 일단 지불하고 나면 독점력을 갖는 생산자가 존재한다. 이윤극대화를 위해 독점적 생산자에 의해 중간자본재 생산량이 선택되면 그 재화의 총수요에 의해 가격이 자동적으로 결정된다. 여기서 중간재의 혁신 단계에 상관없이 가격을 일정하게 결정하는 것이 이윤을 극대화하는 전략이다. 이전 단계의 중간재이든, 최신

13. 도출과정에 관심 있는 독자는 김지욱(2021)을 참조하기 바란다.

기술의 중간재이든 상관없이 모든 중간재 가격을 일정하게 하는 것이다. 또한 모든 단계에서 중간재를 일정하게 생산해서 최종재에 사용하면 이윤을 극대화할 수 있다. 따라서 이 중간재를 최종재 생산함수에 대입하면 $Y_t = (N_t H_{Y_t})^{\alpha}(N_t L_t)^{\beta} K_t^{1-\alpha-\beta} b^{\alpha+\beta-1}$ 식을 구할 수 있다. 여기서 b는 상수이다. 솔로우 모형처럼 기술이 인적자본 및 노동 변수에 부가되는 생산함수 형태가 되었다. 따라서 균제상태를 향하여 전이동태를 보이고 일정한 성장률로 수렴한다.[14]

셋째, 연구개발 분야는 경쟁시장이고 새로운 지식(디자인)을 창출하는 데 현존하는 지식축적량(N_t)과 인적자본(H_{N_t})이 사용된다. 그러므로 지식축적량은 지식생산함수에 따라 생산된다. 로머(1990)는 생산함수를 $\frac{dN_t}{dt} = \lambda H_{N_t} \cdot N_t$과 같이 제시하였다

인적자본이 최종재 생산보다 연구분야에 더 많이 투입되어야 기술발전이 일어나고 성장이 증가하는 모형이 된다. 현실경제에서는 인적자본 및 연구기술지식의 중복 투자가 존재할 수 있기 때문에 H_{N_t}와 N_t의 지수를 1로 가정하는 것은 무리가 있다는 한계점이 있다.

기술 디자인 특허에 관심 있는 중간자본재 분야의 기업들이 경쟁적으로 디자인을 사려고 하고, 그 디자인을 기반으로 중간재를 생산하여 독점이윤을 누리고자 하는 경우 특허권 잠재적 구입자는 독점이윤의 미래흐름 현재가치와 일치하는 수준까지 특허권의 가격을 끌어올린다.

앞에서 살펴보았듯이 최종재 생산함수는 솔로우 모형처럼 기술이

14. 2장 3절과 6장 1절의 1.6 선진국으로의 소득수렴 여부를 참조하기 바란다.

인적자본 및 노동 변수에 기술진보가 부가되는 형태가 되었다. 따라서 이 생산함수는 균제상태가 존재한다는 것을 보여준다. 또한 해로드 중립적이어서 노동과 자본의 생산요소 몫이 일정하다는 것을 알 수 있다. 또한 총인구가 일정하다고 가정했기 때문에 총계변수나 1인당 변수의 성장률도 동일하다. 균제상태에서 특허권 가격도 모든 중간재 디자인과 모든 시점에서 일정하게 된다.

생산함수에서 인적자본에 대한 최종재 한계생산성은 최종재에 투입되는 인적자본의 가격과 일치하고 또한 R&D에 투입되는 인적자본의 가격과 일치해야 한다. 이 조건으로 최종재 생산에 사용되는 인적자본을 도출하면 상수 값이 된다.

그러면 기술진보율(성장률)에서 최종재 생산에 사용되는 인적자본이 상수이므로 성장률 또한 일정한 상수 값이 된다. 따라서 균제상태 성장이 존재하고 기술진보율은 외부에서 주어지는 것이 아니라 내부의 변수에 의해 결정됨을 보여준다.

본 절의 결론 및 정책적 함의는 다음과 같다. 첫째, 경제성장률은 인적자본의 크기가 중요하고 그중에서도 연구분야에 투입되는 인적자본이 중요하게 작용한다. 다른 조건이 일정할 때 인적자본 대비 연구개발 투입인력의 비율이 높을수록 빠른 성장을 이룩한다. 둘째, 지속적인 경제성장을 이루기 위해서는 일정 수준 이상의 인적자본이 확보되어야 한다. 셋째, 노동과 인적자본의 부가적 기술진보가 일어나는 일종의 솔로우 모형 형태이므로 수렴 현상의 설명도 가능하다. 현실에서 관찰되는 수렴화 부족의 원인이 각국 간의 인적자본 축적의 수준 격차에 기인한다는 것이다. 넷째, 새로운 기술이 발견되면 이전 버전의 기술 등은 사용되지 않고 폐기되는 것이 합리적인데 과거의 기술 등이 최종재 생산에 중간재로 누적되어 투입되는 모형이어서 모형의 한계를 가진다. 이전 기술이 폐기되는 창조적 파괴가 일어나야 한다.

2.3 기술혁신의 창조적 파괴

아기옹과 호윗(Aghion and Howitt, 1992), 배로와 살라이마틴(Barro & Sala-i-Martin, 2004) 등은 슘페터(Schumpeter, 1934) 모형을 기반으로 성장모형을 제시하였다. 생산물 다양성 모형은 중간재 개수가 증가하는 것이 기술혁신이었던 반면, 품질 사다리 모형은 각 중간재 영역(섹터)에서 과거의 기술들이 사라지고 첨단기술만 존재하는 창조적 파괴(creative destruction)를 도입한다. 각 중간재 섹터 개수는 고정하고, 각 영역 기술의 품질과 생산성의 개선을 허용하는 모형이다.

따라서 생산물 다양성 모형의 한계를 극복하기 위해 기술수준인 중간재의 개수가 늘어나는 것이 아니라, 투입되는 중간재의 개수는 고정되어 있다고 가정하고 각 중간재 자체에서 각자의 기술혁신이 일어난다고 가정하는 것이다. 각 중간재의 기술수준마다 나름대로의 기술수준 단계가 존재한다. 실례로 i번째 중간재에서 기술수준이 3단계로 올라가면 현 2단계 기술은 파괴된다. 즉, 기술수준이 개선되면서 생산물생산에 사용되던 이전 단계의 기술은 폐기된다. 우리는 이를 창조적 파괴라고 부른다. 여기서 창조적 파괴의 의미는 첨단기술과 그 이전 기술 사이에서는 완전 대체가 일어난다는 것이다.

최근의 혁신가는 기존 연구자가 아닌 새로운 시장진입자(new entrance)라는 가정에서 출발한다. 기술혁신에 성공한 새로운 생산자는 기존 시장 지배자의 독점이윤(rent)을 제거하고 본인이 모두 흡수한다. 즉, 개선된 중간재 생산 및 사용의 독점권을 가진다. 각 기술마다 품질이 개선되어 한 단계씩 올라가는 품질 사다리 개념을 도입한다.

이때 새로운 시장진입자가 얼마나 많은 자원을 연구분야에 투입(혁신비용)할 것인가는 이윤의 크기와 만기 구조(duration)가 영향을 미친다. 기술개발에 따른 수익기간이 길어야 혁신 유인이 높아지는데, 기술혁신의 대가로 주어지는 독점이윤의 크기와 만기 구조는 확정적이지 않

그림 6-6 기술혁신의 창조적 파괴

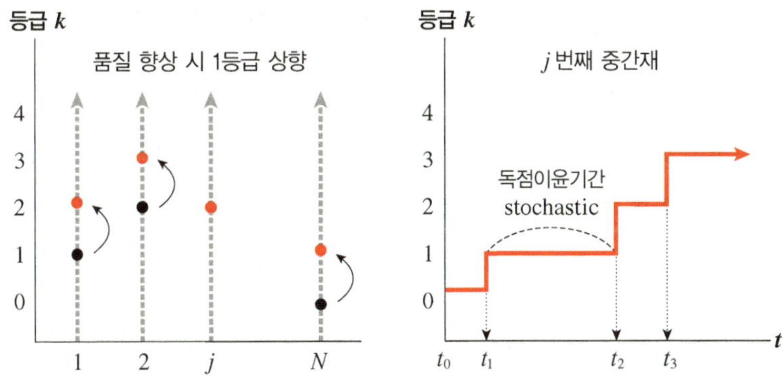

주 : 왼쪽 그림에는 N개의 중간재가 있으며 각 중간재마다 기술수준의 향상(혁신)이 이루어지면 수직으로 한 단계 상향 이동하게 된다. 오른쪽 그림에서 j번째 중간재의 t_1시점에서 기술혁신이 이루어져 기술등급이 1이 되었고 t_2시점에서 기술등급 2로 기술혁신이 성공하기까지 $(t_2 - t_1)$기간 동안 독점이윤을 확보할 수 있다. 그런데 각 기술 단계마다 독점이윤을 확보할 수 있는 기간은 확정적이 아니라 확률적이다.

고 확률적(stochastic)이기 때문이다. 이는 연구노력에서 나오는 결과의 불확실성과 독점적 위치의 일시성(새로운 혁신가의 등장)에 기인한다.

그런데 만약 2단계에서 3단계로 기술이 진보한다면 기존에 2단계 기술을 보유한 기업이 신규 기업에 비해 혁신이 용이할 것이다. 왜냐하면 그 기업은 2단계까지의 첨단기술 수준을 보유하고 있기 때문이다. 하지만 기존 기업은 이미 시장을 점유하고 있기 때문에 외부기업에 비해 기술 개발에 따른 인센티브가 적다. 기존 기업은 가격 조정으로 혁신기업의 진입을 차단함으로써 독점을 유지하고자 한다. 혁신의 유인은 외부기업이 더 클 수 있다. 신규 진입 기업은 기존 기업이 점유한 시장을 획득할 뿐만 아니라 새롭게 확보되는 3단계 시장의 독점이윤까지 확보되는 인센티브가 있기 때문이다.

지금까지의 논의에서는 새로운 첨단기술을 개발한 새로운 진입기업의 경우를 살펴보았다. 그러나 현실경제에서는 현재의 첨단기술을 보유한 기존 선도기업에서 다음 단계의 기술혁신(품질개선)이 일어날 경우가 많을 것이다. 왜냐하면 첨단기술을 보유한 선도기업이 기존의 기술을 축적해 왔기 때문에 새로운 진입기업보다 다음 단계의 기술혁신을 일으키기가 쉽기 때문이다. 또한 그들은 중간재 사용에 효율적인 대처로 비용을 감소시킬 수 있고 더 많은 정보를 가질 수 있기 때문이다. 선도기업은 가격책정 전략을 통하여 차상위 기업이 시장에서 생존하지 못하도록, 혹은 새로운 기술을 개발하지 못하도록 하면서 시장 진입을 막을 수 있기 때문이다.

기존 선도자에 의해 기술진보가 일어나 계속적인 독점자로서 행세

하는 모형을 설정해 보자. 차상위 외부자에게도 연구가 허용된다고 가정하지만 차상위 외부자는 기존 내부자보다 발명비용이 높다. 따라서 비용이 낮은 선도 내부자의 연구 성공 확률이 높다고 예견된다. 이 모형에서의 선도자는 그들의 위치가 일시적이 아닌 영구한 지위에 있게 되고, 그들의 독점이윤이 박탈되는 것을 가치화하지(고려치) 않기 때문에 이윤의 크기가 크다. 즉, 현재의 최신 기술을 보유한 선도기업 및 기존 기업의 이윤의 현재가치는 연구 성공 확률을 고려해야만 하는 외부기업의 이윤보다 높다.

본 절의 결론 및 정책적 함의는 다음과 같다. 경제성장률은 연구개발의 성공 확률에 달려 있고 그 성공 확률은 연구개발 투자지출에 달려 있다. 그런데 균형에서 연구의 성공 확률은 일정한 상수이며, 각 중간재의 첨단기술 수준에 대해 독립적으로 나타난다. 성공 확률이 동일하다는 의미는 연구개발을 할수록 더 많은 연구비 지출비용이 들어가야 한다는 것이다. 즉, 동일한 성공 확률을 갖기 위해서는 더 많은 연구 노력과 비용이 투입되어야 한다. 경제성장률은 기술혁신의 총량에 달려 있다.

2.4 기술혁신의 확산으로 기술선도국으로 가기

기술선도(선진)국의 기술혁신이 기술후발국으로 흘러 들어가 그 기술이 모방되어 소득수렴 현상까지 연결되는 모형에는 기술 확산 모형(technology diffusion model)이 있다. 이 모형은 배로와 살라이마틴(Barro & Sala-i-Martin, 2004), 노발레스(Novales et.al., 2009) 등이 제시하였다.

초기 모형에서는 기술선도국(leader country)은 기술혁신만 하며 기술후발국(follower country)은 기술모방만 하는 일방적인 혁신과 모방의 경우를 가정한다. 기술선도국으로부터 기술후발국으로 기술이 확산된다. 아이디어는 새로운 기술창조(혁신)물의 모방과 보완이 혁신 개발의 비용보다 낮으므로 후발자의 빠른 성장을 통하여 선도자 경제에 수렴하게 된다는 것이다. 이러한 과정은 자본이나 R&D에 대한 보수 감소를 가정하지 않더라도 수렴화를 발생시킨다.

기술수준은 중간재의 다양성 개수로 나타나고, 연구자들은 이러한 발견물들을 발명하기 위해 노력하며, 중간재들은 최종재 생산에 사용된다. 선도국은 혁신만 하고, 후발국은 중간재를 발명하기 위해 혁신하지 않으며 그 대신 모방하거나 채택한다. 후발국이 그 기술혁신물을 자기 나라에 채택하기 위해서는 노력이 필요한데 그것을 모방비용이라 간주하면 그 비용은 발명비용보다 작다. 모방자는 혁신국가에게 어떤 수수료도 지불하지 않는다고 가정한다. 그러므로 선도국의 발명자는 어떤 보상도 받지 못한다.

구체적으로 초기 모형의 확산과정을 살펴보자. 중간재 수가 커짐에 따라 기술혁신이 일어나고 혁신비용이 들어간다. 국가 1은 선진국이자 기술선도국이고, 중간재의 수는 N_1개이며, 혁신비용은 η_1이다. 국가 2는 개발도상국이자 기술후발국이고, 중간재의 수는 N_2이며, 모방비용은 ν_2이다. 모방할 때 기술선도국인 국가 1에 기술비용을 지불하지는 않는다고 가정한다. 선도국은 후발국에 비해 중간재의 개수가 많고

$(N_1 > N_2)$, 혁신비용이 모방비용보다 크다$(\eta_1 > \nu_2)$. 선도국의 기술혁신 행태는 생산물 다양성 모형과 마찬가지로 N_1, Y_1, C_1 모두 같은 비율로 성장한다.

후발경제 모방자의 행태를 살펴보자. 선도국과 후발국 간에는 정부 정책이나 인구규모에서 차이가 있다고 간주한다. 중간재의 수는 $N_2 \leq N_1$이다. 선도국에서는 중간재에 대해 창조만 할 수 있고 모방을 할 수 없으며, 후발국의 경우 반대로 모방은 가능한데 창조를 할 수 없다고 가정한다. 따라서 후발국 모형에서는 모방비용이 혁신비용을 대체하고 혁신비용이 모방비용보다 크며$(0 < \nu_2 < \eta_1)$ ν_2가 일정하다고 가정한다. 후발국의 1인당 생산함수와 독점이윤은 각각 선도국과 동일한 방법으로 구할 수 있다. 두 국가 간 1인당 소득의 비율은 중간재의 개수, $\frac{N_2}{N_1}$에 의존한다.

후발국의 모방에 대한 진입자유 조건은 약간 복잡하다. 왜냐하면 후발국의 보수율이 일정하지 않기 때문이다. N_2가 N_1보다 빨리 증가한다면 모방할 수 있는 모방의 풀(pool)이 고갈되고 모방비용이 상승하기 때문이다. 그러면 후발국의 보수율이 감소할 수밖에 없다. 그러나 고갈 시점이 멀다면, 즉 N_2와 N_1의 수 격차가 매우 크다면 보수율이 거의 일정하다고 볼 수 있다. 만약 모방비용이 일정하다고 가정한다면 진입조건과 이자율을 구할 수 있고 성장률도 구할 수 있다. 그러면 이자율(r_2)이 도출 가능하고 성장률(γ_2)도 표현할 수 있다. 만약 두 나라의 A_i와 L_i가 모두 같은 값이거나 A_2와 L_2가 국가 1에 비해 크게 불리하지 않다면 모방비용이 혁신비용보다 작다는 조건으로 인하여 성장률 식에서 후발국의 경제성장률이 선도국의 성장률보다 높게 나타난다.

정부 체제가 선도국이 우수하고($A_1 > A_2$) 중간재 혁신 수가 선도국이 많을 경우($N_2 < N_1$) 선도국의 1인당 소득수준은 후발국의 소득수준보다 높다($y_1 > y_2$). 즉, 후발국의 소득수준 y_2는 선도국 소득수준 y_1보다 낮은 수준에서 수렴하게 된다.

만약 후발국의 경제성장률이 선도국의 성장률보다 높게 나타나는 현상이 지속되면 후발국인 국가 2에 알려진 디자인(중간재) 수 N_2는 N_1보다 빨리 증가한다. 따라서 N_2는 N_1과 같은 수준으로 도달하게 된다. 결국 모방을 통한 N_2 변화는 N_1 변화에 제약을 받을 수밖에 없다. 그래서 국가 2가 국가 1의 디자인 수를 다 배우면 두 국가는 같은 비율로 성장할 것이다. 국가 2의 모방이나 국가 1의 혁신에 보수 감소를 적용하지 않음에도 기술 확산 모형은 두 국가 간 수렴화 현상을 보인다.

이제 상호 혁신과 모방의 경우를 살펴보자. 지금까지 후발국 국가 2는 혁신하지 않고 선도국 국가 1은 모방하지 않는 경우를 가정하였다. 이제 국가 2는 생산비용 η_2로 새로운 상품의 발명(혁신)이 가능하다고 가정한다. $\frac{N_2}{N_1}$이 증가함에 따라 v_2가 v_2^*로 증가한다. 여기서 v_2^*는 성장률이 같아지는 모방비용이다. 만약 $v_2^* < \eta_2$이면 국가 2는 혁신할 유인이 결코 없으며 국가 2는 항상 후발자로 남는다. 만약 $v_2^* > \eta_2$이면 v_2가 높아서 국가 2 연구자는 혁신에 대한 R&D 지출 부분을 할당하는 것이 이점이라는 것을 인식한다.

또한 발명될 수 있는 잠재적 산출물이 무한하다고 가정하면 국가 2에서 발견된 새로운 산출물이 국가 1에서 발명된 제품과 다를 수 있다고 가정한다. 국가 1에서 국가 2의 산출물을 모방하는 것이 매력적인 것이 될 수 있다. 왜냐하면 모방의 비용이 낮기 때문이다. 그러므로 두 국가는 R&D 예산의 일정 부분을 혁신과 모방에 할당하게 될 것이다. $v_2^* < \eta_2$이므로 국가 2가 정부 체제에서 우위를 갖는다면 국가 1보다 더 빨리 혁신하게 된다. 결국 모방(복제)할 제품의 증가는 복제비용을 낮추므로 국가 1 연구자는 R&D 지출 혁신부분보다 모방부분 지출에 예산을 더 할당하는 것이 바람직하다는 것을 알게 된다. 국가 2 입장에서는 모방할 제품이 줄어들고 모방비용이 증가한다. 그래서 국가 2 연구자는 R&D 지출을 혁신에 투자하게 되고 장기적으로는 두 국가의 역할이 바뀌게 될 수 있다. 국가 1도 혁신뿐만 아니라 모방하기 때문이다. 즉, 국가 2는 순수한 혁신리더가 되고 국가 1은 순수한 후발자가 된다.

즉, 혁신개수 차이가 작아질수록, 즉 기술격차가 줄어들수록 후발국의 모방비용은 커진다. 그러나 기술수준의 차이가 거의 없게 되는 경우에 모방비용이 커져서 혁신비용에 도달하거나 더 커진다면 후발국은 빠른 추격자(fast follower)가 되어 모방보다는 혁신을 추구하게 되고 결국에는 혁신국가로 넘어간다. 후발국의 기술혁신 수준이 선도국의 기술수준을 뛰어넘을 때 이를 뛰어넘기(leap-frogging)라고 한다. 선도국이 후발국이 되고 후자가 전자가 되는 역전 현상이 일어난다. 뛰어넘기 현상의 실례로 1700년대 영국이 네덜란드를, 1800년대 독일과 미국이 영국을 따라잡은 것을 들 수 있다. 또한 1900년대 말에는 일본이 미국을 앞질렀다.

따라서 선도국들은 후발국이 모방만 하고 로열티를 지급하지 않는 것을 방지하기 위해 후발국에 직접투자(direct investment) 형태로 진출하는 것이다. 기술 확산 과정에서 해외직접투자의 역할을 고려해 보자. 모형 설정에서 국가 1은 혁신만 하고 국가 2는 모방만 하는 경우를 가정한다. 즉, 국가 1은 혁신비용 η_1, 국가 2는 일정한 모방비용 v_2에 직면하고 $0 < v_2 < \eta_2$이다. 그래서 $N_2 < N_1$일 때 $\gamma_1 < \gamma_2$이고 보수율 $r_1 < r_2$이다. 국가 1의 혁신가는 국가 2에서 그들의 혁신기술(디자인)을 사용하는 데 대해 재산권을 행사하지 않았다.

이제 국가 1의 혁신가는 국가 2에서 생산의 중간재로 그들의 혁신기술을 사용하는 데 대해 영원한 독점권을 가진다고 가정하자. 이러한 지적재산권은 국가 2의 연구자가 국가 1에 로열티를 지불하지 않고는 모방에 투자하지 못하게 한다. 그러므로 혁신과 모방의 모든 것이 국가 1의 기업들에 의해 이루어진다. 국가 1의 혁신가는 국가 2에 그 제품을 이전하고 채택하기 위하여 초기 R&D 비용을 지불하여야 한다. 국가 1의 국가 2로의 진입비용인 이전비용을 v^e로 나타내자. 그 비용 v^e는 v_2보다는 낮을 것이다. 그 혁신가는 국가 2에서 그 기술을 사용하고 채택하는 데 다른 기업가들보다 더 적합할 것이기 때문이다. 국가 2의 기업가들이 언어나 제도, 관습 등의 유사성에서 유리할 수 있겠지만 국가 1 혁신가는 국가 2의 근로자(주민)들을 고용하고 교육시킬 수 있다.

만약 국가 2가 최근의 개방국가이고 혁신에 대한 모방이나 채택의 경험도 부족하며 중간재 수 N_2가 N_1보다 현저히 적다면 외국투자의 보수율(공식은 이미 도출하였음)은 r_1보다 클 것이다. 또한 모형에서 혁신이나 모방에 보수 감소를 가정하지 않으므로 국가 1 혁신가는 그들의

R&D 부분을 국가 2의 외국인 투자로 집어넣을 것이다. 국가 2에 채택되지 않는 중간재는 폐기될 것이고 N_2가 N_1에 접근하게 된다면 보수율은 감소하게 될 것이다. 그러면 국가 1의 혁신가는 신제품 발명을 위해 R&D 지출을 늘리므로 N_1의 개수가 확장될 것이다. 혁신의 보수율은 기존 보수율 r_1보다 클 것이다.

본 절의 결론 및 정책적 함의는 다음과 같다. 기술선도국과의 기술격차가 줄어들수록 빠른 추격자의 모방비용은 커지며, 기술수준의 차이가 거의 없게 되는 경우에는 모방비용이 커져서 혁신비용에 도달하거나 오히려 더 커진다. 기술선도국으로 가기 위해서는 모방보다는 혁신을 추구하여 기술혁신 선도국가로 넘어가야 한다.

2.5 모방에서 혁신강화 전략으로

첨단기술 변경에 대한 접근과 선진도상국(중진국) 함정의 탈피를 위한 혁신강화 전략과의 관계를 살펴보자. 각국마다 하나의 최종재가 생산되고 중간투입재의 연속체를 사용해 생산된다고 가정하자. 기술후발국의 평균생산성을 A_t로 두자. 기술선도국의 첨단기술 변경에서의 생산성 $\bar{A}_t$는 g율로 증가한다고 하자. 그러면 $\frac{\bar{A}_{t+1}}{\bar{A}_t} = 1 + g$로 표기가 가능하다.

그러면 선도국 생산성 $\bar{A}_t$ 대비 후발국 생산성 A_t 비율 $a_t(=\frac{A_t}{\bar{A}_t})$는 선도생산성 대비 후발국의 생산성측도가 되며, 그 비율의 역수는 선도국과 기술변경거리(격차)가 된다. 기술후발국의 생산성이 증가하는 데는 두 가지의 원천이 있다. 기존의 첨단(선도)기술을 모방하는 것($\eta\bar{A}_{t-1}$)과 기존의 기술을 혁신하는 것(γA_{t-1})이다. 즉, $A_t = \eta \bar{A}_{t-1} + \gamma A_{t-1}$이 된다. 여기서 η, γ는 각각 모방모수, 혁신모수이다.

양변을 $\bar{A}_t$로 나누면 $a_t = \frac{1}{1+g}(\eta + \gamma a_{t-1})$을 구할 수 있다. 이 수식은 후발국의 생산성이 세계의 첨단기술보다 훨씬 아래에 있다면, 즉 a_{t-1}가 0으로 접근하면 생산성 비율에서 모방(η)이 더 중요함을 보여준다. 반면 첨단기술에 접근할수록, 즉 a_{t-1}가 1로 접근할수록 생산성 비율에서 상대적으로 혁신(γ)이 더 중요함을 보여준다.

이제 경제발전 단계에 따른 성장극대 전략을 살펴보자. 혁신과 모방의 행위는 동일한 경제제도를 요구하지 않는다고 가정한다. 실례로 모방모수(η)는 기업경영자들에게 정년을 보장함으로써 직업훈련과 경험에 의존한다. 반면에 첨단혁신 모수(γ)는 능력 향상의 선택과 특정 활동에서 낮은 평가를 받는 경영자를 주주가 해고할 수 있는 제도를 선호한다. 첨단변경기술에 뒤떨어진 경우에는 모방(경험)강화제도(imitation-enhancing, or experience-enhancing institution)를 채택하는 것이 성장에 유리하고, 첨단기술에 가까울수록 혁신강화제도(innovation-enhancing institu-tion)를 채택하는 것이 성장을 극대화한다.

이제 모방모수의 최소최대 범위는 $\{\underline{\eta}, \overline{\eta}\}$, 그리고 혁신모수의 최소최대 범위는 $\{\underline{\gamma}, \overline{\gamma}\}$로 두자. 경험(모방)강화정책($R = 1$로 표기)은 $\{\overline{\eta}, \underline{\gamma}\}$으로 작동하고 혁신강화정책($R = 0$로 표기)은 $\{\underline{\eta}, \overline{\gamma}\}$이 작동한다고 가정한다. 모형의 단순화를 위해 첨단기술 변경에서의 생산성 증가율 g는 $1 + g = \underline{\eta} + \overline{\gamma}$로 표현된다.

따라서 첨단성장은 혁신 기반 성장에서 나온다. 모방강화제도하에서 생산성 성장 방정식($R=1$)은 $a_t = \frac{1}{1+g}(\overline{\eta} + \underline{\gamma} a_{t-1})$과 같다. 또한 혁신강화제도하에서 생산성 성장 방정식($R=0$)은 $a_t = \frac{1}{1+g}(\underline{\eta} + \overline{\gamma} a_{t-1})$과 같이 된다.

모방강화제도($R=1$)와 혁신강화제도($R=0$)의 두 선은 〈그림 6-7〉과 같이 그려진다. 즉, 모방강화제도는 a_{t-1}가 $\hat{a}$보다 낮은 부문에서는 높은 성장률을 보이고 a_{t-1}가 $\hat{a}$보다 높은 부문에서는 낮은 성장률을 보인다. 그러므로 $a_{t-1} < \hat{a}$인 국가들은 모방강화 전략($R=1$)을 사용한다.

그림 6-7 성장극대 전략

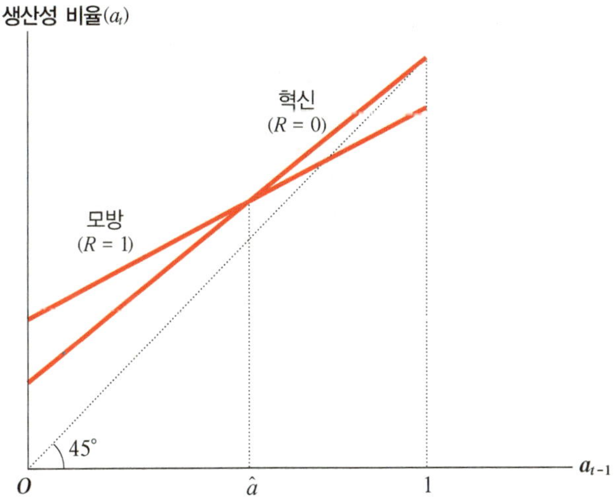

주 : 두 선이 만나는 점 $\hat{a} = \frac{\overline{\eta} - \underline{\eta}}{\overline{\gamma} - \underline{\gamma}}$

자료 : Acemoglu(2009).

반면에 $a_{t-1} > \hat{a}$인 국가들은 혁신강화 전략($R=0$)을 사용하는 것이 성장을 극대화한다. 이 성장극대화 전략을 따르는 국가는 항상 g보다 높은 성장을 구가하고 세계의 첨단기술에 수렴한다($a_t = 1$).

만약 이 국가가 $\hat{a}$의 변곡점을 지나면서 모방강화 전략에서 혁신강화 전략으로 전환하지 못하고 그대로 모방강화제도($R = 1$)하에 있다면 어떻게 되겠는가? 균형전환점 a_r이 $\hat{a}$보다 크고 또한 a_{Trap}($R = 1$과 45도선 교차점)보다도 크다면 혁신강화 전략으로의 전환은 늦어지고 결국 비수렴 함정에 빠진다. 이처럼 첨단생산성으로 수렴하지 못하고 비수렴 함정(중진국 함정)에 빠지는 국가의 경우를 나타낸 것이 〈그림 6-8〉이다.

그림 6-8 비수렴 함정(중진국 함정)

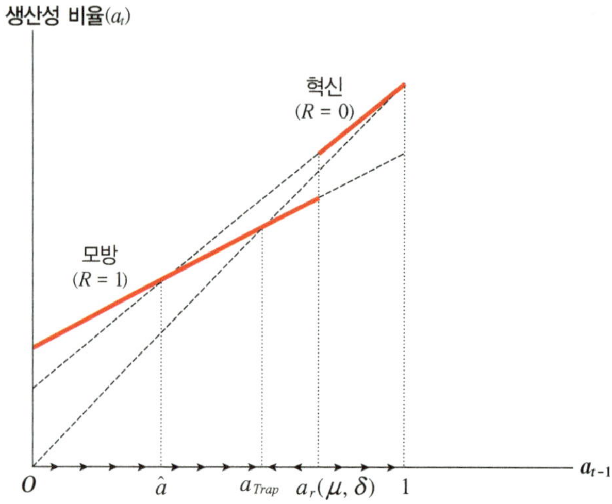

주 : $a_{Trap} = \dfrac{\bar{\eta}}{1 + g - \underline{\gamma}}$

자료 : Acemoglu(2009).

본 절의 결론 및 정책적 함의는 다음과 같다. 경제발전 단계에 따라 혹은 산업별 기술수준 단계에 따라 성장극대 전략은 다르다. 산업 초기에는 모방강화 전략이 혁신강화 전략보다 우수한 전략일 수 있다. 하지만 첨단기술 수준에 도달하여 정체하거나 첨단수준의 일정 부분에서 혁신으로 전환하지 못하고 그대로 모방강화제도하에 있다면 그 국가는 혁신강화 전략으로의 전환이 늦어지거나 첨단생산성으로 수렴하지 못하여 결국 선진도상국(중진국) 함정에 빠진다.

2.6 발전 단계에 따른 성장동력 변화

갤로와 웨일(Galor and Weil, 2000)에 의해 제시되고 갤로와 모아브(Galor and Moav, 2002)에 의해 다듬어진 통합성장이론(unified growth theory ; UGT)은 인류 역사의 전 기간과 더불어 장기적인 경제발전이 특정 기간에 적합한 분리된 이론보다는 하나의 일관된 모델로 설명되어질 수 있음을 제시하였다. 하나의 성장 모델로 자리매김하고 있는 이 이론은 지속적인 성장이 이루어지고 있는 현대뿐만 아니라 산업혁명 이전까지의 매우 긴 과거의 시간까지를 연구대상으로 한다. 또한 이 이론은 인류 경제사를 세 가지 단계, 즉 맬서스 체제(the Malthusian Regime), 후기 맬서스 체제(the Post-Malthusian Regime), 그리고 현대성장체제(the Modern Growth Regime) 등으로 나누어 국면전환을 설명한다.

각 나라들은 여러 가지 다양한 성장의 단계들, 즉 성장률이나 산업의 구성, 그리고 성장의 주요 동인들의 변화를 거치면서 성장한다. 농업에서 제조업으로, 자본 축적에서 혁신 기반으로, 그리고 제조업에서 서비스업으로의 산업구조 변화 등 성장의 요인이 발전 단계에 따라 달라진다. 성장 단계 중 맬서스의 정체 단계에서 성장 단계로의 전이와 자본 축적 기반 성장에서 혁신 기반 성장으로의 전이에 대해서 살펴보자.

정체에서 성장으로(stagnation to growth)

통합성장이론은 경제가 장기적으로 성장하는 것은 불가능하다고 주장하는 맬서스(Malthus, 1789)에서 출발한다. 이제 농업만 존재하는 한 경제를 고려하자. 노동과 토지를 생산요소로 사용하여 생산되는 산출물 Y_a의 생산함수는 $Y_a = AX^{\beta}L_a^{1-\beta}$이고, β는 요소 분배율이며, $0 < \beta < 1$이다. 여기서 생산성 A는 주어져 있고 토지 X는 1로 단순화한다. 또한 모든 국민은 한 단위 노동을 가져 $L = L_a$로 가정하여 1인당 소득함수 $y = AL^{-\beta}$를 구할 수 있다.

1인당 소득은 생산성 A가 증가하면 증가하고 인구가 증가하면 감소한다. 그것은 노동의 보수 감소에 기인한다. 생산함수는 보수불변임에도 인구 증가에 따른 1인당 산출물이 감소하는 이유는 토지가 한정된 생산요소여서 노동 증가에 따라 증가할 수 없기 때문이다.

생활수준이 향상되면 인구가 증가한다고 가정하자. 그러면 인구 증가가 1인당 소득에 의존하여 인구증가율 n은 $n(y)$의 식으로 표현된다. 인구증가율은 고정된 최대값 $n^{max} > 0$을 갖고 가난해지면 음의 값을 갖는다고 가정한다. 그러면 인구증가율이 0이 되는 지점에서 유일한 1인당 소득 y^*를 구할 수 있다($ny^* = 0$).

인구증가율 식에 1인당 소득을 대입하고 생산성 A와 인구의 초기값으로 인구 L의 미분방정식을 풀 수 있다. 인구증가율이 0인 상태에서 인구의 유일한 균제상태 값 L^*도 구할 수 있다[$n(AL^{*-\beta}) = 0$]. 그러면 두 식을 통하여 $L^* = \left(\frac{A}{y^*}\right)^{\frac{1}{\beta}}$ 식을 도출한다.

만약 인구 수가 L^*를 초과한다면 1인당 소득 $y = AL^{-\beta}$은 y^*보다 작아지게 된다. 그러면 인구 수가 L^*로 감소한다. 마찬가지로 인구 수가 L^*보다 작다면 아래로부터 L^*로 수렴한다. 결국 인구 수는 L^*에 수렴하게 되고, 1인당 소득도 y^*에 수렴하게 된다. 궁극적으로 1인당 소득이 y^*에 정체된다. 이와 같은 맬서스의 정체는 총요소생산성이 일정하다는 데 있다.

이제 생산성이 지속적으로 이루어지는 경우($\frac{\dot{A}}{A} = g$)를 고려해 보자. 그러면 1인당 소득의 증가율은 $g - \beta n(y)$와 같다. 이 미분방정식에서 y^*가 아닌 그보다 높은 수준인 y^{**}에 도달하여 $n(y^{**}) = \frac{g}{\beta}$의 균제상태 조건을 만족시킨다. 만약 g가 0으로 간다면 맬서스의 수준 y^*에 도달한다. 만약 $g < \beta n^{max}$으로 가면 1인당 소득의 지속적인 증가는 유지될 수 없다. 지속적인 생산성 향상이 일어나야만 성장이 가능하다는 것이다.

요소 축적에서 혁신 기반으로(accumulation to innovation)

생산요소의 축적에서 혁신 기반으로 이루어지는 발전 단계의 모형을 살펴보자. 지금까지 살펴본 슘페터의 품질 사다리 모형 생산함수에서처럼 최종재는 완전경쟁 가정하에 생산되고 있다고 가정한다. 독점적 경쟁하에서 이윤을 얻게 되는 중간투입재는 총자본스톡으로 생산된다. 결국 균형값들을 생산함수에 대입하면 신고전파 총생산함수 $Y_t = (A_t L)^{1-\alpha} K_t^{\alpha}$로 도출할 수 있다. 여기서 노동부가적 생산성 A_t는 모든 섹터의 평균값이다.

세 가지 기본이 되는 방정식, 즉 자본축적 방정식, 생산성-성장 방정식, 그리고 연구조정 방정식에서 $\tilde{k}_t = \frac{K_t}{A_t}$는 생산성 조정($L = 1$이므로 유효노동당) 자본량이며, a_t는 연구집중도(연구개발 지출), g_t는 기술진보율($g = (\gamma - 1)\phi(a_t)$), γ는 혁신 크기, $\phi(a_t)$는 혁신율을 나타낸다.

연구조정 방정식은 주어진 $\tilde{k}_t$로 연구집중도 a_t을 결정하고, 그 다음으로 자본축적 방정식과 생산성-성장 방정식에서 K_t, A_t가 변화되면서 $\tilde{k}_{t+1}$을 결정한다. 이러한 과정이 무한 반복 일어난다. 그러면 이 모델의 균제상태에서 세 변수들 g, a, $\tilde{k}$는 상수가 되고 균제상태 조건을 구할 수가 있다.

이제 성장의 초기 단계에 조정자본 $\tilde{k}_0$이 균제상태 아래에 있다고 고려하자. 이러한 경제에서는 자본 축적이 빠르게 일어나고 생산성(기술진보)은 느리게 일어난다. 그러나 $\tilde{k}_t$가 균제상태까지 증가하면 성장에 대한 자본 축적의 기여도는 느려지는 반면 생산성 증가는 빨라진다.

구체적인 총생산함수 $Y_t = A_t\tilde{k}_t^{\alpha}$에서 살펴보자. 만약 G_t가 산출물의 성장률이라면 $1 + G_t(= \frac{Y_{t+1}}{Y_t})$를 두 요소의 곱 $\left(\frac{A_{t+1}}{A_t}\right)\left(\frac{\tilde{k}_{t+1}}{\tilde{k}_t}\right)^{\alpha}$으로 표현 가능하다. 여기서 첫 번째 항은 혁신과 생산성 성장의 기여를, 두 번째 항은 자본심화의 기여를 나타낸다. $\tilde{k}_t$가 균제상태에 도달하면 두 번째 항은 1이 된다. 신고전파 모형에서처럼 균제상태에 도달하면 자본심화는 성장에 기여하는 바가 없다. 첫 번째 항은 시간이 지남에 따라 $\frac{A_{t+1}}{A_t} = 1 + g_t = 1 + (\gamma - 1)\phi(a_t)$과 같이 증가한다. 앞에서 보았듯이 $\tilde{k}_t$가 균제상태로 증가함에 따라 a_t도 증가한다. 따라서 균제상태에서는 혁신과 생산성 성장이 경제성장에 더욱 기여하게 된다.

본 절의 결론 및 정책적 함의는 다음과 같다. 경제발전 분석은 통합성장이론과 같이 인류 역사의 전 기간과 더불어 (특정 기간에 적합한 분리된 이론보다는) 하나의 일관된 모델로 장기적으로 분석하는 것이 바람직하다. 각 나라마다 다양한 성장의 단계들, 즉 산업의 구성, 성장의 주요 동인들, 그리고 성장률의 변화를 거치면서 성장하지만 결국 농업에서 제조업으로, 자본 축적에서 혁신 기반으로, 그리고 제조업에서 서비스업으로의 산업구조 변화를 거치면서 발전한다. 결국 한 나라의 성장과 발전의 핵심은 혁신과 생산성 향상에 달려 있다.

2.7 혁신생산에서의 인적자본

2장 성장과 발전의 통합적 이해 부분에서 인적자본의 축적과 인적자본이 생산함수에서 고려되는 방식을 살펴보았다. 솔로우 모형에서 노동부가적 기술진보 모형에 인적자본이 생산요소로 포함되는 MRW 모형(1992), 그리고 인적자본이 단순노동과 질적 요소인 인적자본 수준이 결합된 변수로 포함되는 모형을 살펴보았다.

루카스의 인적자본 축적과 안정적 성장

인적자본의 축적이 경제성장을 일으키는 주요 요소로서 기술혁신의 대안이 되고 있다. 즉, 기술진보가 일어나지 않아도 장기성장이 가능한 모형이다. 또한 생산요소에 대한 한계보수불변을 요구하지도 않고 한계생산체감하에서도 지속성장이 가능하다. 노동자에 체화된 기술로서 인적자본은 경쟁적이며 배타적인 재화로 간주된다. 내생적 성장모형에서 명시적으로 물적자본 축적과 인적자본 축적을 구분하는 모형을 설정하여 인적자본의 성장 동인을 One-sector model과 Two-sector model에서 분석한다.

먼저 One-sector model에서는 물적자본과 인적자본이 동일한 생산함수 형태에서 생산된다고 가정한다. 경제가 성장하는 과정에서 인적자본 대비 물적자본의 비율이 그 비율의 균제상태의 값보다 크거나 작을 때, 즉 격차가 클수록 경제성장률은 크게 된다. 즉, 경제성장률은 인적자본과 물적자본 사이의 불균형에서 발생한다.

The one sector model의 인적자본도 생산요소로 고려하는 콥-더글라스 형태의 생산함수를 $Y = AK^{\alpha}H^{1-\alpha} = AK^{\alpha}(hL)^{1-\alpha}$와 같이 설정하자. 여기서 H, K는 각각 인적·물적 자본이고 인적자본을 $H = hL$로 표기한다. 기술진보 A가 일어나지 않는다고 가정하면 그 값은 상수이다. 산출물은 소비하거나 인적·물적자본 생산에 사용된다. 무한대로 사는 가계의 기간 간 효용함수는 상대적 위험회피계수가 일정한 함수를 제약조건하에서 효용극대화를 푼다. 물적자본과 인적자본의 순 한계생산이 같다고 가정한다. 그러면 일정한 성장률 γ^*을 도출할 수 있다.

물적-인적자본의 균제상태 값 $\frac{\alpha}{1-\alpha} = \left(\frac{K}{H}\right)^*$에 도달하면 두 자본 스톡은 동일한 성장률 γ^*로 영원히 성장한다. 따라서 성장률의 동태변화가 전이과정에서만 일어나는 표준 신고전파 성장모형과는 중대한 차이점이 있다.

생산물의 성장률 γ_Y는 $\frac{K}{H}$율의 역의 관계이며, $\frac{K}{H}$율과 균제상태율($\frac{\alpha}{1-\alpha}$)의 불균형관계가 클수록 성장률은 높다. 그리고 자본 축적의 조정비용이 K보다 H가 훨씬 크다고 본다. 즉, 대폭적인 지원 없이는 교육과정의 가속화가 어렵다. 따라서 물적자본이 상대적으로 작은 지역에서 $\frac{K}{H} < \left(\frac{K}{H}\right)^*$에서 $\frac{K}{H}$의 성장률이 높다. 역사적인 사건에서 살펴보면 제2차 세계대전의 경우와 같이 인적자본보다 물적자본의 파괴가 크다면($\frac{K(0)}{H(0)} < \frac{\alpha}{1-\alpha}$), 즉 물적자본 감소로 인해 불균형으로 이어진다면 높은 경제성장률을 가지게 된다. 또한 페스트 등과 같은 질병이 돌 때, 즉 인적자본의 파괴가 더 클 때($\frac{K(0)}{H(0)} > \frac{\alpha}{1-\alpha}$)도 동일한 효과가 나타난다. 그러나 인적자본에 대한 조정효과가 크므로 비대칭으로 나타난다.

두 자본 스톡의 비율 $\frac{K}{H} = \frac{\alpha}{1-\alpha}$를 생산함수에 대입하면 생산함수는 $Y = AK\left(\frac{1-\alpha}{\alpha}\right)^{1-\alpha} = A'K$로 구할 수 있다. 여기서 $A' = A\left(\frac{1-\alpha}{\alpha}\right)^{1-\alpha}$로 단순한 상수이다. 초기 내생적 AK 모형과 동일한 형태를 취하고 모든 변수들의 성장률은 소비의 성장률과 동일하다. 외생적 기술진보가 없는 모형에서 1인당 소득의 장기적 성장은 자본의 보수가 점근적으로 일정해진다면 달성 가능하다. 즉, 자본의 보수 감소가 없다는 것은 인적자본과 물적자본을 포함하는 재생산 가능 자본의 개념에서 가능하다.

다음으로 Two-sector model 가정에서는 인적자본이 물적자본과 상이한 생산기술로 생산되며, 새로운 인적자본(교육)의 생산에는 상대적으로 인적자본이 집중적으로 사용된다. Two-sector model 중 우자와-루카스(Uzawa-Lucas) 모형에서는 인적자본이 교육부분의 유일한 투입요소로 가정된다. 또한 루카스(1988)는 인적자본의 외부성을 생산함수에 도입하여 규모의 보수 확대로 나타나는 내생적 성장 모형을 제시하였다. 동 모형의 경우 사회적 최적성장경로와 사적 경쟁성장경로에서의 성장률이 상이함을 발견하였고, 인적자본의 사회적 가치평가와 사적 가치평가가 상이할 경우 정부당국자는 세금이나 보조금정책 등을 통하여 시장균형이 파레토 최적이 되도록 조정해야 한다고 주장하였다.

그러나 인적자본의 지속성장이 유지되는 상황에서는 지속 가능 성장을 위해서 꼭 규모의 보수 확대나 인적자본의 외부성이 존재해야만 하는 것이 아님을 보였다. 또한 물적자본이나 인적자본의 성장률이 장기안정적 과정에 있음을 보이고 각 국가의 초기 축적수준 여부에 따라 소득이 수렴하지 못하고 발산할 수 있음을 보였다.

혁신에서의 인적자본

기술 축적에서의 인적자본의 역할을 슘페테리안으로 접근하여 보자. 넬슨과 펠스(Nelson and Phelps, 1966)는 연구개발 투자와 혁신을 가진 구체적인 내생적 성장 모형을 제시하지는 않았다. 생산성이 $\dot{A} = f(H)(\bar{A} - A)$로 증가한다. 여기서 $\dot{A}$는 생산성 변화분, $\bar{A}$는 첨단기술을 나타내고 H는 인적자본의 축적을 나타낸다. 그 대신 생산성 개선을 채택하는 증가율 표현으로 인적자본의 축적에 기인하는 성장모형을 제시하였다. 인적자본의 축적이 높을수록 첨단기술로 추격하게 된다.

벤하비브와 스피겔(Benhabib and Spiegel, 1994)은 넬슨과 펠스의 모형을 약간 변형시켰다. 즉, $\dot{A} = f(H)(\bar{A} - A) + g(H)\gamma A$으로 생산성이 축적되는데 여기서 γ는 슘페터의 혁신성장 모형 중에서 도출된다.

인적자본의 축적은 새로운 선진기술의 채용[$f(H)(\bar{A}-A)$]뿐만 아니라 첨단기술을 향한 기술혁신[$g(H)\gamma A$]도 용이하게 한다고 하였다. 중간재기업에는 생산성이 증가하는 두 가지의 원천이 있는데, 기존 첨단(선도)기술을 모방하는 것($\eta\bar{A}_{t-1}$)과 이전의 지역기술을 혁신하는 것(γA_{t-1})이 있다. 새로운 생산성이 $A_{it}=\eta\bar{A}_{t-1}+\gamma A_{t-1}$로 축적되는데, 여기서 나타나는 γ는 첨단혁신 모수이며 η는 모방 모수를 나타낸다. 지속 가능 성장과 발전을 위해서는 기술혁신 과정이 중요함을 보여준다.

연구개발 분야에서 인적자본

슘페테리안 성장모형 중 생산물 다양성 모형에서 인적자본이 최종재 생산보다는 연구개발 분야에 더 많이 투입될 때에 더 높은 성장률로 경제가 성장해 나간다는 것을 보인다. 기술혁신이 중간재 N_t의 개수 증가로 나타나는 모형에서 생산요소로는 물적자본, 인적자본, 미숙련 노동자 등이 있고 인적자본은 최종재 분야와 연구개발 분야에 사용된다.

모형구조에 i개의 기업과 j개의 중간재가 있다고 가정하자. N_t는 기술혁신 부분, H는 인적자본, L은 노동, x는 중간재라고 할 때, 이들 개별 기업의 생산함수를 표현할 수 있다. 최종재 분야와 연구개발 분야는 완전경쟁시장이고, 중간자본재 분야는 불완전경쟁시장이며 독점적 이윤이 보장된다.

이 모형에서 기술진보율(성장률)은 $\hat{N}=\gamma$인데 일정한 상수 값, $\lambda H_N=\lambda H-\Lambda r$이 된다. 여기서 H는 인적자본, H_N은 연구분야에 투입되는 인적자본, 그리고 r은 실질이자율, Λ는 상수, λ는 인적자본의 효율성이다. 따라서 균제상태 성장이 존재하고 기술진보율은 외부에서 주어지는 것이 아니라 내부의 변수에 의해 결정된다.

이 모형에서 대규모 인구 수는 성장과 무관하다. 성장률 γ는 인적자본 H의 크기가 중요한데, 그중에서도 연구분야에 투입되는 인적자본 H_N가 중요하게 작용한다. 즉, 다른 조건이 일정할 때 $\frac{H_N}{H}$의 비율이 높을수록 빠른 성장을 이룩한다. 그리고 $\lambda H > \Lambda r$이므로 $H > \frac{1}{\lambda}\Lambda r$이어야 하는데, 이는 경제성장을 이루기 위해서는 일정 수준 이상의 인적자본이 확보되어야 한다는 것을 보여준다.

본 절의 결론 및 정책적 함의는 다음과 같다. 인적자본의 축적이 경제성장을 일으키는 주요 요소로서 기술혁신의 대안이 되고 있다. 기술진보가 일어나지 않아도 장기적인 성장이 가능할 정도로 인적자본의 축적은 중요하다. 그런데 인적자본의 축적은 또한 기술혁신을 통하여 축적되는 것이어서 두 요소가 경제성장의 핵심이다. 또한 인구 대비 인적자본의 비중이 높을수록, 인적자본 대비 연구개발 인력 비중이 높을수록, 그리고 인적자본이 최종재 생산보다는 연구개발 분야에 더 많이 투입될수록 더 높은 성장률로 경제가 성장해 나간다.

2.8 혁신 확산의 공간 상호의존성

공간적 특성의 중요성

가까이 교제하는 개인들 간에도 서로 영향력을 주고받듯이 국가 간에도 인접하는 경우 서로 간에 미치는 영향력을 무시할 수 없다. 그것이

움직일 수 없는 지리적 · 공간적인 근접성의 성격일 경우 더욱 그러하다. 이것이 한 국가의 경제 성장과 발전은 주변 국가들과의 공간 상호작용에 의해 서로 영향을 주고받는다는 공간적 종속성이 고려되는 이유이다. 공간 간의 상호작용은 지역 간 거리가 가까울수록 효과가 크게 나타나고 멀어질수록 감소하는 효과를 반영하고 있다. 기존의 공간의존성 연구는 횡단면이나 시계열자료 분석에 의해 대부분 이루어졌으나 최근에는 공간패널에 기반을 둔 모형 설정이나 추정에 관심사가 집중되고 있다.

공간효과는 앤셀린(Anselin, 1988)이 공간계량경제학(spatial econometric economics)이라는 학문체계를 처음으로 구축하면서 주목받았다. 미국 오하이오주의 주도인 컬럼버스시의 49카운티(우리나라 구의 개념)에서 발생하는 주거침입절도죄와 자동차절도의 범죄 발생 빈도를 분석하였다. 고려된 설명변수로는 주택가격, 가구소득, 광장 존재 여부, 배관시설의 지역 부족 비율, 도심(CBD)과의 거리 등이 있다. 카운티 간 근접 정도로 나타나는 영향력은 직간접적으로 근접하는 인접성(contiguity)이나 위도와 경도로 나타내는 지역중심좌표의 거리로 측정해 행렬을 구축하여 가중치로 사용하였다. 경제성장 모형에서 국가 i의 기술혁신 기반의 성장이 어떻게 국가 j의 성장에 영향을 미치고 영향을 받는가를 분석하는 데 국가 간 거리 또는 근접성을 나타내는 공간가중행렬 $w_{ij}(d_{ij})$가 사용되었으며, W로 표시한다.

앤셀린은 공간 상관관계를 고려하지 않는 전통적인 회귀분석 결과는 편의와 불일치 추정량을 갖게 된다는 사실을 증명하고 공간시차 모형(spatial lag model ; SAM)이나 공간오차 모형(spatial error model ; SEM) 사용을 제시했다. 공간적 자기상관과 공간적 이질성을 고려한 것이다.

SAM은 국가들 간 경제성장률의 공간시차 자기상관을 고려하여 한 국가의 경제성장이 최초의 소득수준뿐만 아니라 주변 국가의 성장에 미치는 영향을 분석한다. 즉, 경제성장은 최초의 소득수준뿐만 아니라 간접적으로 국가시스템에 의하여 다른 모든 국가 소득수준에도 영향을 미치게 된다는 것이다. SEM은 오차항의 공간자기상관을 고려하고 공간가중치 행렬을 통하여 오차항이 모형에 반영되어 국가 간 경제성장에 영향을 준다는 점을 고려한다. 르사게와 페이스(LeSage and Pace, 2009)는 한 국가의 소득이 이웃한 국가의 소득수준뿐만 아니라 기타 독립변수들에 의해서도 영향을 받을 수 있다는 가정하에 공간시차 독립변수들을 포함하는 공간시차 모형인 공간더빈 모형(spatial Durbin model ; SDM)을 제시하였다.

경제 성장과 발전의 영향력을 공간적 · 지리적으로 국가 간 어떻게 서로 주고받는가(공간 상호의존성)를 〈그림 6-9〉에서 살펴보자. 설명을 단순하게 하기 위해 특정 시점에서 두 개의 국가만 존재하고 1번 국가는 자국, 2번 국가는 이웃이라고 가정하자. y_{1t}은 독립변수인 자국의 경제성장률(또는 1인당 소득), X_{1t}는 경제성장률을 설명하기 위한 주요한 설명변수들, 즉 투자율, 인구증가율, 인적자본, 연구개발 투자, 무역자유도 등을 말한다. ε_{1t}는 설명변수들이 설명하지 못하는 변수들, 즉 외환위기나 금융위기, 유가충격, 정치적 등 여러 충격들을 고려한 잔차

그림 6-9 공간계량 모형의 분류와 총효과

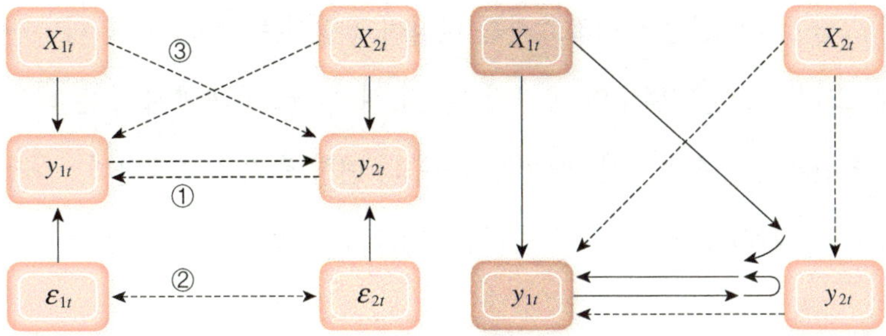

(a) SAM, SEM, SDM　　　　(b) 총효과

주 : 왼쪽 그림에서 SAM(공간시차 모형)은 ①, SEM(공간오차 모형)은 ②, SDM(공간더빈 모형)은 ① + ③을 나타냄. 오른쪽 그림의 실선은 직접효과(direct effect와 feedback effect의 합)를 나타내고 점선은 간접효과(indirect effect)를 나타내어 두 효과를 합친 것이 총효과(total effect)임.

항을 나타낸다. y_{2t}, X_{2t}, ε_{2t}는 이웃국가에서 일어나는 동일한 변수들이다.

그림 (a)에서는 자국인 1번 국가의 경제성장률 y_{1t}이 설명변수들 X_{1t}과 잔차항 ε_{1t}에 의해 설명된다. 이것이 대부분 우리가 수행하는 일반적인 회귀분석 방법이다. ①의 화살표와 같이 종속변수 간의 공간 상호 영향력까지 고려하는 모형이 SAM이고 ②와 같이 잔차항의 영향력을 고려하는 것이 SEM이다. 그리고 종속변수 간의 공간 상호 영향력뿐만 아니라 독립변수들의 종속변수에 대한 공간 영향력(① + ③)까지 고려하는 것이 SDM다.

이와 같이 르사게와 페이스(2009)가 제시하는 직접효과 추정은 개별 공간 단위의 종속변수에 대한 독립변수의 변화 충격을 측정하고, 피드백 효과, 즉 이웃지역 단위를 거쳐 돌아온 충격까지를 포함한다. 따라서 그림 (b)의 실선은 직접효과를 나타내고 점선은 간접효과를 나타낸다. 그러므로 설명변수의 공간적 파급효과와 간접효과까지 모든 다른 지역 단위의 종속변수에 대한 독립변수의 변화 충격을 측정한다. 따라서 직접효과와 간접효과를 포함하는 총효과는 훨씬 크게 나타난다.

기술흡수 능력의 향상이 중요

우리나라의 경제 성장과 발전은 미국을 비롯한 전 세계 경제대국 5위 안에 들어가는 중국과 일본, 그리고 우리나라와 함께 아시아의 네 마리 용이라 불리는 홍콩, 대만, 싱가포르, 또한 가파른 성장을 하고 있는 기술후발국인 베트남, 인도네시아, 태국 등의 아세안 국가들이 주위에 있다는 사실과 결코 무관하지 않다. 위에서 언급한 주변 국가들과의 공간 상호작용에 의해 서로 영향을 주고받는다는 공간적 종속성이 중요한 이유이다.

특정 국가의 연구개발 투자가 특정 국가뿐 아니라 인접(주변)국가들에게도 영향을 미쳐 상호 간의 경제성장에 영향을 미친다고 가정하자. 즉, 특정 국가의 경제성장은 주변국가와의 공간 상호작용에 의해 서로 영향을 주고받는다고 가정하자. 생산성 모수(λ_i)를 $\lambda_i = \lambda \Pi_{j=1}^{n} \left(\frac{A_{jt}}{A_{it}} \right)^{\gamma_i v_{ij}}$로 표현하자. 여기서 v_{ij}는 모든 국가들에 의해 축적된 지식에 접근하는 특정 국가 i의 모수이며 모든 국가들에 의해 $\Sigma_{j=1}^{n} v_{it} = 1$이라고 가정한다. 생산성은 그 자신의 기술변경에 대한 국가 i의 기술격차 $\frac{A_{jt}}{A_{it}}$의 함수로 표현되고, A_{jt}는 국가 j의 기술수준이다. 이 생산성 모수를 국가 i의 지식 축적의 성장률에 대입하여 전개한다.

이러한 가정은 국가 간 스필오버 효과나 공간적 외생성으로 간주된다. 또한 모수 $\gamma_i > 1$은 국가 i의 흡수능력을 나타내며, 인적자본 스톡(H_i)의 함수 $\gamma_i = \gamma H_i$로 표현될 수 있다. 김지욱(Kim, 2021)은 이를 슘페터 모형에서 아시아 국가들의 기술혁신이 인접한 국가로 분출되고 파급되어 인접국가들에게 기술이 확산될 때 그 기술을 흡수할 수 있는 흡수능력(absorption capacity)을 고려하는 기술 확산 모형으로 분석하였다. 인적자본(H)을 흡수능력 기본 변수로 선정하고 기술파급 통로로 외국인 직접투자(fdi), 무역자유도(trd) 등의 변수를 고려하였다. 분석 결과 경제성장을 위해서는 인적자본과 결합된 외국인 직접투자($H \times fdi$)와 무역자유도($H \times trd$)가 중요한 기술흡수 능력과 통로의 변수로 유의하게 나타났다. 또한 아시아 국가 간 소득수렴 속도도 빠르게 나타났다.

에터르와 코흐(Ertur and Koch, 2007)는 동태적 공간패널을 이용한 소득수렴성 검정의 연구에서 계량모델에 공간적 요소를 고려할 경우 소득수렴 속도가 빠르게 나타난다는 것을 보였다. 류와 리(Yu and Lee, 2012)도 동태적 공간패널 모형을 이용하여 미국 48개 주 단위소득에 대한 신고전파 성장모형의 수렴 가설을 검정하였다. 호, 왕, 류(Ho, Wang and Yu, 2013)는 공간적 자기 시차항을 도입한 26개 OECD 국가 분석에서 수렴속도가 더욱 빨라짐을 보였다. 피셔(Fischer, 2018)는 MRW 모형 기반의 수렴성 분석으로 22개 유럽 국가의 198개 지역을 분석하여 인적자본보다는 물적자본의 공간외부성이 중요함을 지적하였다. 갤로와 핑글톤(Gallo and Fingleton, 2014)은 베타 수렴에 공간적 요인을 고려한 모형을 제시하였다. 시카렐리와 패친(Ciccarelli and Fachin, 2017)은 공간의존성을 고려하여 이탈리아 제조업의 노동생산성의 조건부 수렴 여부를 분석하였다. 디첸(Ditzen, 2018)은 공간시차로 공간적 의존성을 고려하고 공통요인으로 횡단적 상호의존성을 통제한 93개국 대상 분석에서 조건부 수렴 현상을 발견하였다.

본 절의 결론 및 정책적 함의는 다음과 같다. 한 나라의 기술수준은 첨단 기술력을 가진 국가들과 공간적 · 지리적으로 근접할수록 기술 축적의 효과가 상호의존성에 의해 더 커진다. 한국이나 중국은 미국이나 일본으로부터 선진기술을 받아들여 기술 축적을 이루고 동시에 인도네시아나 말레이시아, 베트남 등 동남아 국가들에게 기술수준을 전파하여 그들 국가들의 기술수준 향상에 기여하였다.

선진국가들의 기술혁신이 인접한 국가로 분출되고 파급되어 기술이 확산될 때 그 기술을 흡수할 수 있는 자국의 기술흡수 능력이 중요하다. 그 기술을 받아들일 수 있는 흡수능력은 그 나라의 기술력, 즉 양질의 인적자본이다.

07

신공급 측면의 성장 전략 : 자본주의 체제의 안정성

Reversing the Paradox of Growth: New Supply-Side Growth
ch. seven

1장에서 성장의 선순환과 성장의 역설, 성장의 애로, 그리고 자본주의 위기 등의 주제로 분류하여 성장에 대한 주요 논쟁들을 살펴보았다. 한 나라 국민들의 삶의 가치나 삶의 질을 대표하는 지표가 그래도(없는 가운데에서) 1인당 GDP 자료임을 성장과 발전의 통합적 측면에서 이해할 수 있었다. 장기적으로 경제가 견고하게 성장해 나갈 때 가장 중요한 일들인 일자리 창출이나 소득분배 문제, 환경문제 등을 해결해 나갈 수 있음을 확인하였다.

신공급 측면의 성장론(경제학)이라는 용어는 학술적인 용어가 아님을 다시 한번 밝힌다. 원래 공급 측면의 경제학은 레이건 행정부 때 경기활성화를 위하여 개인이나 기업들에 개인소득세(재산세)나 법인세를 감면하여 기업의 투자를 늘리고 개인의 소비를 진작시키기 위한 정책이었다. 이러한 정책이론은 대표적인 래퍼곡선 가설을 통하여 법인세 감면으로 기업들에 조세부담을 줄여줌으로써 고용창출과 경기활성화로 이어져 조세수입이 오히려 증가한다는 역U자 가설을 낳았으며 정부 부문보다 민간부문의 활성화를 통한 자유시장경제 체제를 뒷받침한다.

본 저서에서 제시하는 신공급 측면의 경제학은 이러한 공급 측면의 경제학을 기본적으로는 받아들이지만 성격을 약간 달리한다. 적극적인 정부지출을 통한 재정정책이나 통화량 공급, 금리 조절을 통한 통화정책을 총괄하여 수요 측면의 경제학으로 지칭한다면 그 외 나머지 부문의 정책들을 총괄하여 공급 측면의 경제학으로 부른다. 고전학파를 계승한 생산성 향상이나 공급능력 확대를 우선으로 하는 성장정책이다.

2020년대 들어 세계 경제는 다시 인플레이션과 불황이 동시에 일어나는 스태그플레이션 현상이 나타날 조짐을 보이고 있다. 인구구조 변화와 공급망 충격에서 살펴보자. 찰스 굿하트(Charles Goodhart, 2021)는 고령화가 빠르게 진행되면서 노동가능인구가 급감하고 있다는 인구통계학 수치를 들며 근로자 부족이 인플레이션을 더욱 부추길 것이라고 분석했다. 노동력이 부족해지면 근로자를 확보하기 위해 기업이 임금을 올려줘야 하고 그 결과 물가가 오를 수밖에 없다. 또한 코로나 팬데믹과 우크라이나 사태로 인한 세계의 공급망 충격으로 공급 부족에 직면한 기업들은 효율성보다는 안정성을 중요시하게 된다. 1장 4절에서 살펴본 프렌드쇼어링 현상에서 보듯 위험과 불확실성을 줄이는 데 초점을 맞추는 기업의 의사결정은 결국 생산비용 증가와 물가 상승으로 이어지고 세계의 국민총생산을 낮춘다.

이러한 경제환경에서 통화량 공급이나 기준금리를 조정하는 기존의 수요 측면의 경제정책으로는 이러한 현상을 해결하는 데 한계가 있다. 전 세계적으로 투자가 부진하여 자본설비가 부족하고 기술진보나 생산성이 하락하고 있기 때문이다. 공급 측면의 애로에서 오는 현상이기에 공급능력의 향상만이 근본적으로 경제를 회복시킬 수 있다.

출산율이 최저 수준에 있고, 여성의 사회참여가 저조하고 고령화와 생산가능인구의 감소 등으로 한국 경제의 성장동력이 활력을 잃어가는 가운데에 과감한 소득세율 인하를 통해 근로의욕을 촉진하고 저축 증대를 유도하는 것이 무엇보다도 중요하다. 그리고 법인세제상의 각종 투자유인책을 활용하여 기업의 투자활동을 부추기며 특히 연구개발 투자에 대폭적인 지원을 제공해야 한다. 나아가 환경규제 등 생산성에 부정적인 영향을 주고 있는 각종 규제조치들을 철폐해야 한다.

이러한 정책추진은 소득분배 불평등을 더 악화시킬 수 있고 저소득 계층의 빈곤화를 더 심화시킬 수도 있다. 이러한 현상을 극복하기 위해 공급 측면의 성장정책뿐만 아니라 자본주의 체제의 안정성을 위해서도 양극화 현상을 해소하고 사회복지제도를 강화하는 사회안전망 구축이 정책의 우선순위가 되어야 한다. 정부의 복지제도 강화가 더 많은 사람들로 하여금 생산성을 높여 혁신성장으로 유도할 수 있다.[1]

신공급 측면의 성장론(new supply-side growth)은 슘페테리안의 기술혁신을 통한 공급 측면, 민간기업 활동과 관련된 규제와 기업의 입지조건 완화, 환경과 지배구조 관련 ESG와 탄소중립 전략, 소득분배와 기회의 불평등 해소, 인구구조 변화에 따른 사회구조 변화 및 선진 제도 개혁, 자본주의의 위기극복까지 모두를 포괄하는 개념이다.

이제 6장 '성장의 재역설'에서 도출한 결론들과 정책적 함의를 성장 전략으로 요약해 보자.

선진 고소득국가로서의 위상 정립

구매력 환산 기준으로 2019년 미국의 1인당 소득은 62,589달러이며, 한국은 42,219달러로 미국 소득 대비 67.4% 수준이다. 학자에 따

1. 기옌(2021)은 한국의 발전을 위해 '첫째, 노년층을 시간제 근로자로, 그리고 환경문제를 의식하는 소비자로 활용하여 경제발전의 촉매로 삼자. 둘째, 고등교육을 받은 사람 특히 여성의 창의력을 적극 이용하자. 셋째, 세계화와 국제무역, 이민을 받아들이는 동시에 그 과정에서 변화에 뒤떨어지는 사람이 없도록 하자'고 제언한다.

라 다르지만 엄격한 기준인 미국의 65% 수준을 선진국가로의 문턱(threshold)이라고 부른다면 한국은 65%를 넘고 있어 이미 고소득국가로 진입하였다고 판단할 수 있다. 미국 소득수준으로 수렴하기 위해서는 현시점 2019년에서 빠른 속도로는 3.92%, 그리고 느린 속도로는 2.82% 수준의 경제성장이 이루어져야 한다. 이와 관련해서는 6장에서 이미 이론적으로 살펴보았다.

이제는 국제사회에서 고소득국가 위상에 걸맞게 행동하여야 한다. 2021년 우리나라 공적개발원조(Official Development Assistance ; ODA)는 28억 5,500만 달러로 OECD 개발원조위원회(DAC) 28개 회원국 중 15위 수준이다. 그러나 총국민소득 대비 ODA 비율(ODA/GNI)이 0.16%로 전체 DAC 회원국 평균 0.33%의 약 1/2 수준으로 25위를 기록하고 있다. 우리나라의 국제적 위상에 맞도록 ODA 규모나 사업영역(의료분야, 의학 및 약학 등)을 확대해 나가야 한다. 기후환경 위기에 대처하기 위해 수립 · 선포한 탄소중립 전략 등도 준수해 나가야 한다. 국제질서 협약이나 규정 등을 선도하여 주장하고 지켜나갈 때 더욱 선진화된 사회로 나아갈 수 있을 것이다.

과감한 실물투자가 이루어져야 함

투자를 통한 자본 축적과 이를 통한 지속적인 고용창출은 성장의 원동력이다. 기업들의 과감한 투자가 이루어질 수 있도록 정부(중앙정부 및 지방정부)는 법인세 감면이나 규제개혁, 기업(연구개발센터)의 입지 선정 및 조성, 에너지원의 공급에도 적극적으로 지원하거나 개입할 필요가 있다.

피케티의 주장에 의하면 자본계수(산출 대비 자본)가 증가하고 대체탄력성이 1보다 커서 노동소득분배율이 줄어든다. 그런데 이때의 자본은 개인의 부동산 등을 포함한 자산(부)을 의미한다. 따라서 자본 증가는 자산가격의 상승으로 나타난다. 즉, 피케티의 주장과는 달리 대체탄력성이 1보다 작고 실질자본 축적이 줄어들므로 부 소유자의 몫이 늘어난다.

따라서 피케티의 주장을 뒤집으면 한국의 경우 대체탄력성이 1보다 작으므로 실물자본 축적이 늘어나야 노동자들의 몫이 늘어나고 소득의 불평등을 줄일 수 있다. 즉, 실물투자를 줄여야 하는 것이 아니라 기업들의 투자를 늘려야 한다.

실물자본 축적이 기술혁신으로 연결

개별 기업들의 투자로 나타나는 자본 축적은 실행학습효과나 지식분출효과로 인하여 전 산업의 기술혁신으로 연결될 수 있다. 즉, 기술혁신은 자본 축적의 부산물(byproduct)이다. 실행학습 모형에서 보았듯이 기술혁신은 외부성이 있기 때문에 기술혁신에 대한 보상이 자연스럽게 개별 기업으로 주어지지 않는다. 개별 기업은 외부성을 인식하지 못하기 때문에 생산성을 과소추정하고 과소투자하게 된다. 즉, 개별 기업은 기술혁신에 자신이 기여하고, 기여받는 것이 무의식적으로 이루어지기 때문에 기술혁신이 과소생산될 수 있다. 따라서 사회적으로 바람직한 수준의 기술진보를 생산하기 위해서는 개별 기업의 자본투자를 유인하기 위한 정부의 조세 감면 및 보조금 지급이 필요하다.

창조적 파괴에 따른 생산성 향상

기술선도국으로의 도약을 위해서는 창조적 파괴로 나타나는 기회인 생산성 향상이 필수적이다. 산업구조 개편과 미래산업의 포트폴리오 재편을 통한 생산성 향상은 비용인상인플레이션도 흡수할 수 있다.

신고전파 성장모형이나 내생적 성장 모형의 성장동력 핵심은 기술진보(기술혁신)나 기술력이다. 이것은 기업의 경쟁력이며 국가의 경쟁력이다. 이러한 기술진보는 환경위기, 보건위기, 소득불평등 심화의 해소방안이 될 수 있다. 한 나라의 경제 발전 · 성장의 원동력은 기술진보이다. 신고전파 모형에서처럼 기술진보가 없는 경우 균제상태에 도달하면 자본심화, 즉 자본 축적만으로는 성장이 이루어지지 않는다. 따라서 균제상태에서는 혁신과 생산성 성장만이 경제성장에 더욱 기여하게 된다.

모방에서 혁신으로

경제발전 단계에 따라 성장극대 전략은 다르다. 혁신과 모방의 행위는 동일한 경제제도를 요구하지 않는다는 가정하에서 첨단변경기술에 뒤떨어진 국가(기업)의 경우에는 모방강화제도를 채택하는 것이 성장에 유리하고 첨단기술에 가까울수록 혁신강화제도를 채택하는 것이 성장을 극대화한다. 실례로 모방제도하에서는 기업경영자들에게 정년을 보장함으로써 직업훈련과 경험에 의존하는 반면에 첨단혁신제도하에서는 능력 향상의 선택과 특정 활동에서 평가가 낮은 경영자를 주주가 해고할 수 있는 제도를 선호한다.

모방강화 전략에서 혁신강화 전략으로 전환하지 못하고 그대로 모방강화제도하에 있다거나 혁신강화 전략으로 전환이 늦어지면 결국 비수렴 함정에 빠진다. 결국 첨단생산성으로 수렴하지 못하여 선진국 수준으로 도달하지 못하는 선진도상국(중진국) 함정에 빠진다.

제조업에 대한 개념의 재정립

제조업은 이제 단순한 굴뚝 산업이 아니라 첨단기술력을 갖춘 반도체, 자동차, 조선, 철강, 화학, 원전 등 경쟁력이 강화된 기술혁신 제조업이다. 첨단 소프트웨어와 하드웨어의 결합산업이다. 농업에 스마트팜을 도입하거나, 서비스업에 첨단물류시스템을 도입하는 등 제조업과 서비스산업 구분의 경계가 무너지는 것이다. 제조업의 기술력 성장과 더불어 서비스산업도 성장하는 것이다.

기업가정신

슘페테리안의 핵심은 창조적 파괴에 있다. 불확실성과 위험을 감수하고 유망한 기회를 사업으로 만들 수 있는 도전정신, 즉 기술혁신을 위한 대규모의 과감한 투자를 결정하는 것이 바로 기업가정신이다. 성장의 한계를 극복하고 일자리 창출 확대를 위하여 기업 활동의 역동성을 강조하고 이를 실현하기 위한 수단으로서 기업가정신에 주목해야 한다. 혁신을 가로막는 제도나 문화, 규제 등을 개선하거나 철폐하고 기업이나 기업가에 대한 인식 제고가 필요하다. 또한 기업가의 존재와 탄생을 소멸시키려는 기득권의 횡포를 조심하라는 슘페터의 경고를 상기하자.

자유시장경제의 원칙과 사유재산 보호

개인이나 기업들이 시장에서 최대한 경쟁할 수 있어야 한다. 시장질서는 개인과 기업의 경제상의 자유와 창의를 존중함이 기본이다. 인간의 자연스런 욕구에서 나오는 경제행위를 법적으로 보장해 주어야 하는 것이 자유시장경제의 원칙이다.

시장경제에서는 자원배분의 효율성에 의해 생산요소가 산출물 생산에 기여한 만큼, 즉 한계생산만큼 대가를 받는다. 기여에 대한 보상분이 시장가격과 기여분(량)만큼 곱하여져 기여자(참여자)들에게 배분된다. 이 배분(임금, 이윤, 배당 등)은 사유재산으로 보존되는 것이며 보호되어야 한다.

인적자본의 축적

기술진보가 일어나지 않아도 장기적인 성장이 가능할 정도로 인적자본의 축적은 중요하다. 경제성장을 일으키는 주요 요소로서 인적자본의 축적이 기술혁신의 대안이 되고 있다. 그런데 인적자본의 축적은 또한 기술혁신을 통하여 축적되는 것이어서 두 요소가 경제성장의 핵심이다. 또한 인구 대비 인적자본의 비중이 높을수록, 인적자본 대비 연구개발 인력 비중이 높을수록, 그리고 인적자본이 최종재 생산보다는 연구개발 분야에 더 많이 투입될 때에 더 높은 성장률로 경제가 성장해 나간다.

정부의 연구개발 지원 확대 및 생산성 제고

국정과제 방향인 초격차 전략기술, 탄소중립, 디지털 전환에 필요한 연구개발 분야에 중점 지원이 이루어져야 한다. 차세대 원전, 반도체, 첨단 바이오, 우주, 항공, 양자 컴퓨팅, 이차전지 등과 관련된 기업들의 기술 역량을 높일 수 있도록 지원예산을 대폭 증가시켜야 한다. 또한 이를 위한 R&D 지출의 집중과 효율적인 집행이 무엇보다 중요하다.

5장에서 보았듯이 우리나라는 GDP 대비 투자 비율이 다른 국가에 비해 높은 편이지만 미국 생산성의 60% 수준에 머물러 있음을 명심하자.

불확실성에 대한 보상

경제성장률은 연구개발의 성공 확률에 달려 있고 그 성공 확률은 연구개발 투자지출에 달려 있다. 연구의 성공 확률은 균제상태에서 일정한 상수이며 각 중간재의 첨단기술 수준에 대해 독립적으로 나타난다. 성공 확률이 동일하다는 의미는 연구개발을 할수록 더 많은 연구비가 들어가야 한다는 것이다. 즉, 동일한 성공 확률을 갖게 하기 위해서는 더 많은 연구 노력과 비용이 투입되어야 한다. 경제성장률은 기술혁신의 총량에 달려 있다.

그런데 새로운 시장진입자가 얼마나 많은 자원을 연구분야에 투입(혁신비용)할 것인가는 이윤의 크기와 만기 구조에 달려 있다. 기술개발에 따른 수익기간이 길어야 혁신 유인이 높아지는데, 기술혁신의 대가로 주어지는 독점이윤의 크기와 만기 구조는 확정적이지 않고 확률적이기 때문이다. 이는 연구 노력에서 나오는 결과의 불확실성과 독점적 위치의 일시성(새로운 혁신가의 등장)에 기인한다. 신규 진입 기업은 기존 기업이 점유한 시장을 획득할 뿐만 아니라 새롭게 확보되는 시장의 독점이윤까지 확보되는 인센티브를 바라본다.

이것은 투자위험과 불확실한 미래 도전에 대한 대가이다. 즉, 성공한 기술혁신에 대해 일정 기간 동안의 불확실성에 대한 보상이 이루어져야 하며 새로운 투자로 연결될 수 있도록 시장 메커니즘이 작동되어야 한다.

교육의 공정성 강화

고등교육에 대한 접근성이 기회불평등을 발생시키는 주요 경로이고 이러한 경로의 중요성은 점차 확대되고 있다. 따라서 소득 기회불평등을 해소하려면 성장환경에 의해 교육 성취의 격차가 발생하지 않도록 교육의 공정성이 강화되어야 한다. 기회평등의 정책이 우선시되어야 하며, 결과평등의 정책을 기계적으로 시행하지 않도록 조심스럽게 운용하여야 한다.

직업의 진입과 전환의 교육이 필요하다. 물적자본 축적뿐만 아니라 인적자본의 축적도 매우 중요하다. 생애임금소득 불평등에서 보았듯이 불평등 완화를 위해서는 노동시장 진입 시점에 인적자본의 수준 차이를 줄일 수 있는 정책이 필요하다. 또한 첨단기술 습득이나 직업전환에 대한 새교육과 재교육에 대해서도 정부의 적극적인 지원이 이루어져야 한다. 또한 AI는 인간의 업무영역을 점진적으로 대체해 나갈 것이므로 AI가 재현하지 못하는 분야로 일자리가 확대되도록 고용창출이 우선적으로 고려되어야 한다.

소득불평등 완화와 개선

소득분배 개선을 위해서도 성장이 우선적으로 필요하다. 그렇지만 성장의 과실이 특정 계층에만 돌아가지 않도록 사회 모든 구성원들에게 합리적인 선에서 배분되어야 한다. 분배가 악화될수록 지속적인 성장이 이루어질 수도 없고 자본주의 체제에 불안을 야기시킬 수도 있음을 선진국의 사례가 보여준다. 국가의 존립 근거나 지도자의 기본 소임에는 모든 국민들의 삶의 질을 향상시킬 의무가 있다. 국가는 일차적으로 시장소득 기준의 소득분배가 양호해야 하며 재분배정책을 통한 경상소득 기준으로도 분배가 더욱 개선되어야 한다.

국가의 소득불평등 개선을 위한 적극적인 사회안전망 확보 정책이 실시되어야 한다. 중앙정부나 지방정부는 소득수준이나 복지수준의 향상을 위해 기초생활수급자나 차상위계급자들, 그리고 복지사각지대에 놓인 주민들에 대해 세심한 지원정책을 실시해야 한다. 경기활성화를 위한 세율 인하와 이와 반대로 복지수준 향상을 위한 재원 확보 차원의 세율 인상은 정책 간격을 어떻게 극복할 것인지를 고려한 세심한 정책적 조합과 배려가 필요하다.

환경과 성장의 조화

환경부문에서도 탄소중립정책은 탈원전정책이 아니라 탈탄소정책으로 전환되어야 하며, 근본주의 환경론자들의 주장이 아니라 성장을 통해 환경문제도 해결해 나가는 정책으로 이어져야 한다. 환경오염 감소를 위한 기술의 혁신과 확산은 오염을 방지하고 일자리도 창출하는 성장과 환경 보존이 함께 가는 것이어야 한다.

대부분의 국가가 에너지집약경제 모형으로 제조업 비중이 높은 산업구조를 가지며 국가경제를 발전시켜 왔다. 또한 클라우드컴퓨팅, 인공지능(AI) 등 첨단기술집약적 산업도 에너지 수요가 높은 구조이므로 친환경 산업구조로의 전환은 쉽지 않다. 따라서 탈탄소화 등 기후변화 대응에 전 세계가 적극적으로 참여하도록 유도하는 전략적이고 글로벌한 정책대안이 제시되어야 한다.

미래산업의 핵심은 친환경분야이며 자율주행기술과 같은 미래 모빌리티와 연관된 사업, 원전, 신재생에너지, 바이오산업 등에 있으므로 이러한 산업에 집중해야 한다. 각국 정부는 지구온난화에 대한 대응으로 탈석탄사회와 친환경 재생에너지 사용 증진 등 녹색 산업혁명에 버금가는 정책을 추진 중이다. 친환경분야의 첨단기술 개발이나 외국의 기술선도기업과의 합작을 통하여 기술을 습득하거나 시장을 개척, 확장하여야 한다.

기업의 원료 조달, 제품 생산 및 판매 등 생산 전반에 걸쳐 근로자나 소비자의 인권(주권)이 보호되며 기후변화 대응 등 사회적 책임을 다하는 기업이 우대되는 사회로 전환되고 있으므로 이에 대한 대비가 필요하다. 국가 차원에서 ESG와 탄소중립은 분명히 가야 할 길이다. 하지만 대기업을 비롯하여 중견기업이나 중소기업들이 비용 측면에서도 감당할 수 있는지를 정부는 면밀히 파악하고 업계와 지속적인 대화와 정책조율을 통하여 ESG 경영이 정착될 수 있도록 지원하여야 한다.

ESG 제도의 정착도 기업들이 세계시장에서 살아남을 수 있도록, 즉 글로벌 기준에 맞춰갈 수 있도록 지원하고 국가경제에 이바지하게 하는 것이 궁극적인 목표임을 명심하여야 한다. 기업에만 의무를 전적으로 부과하는 것이 아니라 업계의 자율에 맡길 수 없는 부문에서는 정부의 적극적인 산업정책도 필요하다.

수도권 인구집중과 규제의 완화

공간 집적의 개념에서 공간 상호연결성이 중요시되고 있다. 특히 비대면 업무영역의 확대로 업무능력을 최대한 발휘할 수 있는 네트워크 구축 및 활용이 우선시되어야 한다. 바로 첨단 디지털 인프라 구축이다.

1장 3절 성장의 역설에서 수도권 인구집중의 문제와 수도권 규제에 대한 서로 상반되는 주장을 살펴보았다. 우리나라 수도권의 인구 규모가 총인구의 절반을 넘고 있고 현실적으로 기업들은 수도권으로 공장이나 연구개발센터의 신설이나 확장을 원하고 있는 실정이다. 수도권의 실실적인 밀집 완화와 지방 이주 활성화에 따른 수도권의 집값 안정이나 기업의 자발적 지방 이전에 따른 지역경제 활성화도 기대하지만 여러 정책추진에도 불구하고 대기업들은 수도권으로 오히려 집결하고 있고 수도권 집중화는 심화되고 있다.

인위적인 지방분산보다는 현실적인 대안이 필요하다. 전국을 몇 개의 거점 메가시티로 재편하거나 육성해야 할 필요성이 있다. 지방정부 주도로 글로벌 수준의 교통인프라와 기업 친화적인 제도를 구축하고, 다국적기업을 유치해 메가시티가 수도권을 대체하는 기능을 갖추도록 경쟁력 강화가 필요하다. 지역 특화산업 특성에 맞는 클러스터화와 집적화를 추진해야 한다. 이 지역 주민에게는 양도소득세 · 취득세 · 상속세 · 증여세 등의 감면 혜택을 제공하고, 기업들엔 법인세 · 취득세를 감면하고 기업 상속 요건도 대폭 완화하는 유인책이 필요하다.

반면에 기업들이 수도권에 입지를 원할 때는 기업 발전과 국가 발전을 위해서라도 과감하게 수도권 규제를 완화할 필요가 있다. 선진국들도 수도권 규제 완화에 앞장서고 있다. 영국은 1982년 수도권 전역에, 프랑스는 1985년 파리 중심만 제외한 전 수도권에 공장설립허가제를 폐지했다. 독일은 수도권으로의 선택과 집중으로 정책 전환하였다.

정책혼합 실시

경제위기 극복에 있어 수요 측면의 경제학을 배제시키는 것이 아니라 신공급 측면의 성장정책을 우선적으로 실시하되 정책보완 측면에서 수요 측면의 성장론을 고려하는 정책혼합(policy mix)이 실시되어야 한다. 따라서 신공급 측면의 기술혁신 성장론은 성장동력을 확보하여 지속적인 경제성장을 추진하면서 일자리 창출과 소득수준을 향상시키고, 소득분배를 개선하며 환경을 보전하는 데 중점을 두어야 한다. 이러한 정책이 인플레이션과 경기침체가 동시에 몰려오는 스태그플레이션 위험에 있는 현시점에서 필요한 성장정책이다.

신뢰라는 사회적 자본 확보

안현실(2022)은 구조적 개혁은 누군가의 희생 또는 양보를 필요로 하거나 첨예한 갈등에 직면한 과제들이므로 개혁을 추진하려면 그 결과가 모두에게 더 나은 미래일 것이란 확신을 주는 높은 정치적 신뢰가 필요하다고 주장한다. 신뢰라는 사회적 자본이 중요한 것은 혁신의 각국이 선점하려는 신산업 패러다임의 특징이 '탈중앙화'와 '민주주의'이기 때문이다.

디지털 전환과 메타버스, 블록체인, 암호화폐도 마찬가지다. 오픈 네트워크 경제에서 '프로토콜'에 대한 신뢰는 필수적이다. 저신뢰 사회는 네트워크 신산업에서 승산이 없다. 또한 사회를 불신의 늪에서 구하는 정치로 가지 않으면 '디지털 플랫폼 정부'도 사상누각이 되고 만다.

사회 갈등 관리를 위해서는 사회 갈등 모니터링과 갈등관리 역량 배양을 통한 효과적인 갈등 해소 노력이 필요하다. 문화의 가치다양성을 구현하고 소통체계 마련과 관련 제도를 정비하는 등 사회 변화가 중요하며, 사회 갈등의 양상을 모니터링하면서 갈등 수준에 따라 적절한 갈등관리 역량을 배양하는 사회 갈등 관리 거버넌스가 필요하다.

미이클 샌델은 각각의 공동체가 연대적인 도덕 의무를 바탕으로 옳고 그름의 기준을 수립하고, 민주적 절차를 통해 정의의 개념을 공유하고 수정해 나가야 한다는 하나의 방향을 제시한다.

자본주의 위기 극복

성장의 동력이 기술혁신과 창조적 파괴에 있다는 슘페터가 민주주의와 자본주의의 발전을 주장하였지만 결국 사회주의로 귀결될 수밖에 없다는 자본주의의 실패론도 귀담아들어야 한다.

또한 칼 막스의 자본론에서 주장되었던 노동가치에 대해서도 재해석되고 있다. 육체적 · 정신적 노동을 통해 벌어들이는 임금에 대해서 경제학에서 말하는 노동의 한계생산이 적정하게 추계되는지, 추계된 만큼 임금으로 지불되는지도 다시 한번 돌아보아야 한다는 주장이다.

시장은 신뢰와 진실성, 투명성과 같은 돈으로 환산되지 않는 가치관에 의존해서도 작동한다. 그러나 현실은 모든 가치가 곧 시장에서의 가격과 동일시되는 잘못된 상식에 지배받고 있다. 가치를 과소평가한 채 가격만을 맹신하면 시장경제는 거대한 위기로 돌아와 인류를 덮칠 수 있다고 주장하는 카니(2022)의 목소리도 귀담아들어야 한다. 따라서 시장은 사회적이어야 하며 선한 자본주의가 이길 수 있도록 해야 한다는 주장에도 주목할 필요가 있다.

이기주의, 경쟁, 탐욕 등으로 묘사되는 그릇된 시장경제에 대한 개념을 국민들이 올바르게 이해할 수 있도록 모두가 노력해야 한다. 우리의 경제체제를 자유시장경제 중심으로 하되 신뢰 구축, 정직, 협력, 공유 등과 같은 윤리적 길잡이도 함께 고려해야 한다. 인간의 존엄성, 연대와 사회정의, 생태적 지속 가능성, 투명성과 공동 결정이 핵심 요소로 포함되어 있는 펠버의 공동선 경제운동 방향도 눈여겨 보자. 공동의 가치를 추구하고 확보하자.

들어가는 글에서 밝혔듯이 한 사람의 상황이 자신의 주어진 능력 덕분(탓) 때문만은 아닐 것이다. 그 사람이나 집안의 잘됨이 그 능력 이상의 것은 사회의 모든 구성원의 노력으로 이루어진 결과물의 혜택에서 나온 것일 수도 있다는 인식하에 공동체 일원으로서의 삶을 자각하자. 성장의 궁극적인 목적과 목표는 생활수준의 향상, 즉 삶의 질을 향상시키는 것뿐만 아니라 삶의 가치를 높이는 일이기 때문이다.

[참고문헌]

강준만, "반지성주의는 나의 힘", 강준만 칼럼, 한겨레, 2022. 5. 23.

과학기술정책연구원 STEPI, 『코로나 디바이드 시대가 온다』, 2022.

굿하트, 찰스 외, 『인구 대역전: 인플레이션이 온다』, 백우진 옮김, 생각의 힘, 2021.4.

권하나 · 최성권, 「고용산출 가중입지계수(WLQ)를 이용한 지역투입산출표 추정」, 『경제학연구』 69(2), 2021, 95-126.

기옌, 마우로, 『2030 축의 전환』, 우진하 옮김, 리더스북, 2021. 9.

김경수 · 허가형 · 김윤수 · 김상미, 「우리나라 저출산의 원인과 경제적 영향」, 『경제현안분석』 제94호, 국회예산정책처, 2018.

김경수 · 허가형 · 유근식 · 김상미, 「인구구조 변화가 경제성장에 미치는 영향 분석 : OECD국을 중심으로」, 국회예산정책처, 2021.

김낙년, 「한국의 부의 불평등, 2000～2013: 상속세 자료에 의한 접근」, 『경제사학』 62, 2016, 393-429.

김배근, 「기술혁신은 고용 없는 성장을 야기하는가?」, 『경제학연구』 60(3), 2012. 8.

김선빈 · 한종석 · 홍재화, 「여성 경제활동을 통한 저출산 · 고령화 경제적 충격 대응」, 『경제학연구』 69(3), 2021, 133-177.

김세직, 『모방과 창조』, 브라이트, 2021. 7.

김영덕, 「지역의 산출-고용 관계에 대한 실증 분석」, 『경제분석』, 20(1), 2014, 33-64.

김용현, 「고용 없는 성장은 현실인가?」, 『노동정책연구』, 5(3), 2005, 35-62

김지욱, 「환경오염과 경제성장 간의 관계에 대한 모형구축 및 실증분석」, 『자원 · 환경경제연구』, 12(3), 2003, 515-529.

_____, 「다중구조변화와 상호의존성을 고려한 아시아경제 확률수렴성 연구 : 패널정상성과 패널공적분을 이용하여」, 『경제학연구』 58(2), 2010, 121-143.

_____, 『경제성장과 발전 : 이론과 실제』, 율곡출판사, 2021.

김지욱 · 정의철, 「가계의 쓰레기 재활용시간 결정요인 분석」, 『경제학연구』 46(1), 1998.

김지운, 「한국의 생애소득 불평등 원인에 대한 분석」, 『경제학연구』 68(1), 2020, 71-113.

김태근, 「미국 사회지출 법안의 하원통과 의미와 전망」, 『국제사회보장리뷰』 19, 2021, 61-73.

나무위키, https://namu.wiki/w/상대적 박탈감

니콜스, 톰, 『전문가와 강적들』, 정혜윤 옮김, 오르마, 2017.

다쓰루, 우치다, 『반지성주의를 말하다』, 이마, 2015.

맬서스, 『인구론』, 1789.

바우만, 『왜 우리는 불평등을 감수하는가(Does the Richness of the Few Benefit Us All)』, 안규만 옮김, 동녘, 2013.

박현준 · 정인관, 「20년간의 세대 간 사회이동 변화 : 30~49세 두 남성 코호트 비교 분석」, 『한국사회학』, 55(3) 2021, 159-191.

볼래스 · 디트리히, 『성장의 종말 : 정점에 다다른 세계 경제, 어떻게 돌파할 것인가』, 안기순 역, 더퀘스트, 2021. 5.

샌델 · 마이클, 『정의란 무엇인가』, 김명철 옮김, 와이즈베리, 2014. 11.

손종칠, 「인구구조 변화가 경제성장률에 미치는 영향: 자본이동의 역할에 대한 논의를 중심으로」, 『BOK 경제연구』 2014-27, 2014. 9.

송상윤 · 김하은, 「성장과 고용 간 관계 : 기업자료를 이용한 분석」, 『BOK 이슈노트』 2022-11, 한국은행, 2022. 2.

슈밥 클라우스 외, 『자본주의 대예측』, 김미정 옮김, 메가스타디BOOKS, 2022.4

슘페터, 조지프, 『경제발전의 이론』, 박영호 옮김, 박영률출판사, 1993

___________, 『자본주의, 사회주의, 민주주의』(1942), 변상진 옮김, 한길사, 2011.

스미스, 아담, 『국부론』, 1776

스티글리츠, 조지프, 『불평등의 대가(The Price of Inequality)』, 이순희 옮김, 열린책들, 2013.

_______________, 『경제 규칙 다시 쓰기 : 21세기를 위한 경제 정책 보고서』, 열린책들, 2018.

_______________, 『불만 시대의 자본주의 : 공정한 경제는 불가능한가』, 박세연 옮김, 열린책들, 2021. 5.

신석하, 「우리 경제의 고용과 성장간 관계의 구조변화 가능성에 대한 연구」, 『산업관계연구』, 24(3), 2014, 45-61.

신재용, 『공정한 보상 : 왜 MZ세대는 보상에 분개하는가?』, 홍문사, 2021. 12.

신지섭 · 주병기, 「한국노동패널과 가계동향조사를 이용한 소득기회불평등의 장기추세에 대한 연구」, 『경제학연구』 69(1), 2021, 51-95.

신지수, "대기업 정치이슈에서 손떼라", 조선일보 Weekly Biz, 2022. 6. 10.

아기옹 외, 『창조적 파괴의 힘』, 이민주 옮김, 에코리브르, 2022.

안국신, 『한국의 분배』, 율곡출판사, 2021. 11.

안리, 모리모토, 『반지성주의 : 미국이 낳은 열병의 정체』, 강혜정 옮김, 세종서적, 2017. 2.

안병권 외, 「인구고령화가 경제성장에 미치는 영향」, 『BOK 경제연구』, 2017-21호.

안현실, "내로남불 자초하는 새 정부", 안현실 칼럼, 한국경제신문, 2022. 4. 20.

야페, 안젤름, 『파국이 온다 : 낭떠러지 끝에 선 자본주의』, 강수돌 옮김, 천년의 상상, 2021.

양지호, "반지성주의 관련 대표작들 서평", 조선일보 2022. 5. 14.

유키오, 노구치, 『일본이 선진국에서 탈락하는 날』, 박세미 옮김, 랩콘스튜디오, 2022. 6.

이고운, "프렌드쇼어링으로 세계 GDP 5% 증발", 한국경제, 2022. 6. 6.

이순호, 「인구 및 인구구조 변화와 경제성장과의 관계 : 한국과 일본의 인구 및 인구구조 변화와 경제성장 간 선형 · 비선형 관계 분석」, 『한일경상논집』, 2020.

이스털리, 윌리엄, 『세계의 절반 구하기 : 왜 서구의 원조와 군사 개입은 실패할 수 밖에 없는가』, 미지북스, 2011. 10.

이승훈, "한국경제 양극화의 실상", 연합인포맥스, 2022. 5. 4.

이종화 · 김진일, 『동태적 거시경제학 : 성장과 변동』, 박영사, 2021

이준석 외, 「생산, 고용, 물가 관계의 변화」, 『경제학연구』 70(1), 2022.

이진영, 「자녀의 학력이 부자간 소득계층 대물림에 미치는 영향」, 『노동경제논집』, 40(3), 2017, 1-29.

장은수, “민주주의 활성화로 반지성주의 극복해야”, 중앙선데이, 2022. 5. 14.

전국경제인연합회, “한국경제 주요 리스크와 대응방안”, 보도자료, 2022. 5. 16.

정선영, 「디지털 혁신과 우리나라의 생산성 역설」, 『BOK 이슈노트』, 한국은행, 2021. 8

정시행, “미 출산율, 한국의 2배인 이유”, 특파원리포트, 조선일보, 2022. 5. 31

정운찬 · 김영식, 『거시경제학』, 율곡출판사, 2018

정지운 · 임병인, 「소득불평등의 연령효과와 추이에 관한 연구」, 『경제학연구』 68(4), 2020, 93-118.

소원영, 「제4차 산업혁명과 재등장한 생산성 역설 논쟁」, SERi소프트웨어정책연구소, 2018.3

조준현, 『고전으로 읽는 자본주의 : 유토피아에서 위대한 개츠비까지』, 다시봄, 2014

조하현 · 임성훈 · 임형우, 「인구구조 변화가 경제성장에 미치는 효과 : VARX 모형을 이용한 한국(1987~2017) 사례 분석」, 『한국경제연구』 37(4), 2019, 113-142.

최성관 · 권하나, 「한국의 산업별 중 · 장기 고용탄력성 연구 : 1975~2005년 접속불변산업연관표의 이용」, 『한일경상논집』 78, 2018, 31-51.

최성락, “성장률과 제로섬 사회”, 조선일보 Weekly Biz, 2022. 3. 18.

카니, 마크, 『초가치 : 돈으로 살 수 없는 미래』, 이경식 옮김, 월북, 2022. 4.

캠프너, 존, 『독일은 왜 잘하는가』, 박세연 옮김, 열린책들, 2022. 5.

펠버, 크리스티안, 『모든 것이 바뀐다 : 자본주의 딜레마 극복을 위한 공동선 경제』, 이영환 옮김, 앵글북스, 2020.

피케티, 토마, 『21세기 자본론』, 2014.

통계청, '2021년 출생 · 사망 통계', 2022. 2. 23.

한국은행, 『한국의 국민대차대조표 해설』, 2021.

_______, 「성장과 고용 간 관계 : 기업자료를 이용한 분석」, 『BOK 이슈노트』, 2022.

_______, 바이든 행정부의 「2023년 대통령예산안」 현지정보, 워싱턴주재원, 2022. 3.

한성민 외, 「저출산 현상에 대한 이해와 정책대응」, 한국개발연구원, 2021.

호프스태더, 리차드, 『미국의 반지성주의』, 교유서가, 2017. 5.

홍운선 · 윤용석, 「낙수효과의 개념과 실제에 관한 연구」, 『중소기업금융연구』 38(2), 2018, 67-110.

홍석철 · 전한경, 「인구고령화와 소득불평등 심화」, 『한국경제의 분석』 19(1), 2013, 72-114.

황훌 · 김성현, 「한국의 노동소득분배율 변동의 결정요인에 대한 분석」, 『경제학 연구』 67(4), 2019.

Acemoglu, D., *Introduction to Modern Economic Growth*, Princeton University Press, 2009.

Acemoglu, D., and Restrepo, P., "Secular Stagnation? The Effect of Aging on Economic Growth in the Age of Automation," *American Economic Review*, 107(5), 2017, 174-179.

Aghion, P., and Howitt, P., "A model of growth through creative destruction," *Econometrica*, 80(2), 1992, 323-351.

Anselin, L., *Spatial Econometrics : Methods and Models*, The Netherlands: Kluwer Academic Co., 1988.

Arrow, K., "The Economic implications of learning by doing," *Review of Economic Studies*, 29, 1962, 155-173.

Barro, R., and Sala-i-Martin, X., *Economic Growth*, 2nd ed. MIT Pres, 2004.

Benhabib, J., and Spiegel, M., "The role of human capital in economic development : Evidence from aggregate cross-country data," *Journal of Monetary Economics*, 34, 1994, 143-173.

Bovenberg, L., and Smulders, S., "Environmental quality and pollution-augmenting technological change in a two-sector endogenous growth model," *Journal of Public Economics*, 57(3), 1995, 369-391.

Brock, W., and Taylor, M., "The Green Solow model," *Journal of Economic Growth*, 15, 2010, 127-153.

Brynjolfsson, Erik, Daniel Rock, and Chad Syverson, "The Productivity J-Curve : How Intangibles Complement General Purpose Technologies," *American Economic Journal : Macroeconomics*, Vol. 13(1), 2021, 333-372.

Byrne, M., "Is growth a dirty world? pollution, abatement and endogenous growth," *Journal of Development Economics*, 54, 1997, 261-284.

Ciccarelli, C., and S. Fachin, "Regional Growth with Spatial Dependence : A Case Study on early Italian Industrialization," *Papers in Regional Science*, 96(4), 2017, 675–695.

Ditzen, J., "Cross-country convergence in a general Lotka-Volterra model," *Spatial Economic Analysis*, 13(2), 2018, 191–211.

Diebold, F., and Senhadji, A, "The uncertain unit root in real GNP : Comment," *The American Economic Review*, 86(5), 1996, 1291–1298.

Doepke, M., Hannusch, A., Kindermann, F., Tertilt, M., "The economics of fertility : A new era," NBER Working Paper 29948, 2022

Ertur, C., and W. Koch, "Growth, Technological Interdependence and Spatial Externalities : Theory and Evidence," *Journal of Applied Econometrics*, 22, 2007, 1033–1062.

Eurostat, Regions in the European Union : Nomenclature of territorial units for statistics : NUTS 2016/EU-28, 2018.

Fischer, M., "Spatial Externalities and Growth in a Mankiw-Romer-Weil World : Theory and Evidence," *International Regional Science Review*, 41(1), 2018, 45–61.

Gallo, J., and B. Fingleton, Regional Growth and Convergence Empirics, M. Fischer and P. Nijkamp, (Eds.), *Handbook of Regional Science*, 2014, 291–315.

Galor, O., and Moav, O., "Natural selection and the origin of economic growth," *The Quarterly Journal of Economics*, 117(4), 2002, 1133–1191.

Galor O., and Weil, D., 2000, "Population, technology, and growth : From Malthusian stagnation to the demographic transition and eyond," *American Economic Review*, 90(4), 806–828.

Guvenen, Fatih, Burhanettin Kuruscu, and Serdar Ozkan, "Taxation of Human Capital and Wage Inequality : A Cross-County Analysis," *Review of Economic Studies*, 81(2), 2014, 818–850.

Ho, C., W. Wang, and J. Yu, "Growth Spillover through Trade : a Spatial Dynamic Panel Data Approach," *Economics Letters*, 120, 2013, 450–453.

Ito, T., "Growth Convergence and the Middle-Income Trap," *Asian Development Review*, 34(1), 2017, 1–27.

Jaimovich, N., and H. E. Siu, "Job Polarization and Jobless Recoveries," *Review of Economics and Statistics*, 102(1), 2020,129–147.

Javanovic, B., and Rousseau, P., "General purpose technologies," *NBER Working Paper*, 11093, 2005.

Jones, C., "The facts of economic growth," Stanford GSB and NBER, 2015.

Jones, C., and Romer, P., "The new Kaldor facts : Ideas, institutions, population, and human capital," *American Economic Journal : Macroeconomics*, American Economic Association, 2(1), 2010, 224–45,

Kaldor, N., "Capital accumulation and economic growth," in F.A. Lutz and D.C. Hague, eds., The Theory of Capital, St. Martins Press, 1961, 177–222.

Katagiri, M., "Economic Consequences of Population Aging in Japan : Effects Through Changes in Demand Structure," IMES Paper 12–E–03, 2012.

Kim, J., "Technology diffusion, absorptive capacity, and income convergence for Asian developing countries : a dynamic spatial panel approach," *Empirical Economics*, 59, 2020, 269–598.

Krusell and Smith, 2015, "Is Piketty' s second law of capitalism fundamental?" *Journal of Political Economy*, 123(4), 2015, 725–748.

LeSage, J., and Pace, K., *Introduction to spatial econometrics*, Boca Raton, FL: CRC Press Taylor & Francis Group. (https://www.spatial-econometrics.com/), 2009.

Lucas, R., "On the Mechanics of Economic Development," *Journal of Monetary Economics*, 22 (1), 1988, 3–42.

Maddison, A., *The World Economy : A millennial perspective (Development Centre Studies)*, OECD, 2001.

Mankiw, G., Romer, D., and D. Weil, "A contribution to the empirics of economic growth," *Quarterly Journal of Economics*, 107, 1992, 407–437.

Nelson, R., and Phelps. E., "Investment in humans, technological diffusion, and economic growth," *American Economic Review*, 61, 1966, 69–75.

Novales, A., Fernandez, E., and Ruiz, J., *Economic Growth : theory and numerical solution methods*, Springer–Verlag, (2014, 2nd ed.), 2009.

Romer, P., "Increasing returns and long–run growth," *Journal of Political Economy*, 94(5), 1986, 1002–1037.

Rudebusch G., "The uncertain unit root in real GNP," *American Economic Review*, 83(1), 1993, 264–272.

Schumpeter, J., 1934, *The theory of economic development*, Harvard University Press, Cambridge, 1934.

Tyers, R., and Shi, Q., "Demographic Change and Policy Responses : Implications for the Global Economy," *The World Economy*, 30(4), 2007, 537–566.

Yu, J., and L. Lee, "Convergence : A Spatial Dynamic Panel Data Approach," *Global Journal of Economics*, 1, 2012, 1–36.

찾아보기

가

나

다

라

마

바

사

아

자

차

카

타

파

하

숫자

A

B

C

D

N

O

P

Q

R

S

T

U

W

지은이에 대하여

김지욱

중앙대학교 경제학과와 동대학원을 졸업하고 미국 Ohio State University에서 경제학 박사학위를 취득하였다. 중앙대학교 경영경제대학 경제학부 교수로 재직 후 현재 명예교수로 있다.

동서증권, 동서경제연구소 증권조사팀장, 서울시정개발연구원 연구위원을 역임하였고, 한국은행 조사국 자문교수, 서울연구원 연구자문교수, 미국 Ohio State University 교환교수를 역임하였다. 중앙대 경제연구소장, *Journal of Economic Development* (JED) 편집위원, 한국경제학회 사무국장 · 이사, 환경경제학회 이사를 역임하였다. 최근의 저서와 연구논문으로는 『경제성장과 발전 : 이론과 실제』(율곡출판사, 2021), "Technology diffusion, absorptive capacity, and income convergence for Asian developing countries : a dynamic spatial panel approach", *Empirical Economics* 59, 569–598 (2020) ; "Convergence analysis as spatial dynamic panel regression and distribution dynamics of CO_2 emissions in Asian countries" (with Paul Evans), *Empirical Economics* 50, 729–751 (2016) 등이 있다.

성장의 재역설 : 신공급 측면의 성장론

초판 1쇄 인쇄 2022년 10월 28일
초판 1쇄 발행 2022년 11월 4일

지은이 김지욱
펴낸이 박기남
펴낸곳 율곡출판사
08590 서울시 금천구 가산디지털1로 84(에이스하이엔드 8차), 803호
전화 (代) 02) 718-9872/3
팩스 02) 718-9874
home-page www.yulgokbooks.co.kr
e-mail yulgokbook@naver.com
등록 1989.11.10. 제2014-000031호
ISBN 979-11-91812-38-1 93320

정가 25,000원